Pinchas Kahanowitsch, genannt Der Nister, wurde am 1. November 1884 in Berditschew (Ukraine) geboren und starb am 4. Juni 1950 in einem sowjetischen Gefängnisspital.

Motive und Figuren der jüdischen Mystik, Stil und Duktus des Gebetes bestimmen die Lyrik und die Erzählungen Des Nisters bis Anfang der zwanziger Jahre. Pinchas Kahanowitsch, so sein bürgerlicher Name, gilt als der bedeutendste jiddische Schriftsteller der Sowjetunion. Er schreibt Geschichten für Kinder, die Marc Chagall illustriert, er übersetzt Andersens Märchen ins Jiddische, und 1921 bis 1923 lebt er – zusammen mit vielen anderen Exilrussen – in Berlin. Hier erscheint zuerst jene Sammlung, der die Erzählungen des vorliegenden Bandes im wesentlichen entnommen sind, vermehrt um die wohl berühmteste, die Titelgeschichte »Unterm Zaun« aus dem Jahre 1929.

In der Sowjetunion der dreißiger Jahre ist Der Nister nicht nur ein exzentrischer, sondern auch ein unbequemer Schriftsteller. Er ist der russischen Revolution und sozialistischen Ideologie nahe, zugleich aber ein überzeugter Symbolist und Einzelgänger. 1948 wurde Der Nister, wie viele jiddische Schriftsteller vor ihm, verhaftet. Er starb 1950, angeblich in einem Gefängnisspital.

UNTERM ZAUN

EINE GESCHICHTE VON EINEM EINSIEDLER UND VON EINER ZIEGE

Es war eine helle und frostige Winternacht. Mond und Sterne standen am Himmel, über dem Feld lag eine Schneedecke, und auf den Wegen war kein Laut zu hören: kein Pferd und kein Schlitten, keine Glocke, nur Feld und Stille, Stille und weithin Schnee.

In einem Kreis aus Stroh, mit einem Lichtchen in der Mitte, saßen ›jene Leute‹: das waren Choisek, Letz und Nicht-Guter. Sie saßen wegen der Kälte zusammengekauert und mit gekrümmten Körpern da, warteten und hielten nach etwas Ausschau. Ohne etwas zu tun zu haben, blickten sie umher und schwiegen.

Auf einmal sagte Choisek:

»Hört, Teufel: Der Mond blickt herab, der Mond stört, Schnee liegt weit und breit, niemand reitet, und die Teufel haben keine Arbeit... Keine Spur von einem Menschen, keiner geht, keiner fährt, keine Glocke ist zu hören. Man muß sich etwas überlegen. Ich will nicht Choisek sein, wenn ich nicht im Sinn habe, etwas zu...«

»Etwas zu...«, sagte Letz.

»Sicher«, stimmte Nicht-Guter zu, »und?«

Und Choisek wartete eine Weile. Aber dann erhob er sich plötzlich und blickte über das Feld. Er überlegte einen Augenblick und sprang dann rasch aus dem Kreis heraus. Füße und Feld, Feld und Füße, und schon verschwand er hinter dem Horizont.

Stille. Ein paar Minuten vergingen, für ein paar Minuten war er verschwunden. Dann tauchte Choisek wieder am Horizont auf, kam schnell näher und näher, aber nicht allein, und nicht zu Fuß: Choisek ritt auf einem Ziegenbock. Mit allen vieren hielt er sich auf ihm, seine Beine umklammerten seinen Bauch, und seine Hände krallten sich in seinen Bart. So ließ er sich rasch und mit Schwung zum

Kreis tragen. Und Choisek sprang von dem Ziegenbock, führte ihn an den Hörnern in den Kreis, setzte sich, streichelte ihn, verschnaufte und sagte:

»Bock, Bock, Ziegenbock, hörst du nicht weit entfernt eine Glocke? Weißt du nicht, wo in der Ferne unsere Alte wohnt, die Gekrönte, die über die schwangeren Frauen gebietet, über die Wöchnerinnen in ihren Betten, die die Kleinen streichelt und die schlafenden Mütter weckt, sie mit Träumen schreckt: Träume voll Wasser und Fluten, Träume voll Flammen und Feuer – unsere alte Hexe?«

Der Bock neigte seinen Kopf zur Seite und klopfte mit den Hörnern auf den Boden:

Ja, er weiß es. Wie man will und wann man will, Winternacht und Mond sind still, weißer Schnee und helle Steppe, er sei bereit, die Hexe an den Haaren herbeizubringen... »Ihr Herren Teufel, ich bitte um Gnade, laßt mich nur aus dem Kreis hinaus. Ich kenne ein Wort, ich kenne einen Spruch, Ziegenbock und Bocksgeruch – wenn ich sie damit nicht augenblicklich herbeischaffe, sei es aus dem Teich oder von der Brücke, wenn ich sie nicht gleich zu euch bringe, sei es vom Feld oder aus dem Wald oder aus dem Taubenschlag – dann will ich die Strafe der Teufel auf mich nehmen: am Bart aufgehängt zu werden...«

Die Teufel hatten den Ziegenbock angehört, tauschten dann eine Weile Blicke, als ob sie mit den Augen beratschlagen würden, und kamen zu dem Beschluß, ihn hinauszulassen, um der Hexe habhaft zu werden. Letz nahm ihn am Horn und führte ihn aus dem Kreis:

»Geh...«

»Und ihr«, sagte der Ziegenbock zu Letz, indem er sich noch einmal umdrehte, »und ihr wartet.«

Und Letz kehrte sich wieder den Seinen zu, setzte sich zusammengekauert und mit angezogenen Beinen auf den Rand des Kreises aus Stroh und begann zusammen mit den anderen still und geduldig zu warten.

Still und leuchtend schien der Mond über ihren Köpfen,

hell und klar fiel sein Licht in den Kreis. Am lauteren, nächtlichen Himmel schwamm er zwischen den Sternen und schüttete goldenen Mondstaub aus. Ein großer weißer Hof umgab ihn, und höhere und niedrigere Sterne geleiteten ihn auf seiner Bahn.

Stille. Mondnacht und nächtliches Feld...

Plötzlich erschien hinter dem hellen und majestätisch hohen Mond die Hexe. Sie ritt auf einem langen Besen, flog von dort oben herab, näher und näher, und landete im Kreis der Teufel. Nachdem sie ein wenig verschnauft hatte, da sie doch vom Himmel und aus der Nacht gekommen war, wandte sie sich zu Choisek:

»Choisek, weshalb hast du mich gerufen? Weshalb hast du mich in der Nacht in meinem Fliegen gestört?«

Und Choisek antwortete ihr:

»Gnädige Hexe, es ist verdrießlich; wir Teufel, ich und Letz und Nicht-Guter, wir haben nichts zu tun.«

»Und was willst du nun?«

»Eine Geschichte, liebe Hexe, etwas, was du gesehen, etwas, was du gehört hast.«

»Was zum Beispiel?«

»Was du willst, aber nicht über Spott.«

»Und du, Letz?«

»Was du willst, nur ohne Spaß!«

Und Nicht-Guter fügte hinzu:

»Mir ist alles recht, wenn es nur nicht ein gutes Ende hat.«

Und die Hexe begann:

»In einem weiten und wilden Wald lebte einmal ein Einsiedler. Jahraus, jahrein nährte er sich von Kräutern und Körnern und trank das Wasser einer verborgenen Quelle in der Nähe. Lange Jahre hatte er, fern von jeder Siedlung, im Wald und in einer Höhle gelebt, und der Einsiedler verwilderte, bis er wie ein wildes Tier mit einem Menschengesicht aussah.

Und manchmal, wenn der Bär oder der Wolf ihm zwischen den Bäumen begegneten, dann blieben sie eine Weile stehen, rührten sich nicht vom Fleck, beobachteten ihn und machten ihm dann still und mit der Scheu der Tiere den Weg frei.

Eine wilde Waldziege gesellte sich zu dem Einsiedler und lebte bei ihm in seiner Höhle. Sie aß aus seiner Hand und schlief an seiner Seite. Tag und Nacht war sie um ihn und begleitete ihn auf allen seinen Wegen im Wald. Der Einsiedler teilte mit diesem einzigen, stummen und unschuldigen Wesen seine Welt: er redete mit ihm, erzählte ihm alles und vertraute ihm die Wahrheiten an, die er am Morgen fand, und die Gedanken, die ihm am Abend in den Sinn kamen.

Und wenn er manchmal, im Sommer, nachdem der halbe Tag vergangen war, im Wald zwischen Bäumen und Laub saß und auf der Erde neben ihm die Ziege stand, dann nahm er ihren Kopf in die Hände, drehte ihr Gesicht zu sich her, schaute ihr lange einfältig lächelnd in die wilden, naiven und unschuldigen Augen und stammelte mit dem bißchen, was ihm noch an Sprache geblieben war, schaute und stammelte:

›Zieglein, Zieglein, mein Zieglein ...‹

So verging ein Jahr, vergingen zwei. Halbe Tage lang lag er auf den Knien und betete in seiner Höhle im Wald für alles, was außerhalb des Waldes war, und nur mit seinem Zieglein teilte er seine Gedanken und alles, was er sagte.

Einmal, an einem Sommertag, hatte sich der Einsiedler allein weit von seiner Höhle entfernt und war tief in den Wald hineingeraten. Wie es manchmal geschieht: Still und in Gedanken versunken ging er von Baum zu Baum, von einem Ort zum anderen, bis er in ein fremdes Dickicht kam. Er begann, diesen unbekannten Platz zu betrachten, und wollte sich schon umdrehen und fortgehen, als plötzlich ein Mensch, wie aus der Erde hervorgewachsen, vor ihm stand. Er blickte ihn stumm und gebieterisch an und sagte:

›Einsiedler, man ruft.‹

›Wer?‹

Keine Antwort.

›Wohin?‹

Schweigend kehrte der fremde Mensch dem Einsiedler den Rücken zu und gab ihm ein Zeichen, ihm zu folgen.

Eine Weile lang wandte sich der Einsiedler um, blickte in die Richtung, aus der er gekommen war, und nahm in Gedanken Abschied von der Höhle und von seiner Ziege. Dann drehte er sich wieder um, und ohne etwas zu fragen, als ob ihm keine andere Wahl bliebe, und wie einer, der sich in sein Schicksal ergeben hat, folgte er dem Menschen. Sie gingen eine Stunde und eine zweite, und während der ganzen Zeit blickte sich der Mensch nicht um und sagte kein Wort zu dem Einsiedler, sondern ging sicher und gleichmäßig seinen Weg und führte ihn zielstrebig und entschlossen hinter sich her, von einem Ort zum anderen, von einem stillen Teil des Waldes in einen anderen, wohin nie ein Mensch kommt, und nichts als Erde und Wurzeln, stille Erde im tiefen Wald.

Und dann begann es zu dämmern. Die Sonne fiel schon schräg in den Wald hinein. Stille und goldene Sonnenstrahlen verschwanden langgestreckt zwischen den Bäumen, und friedlich und ruhig erhob sich der Wald. Der Mensch ging mit dem Einsiedler immer tiefer hinein. Es wurde stiller und dunkler. Ganz langsam schlichen sich die goldenen Sonnenstrahlen hinweg. Im Wald war ein Seufzer zu hören, und dann war es wieder still. Stiller, abendlicher Wald – und in der Stille tauchte vor dem Menschen und dem Einsiedler ein Zwerg auf. Klein und kalt und ruhig, mit kaltem Eunuchengesicht ging er einher, die Hände in den Taschen und sein Käppchen weit aus der Stirn in den Nacken gerückt. Unbefangen und ungezwungen spazierte er zwischen den Bäumen. Der Mensch stellte sich ihm in den Weg und fragte:

›Woher kommst du, Zwerg?‹

›Woher ich immer komme‹, bekam er zur Antwort.

›Und wohin?‹

›Wohin es immer geht.‹

›Und warum bist du so gut gelaunt?‹

›Darum.‹

›Weswegen, Zwerg?‹

›So wie Wanderer wandern und Gehende gehen, Narren suchen und Heilige beten, Einsiedler fasten und Zauberer Zaubersprüche sprechen... so weiß der Zwerg etwas.‹

›Was denn?‹

›Daß dort ein Berg ist und in ihm eine Höhle. Vor der Höhle liegt ein Stein, und der Stein trägt ein Zeichen.‹

›Und in der Höhle?‹

›In der Höhle ist eine Buchrolle, und darin steht geschrieben...‹

›Daß?‹

›So wie Freude in den Flügeln ist und der Adler in den Wolken, Augen im Kopf sind und große Ferne vor den Augen liegt, so ist die Wahrheit – weder in der Höhe noch in der Ferne.‹

›Und wo dann?‹

›Die Wahrheit ist in der Erde.‹

›Die Wahrheit?‹

›Ja, die Wahrheit ist das Körnchen.‹

›Und der Ort?‹

›Das ist ein Geheimnis.‹

›Und wer weiß es?‹

›Hier ... seine Ziege!‹

Und da zeigte der Zwerg auf den Einsiedler und ging ruhig weiter seinen Weg, kalt und klein und mit den Händen in der Tasche.

Und dann drehte sich auch der Mensch zu dem Einsiedler um und sagte:

›Einsiedler, höre. Auf dich ist das Los gefallen, dir obliegt es, das Zieglein zu suchen, das Körnchen zu finden und die Ruhe des Zwerges zu stören... Aber gib acht: Hüte dich vor Ratschlägen und gehe Begegnungen aus dem Weg. Dein Wille ist dein Feind, deine Eile dein Verführer, der Zufall dein Freund, und die Geduld – sie ist es, die dich liebt, und das Vögelchen wird dein Wegweiser sein...‹

Nachdem er das gesagt hatte, drehte er sich um, kehrte

sich dorthin, woher der Zwerg gekommen war, und verschwand.

Lautlos brach die Nacht herein. Kräuter und Gräser, Zweige und Äste, Blätter und Bäume verharrten in der Stille, als ob sie in der Luft hingen; keine Regung und kein Geräusch, kein Vogel, kein Laut von einem Vogel und keine Bewegung. Der Wald erhob sich, ohne zu atmen, und in völliger Ruhe kam die Dunkelheit herein: gleichsam still und barfuß, vom Heiligen in das Allerheiligste, und im Wald beim Abendgebet und in der Ruhe des Abendgebetes traf sie den Einsiedler kniend an.

Der Einsiedler kniete und betete:

›Herr des Waldes und des Abendgebetes im Wald, zeige mir meinen Weg... Schicke mein Zieglein zu mir, meinen Hüter und meinen Begleiter, und schütze mich vor Irrtümern, vor Versuchungen und vor Unglück. Und laß mich den Ruf des Vogels hören, der mir als Wegweiser gegeben ist. Jetzt im Wald und in der Ruhe des Waldes soll mir ein Zeichen zuteil werden...‹

Der Einsiedler beendete sein Gebet, aber er erhob sich nicht von den Knien. Stiller und dunkler lag der Wald da und wartete mit seinen Bäumen und Gräsern gleichsam auf einen günstigen Augenblick. Und eine Stimme ertönte aus der Tiefe des Waldes, aus der Nacht, und in der Stille begann ein Vogel zu rufen:

›Für heute Dank, für morgen Freude. Die Sonne geht unter, die Sonne wird wieder aufgehen, Licht vom Himmel und Speise auf der Erde für die Vögel und für ihre Nester im Wald. Und du, Einsiedler, sorge dich nicht, bleibe die Nacht über hier, und morgen früh wird mit Sonnenaufgang alles klarwerden. Sei unbesorgt und bleibe ruhig, der Vogel wird dich nicht verlassen...‹

Der Vogel verstummte, schlug mit den Flügeln, flog davon und war verschwunden.

Der Einsiedler erhob sich von seinen Knien und suchte einen Platz für sein Nachtlager. Er begann sich ruhig und langsam umzusehen, bis er einen gefunden hatte, ließ sich dort leise nieder und legte sich schlafen.

Gut und sicher schlief der Einsiedler in jener Nacht. Am Morgen, als die Sonne schon hoch oben am Himmel stand und in den Wald die ersten goldenen Sonnenstrahlen hereinfallen ließ, schien sie auf sein Gesicht, wärmte und umsorgte ihn, und schließlich weckte sie ihn an diesem Morgen getreu und verläßlich mit ihrem Licht. Als der Einsiedler die Augen aufschlug, sah er plötzlich und unerwartet in seinem Schoß das Zieglein liegen. Es lag dicht bei ihm, still und mit offenen Augen, und schaute ihn treu an, als ob es seit langem, schon seit Tagesanbruch, darauf gewartet habe, daß er aufstünde. Und der Einsiedler setzte sich mit einem Ruck auf, nahm den Kopf der Ziege in seine Hände, umarmte und streichelte sie glücklich und voller Liebe:

›Zieglein, Zieglein, mein Zieglein ist gekommen ...‹

Schon wartete der Vogel zwischen den Blättern auf den Einsiedler und begann zu singen:

›Alles ist hell, alles ist klar, der Tag ist neu, und dem Versprechen, das der Vogel gestern gegeben hat, kann man vertrauen. Er wacht, er ist verläßlich, er wird dich nicht narren. Und jetzt steh auf und mache dich auf den Weg.‹

Der Einsiedler erhob sich von seinem Lager und machte sich so früh, frei und mit Zuversicht in den Wald auf.

Er ging von einem Teil des Waldes in einen anderen, von einem Dickicht zum nächsten, mit seinem Zieglein als Begleiter. Nichts begrenzte den Wald, und endlos reihten sich die Bäume.

Und so verging einige Zeit. Wo es Tag wurde, verbrachte er nicht die Nacht. Barfuß und abgerissen wanderte er ganze Tage über den stillen Waldboden, bahnte sich zwischen faulem und weichem Laub und dürren Zweigen einen Weg, und still und in Gedanken versunken erschreckte er unabsichtlich und wider seinen Willen die Waldschlänglein. Wenn Hasen oder Eichhörnchen seine Schritte hörten, stellten sie die Ohren auf, erstarrten auf Bäumen oder hinter ihnen, schauten sich erschrocken um, lauschten und verschwanden dann mit einem Satz zwischen den Bäumen und Zweigen.

Und weiter gingen der Einsiedler und seine Ziege, zuweilen nebeneinander, dann wieder hintereinander. Kein Wort wurde gewechselt, keine Blicke wurden ausgetauscht. Sie kümmerten sich nicht umeinander, jeder war mit sich selbst beschäftigt und hatte den anderen vergessen. Vergessen hatte sie auch der Vogel und erinnerte sie während der ganzen Zeit kein einziges Mal an ihren Weg. Niemals, nicht am Abend und nicht am Morgen, zeigte er sich auf einem Baum, weckte sie nicht bei Tagesanbruch, tröstete sie nicht in der Abenddämmerung und grüßte sie nicht. In düsterer Stimmung und ohne Wegweiser vergaßen sie den Weg und ihr Ziel, schleppten sich ohne Sinn und ohne Erinnerung dahin und sahen keinen Ausweg.

Aber einmal... Es war ein stiller Morgen, und die Sonne schien eben erst in den Wald hinein. Der Einsiedler und das Zieglein hatten sich gerade auf den Weg gemacht, und bald stießen sie auf einen kleinen, freien Platz, der von Wald umgeben und nur von hohem grünem Gras, aber nicht von Bäumen bewachsen war. Sie blieben stehen, blickten sich um und betrachteten mit Wohlgefallen den freien Platz, der neu und ungewohnt für sie war. Wie sie so dort standen, erschien auf der gegenüberliegenden Seite des Waldes der Zwerg und kam ihnen entgegen. Er trat auf sie zu und fragte den Einsiedler:

›Einsiedler, wohin gehst du mit dem Zieglein?‹

Der Einsiedler antwortete ihm nachdenklich:

›Wohin? Wohin man uns ruft.‹

›Und warum bist du so trübsinnig?‹

›Der Weg ist mir unbekannt, und der Vogel kommt nicht.‹

Da trat der Zwerg dicht an den Einsiedler heran, schaute ihm streng von unten herauf in die Augen und sagte:

›Einsiedler, du bist ein Narr! Der Vogel ist gestorben! Du wartest umsonst!‹

›Und nun?‹

›Glaube dem Zwerg, der Wald gehört dem Zwerg, und der Wald ist Zeuge. Der Mensch ist ein Verführer, er verstellt sich... Es ist Choisek, der sein Unwesen treibt, es ist Letz, der sich einen Spaß mit dir macht: Er will dich mit den Zwergen in den Wäldern entzweien. Die Mühe ist umsonst! Spei aus, und du sollst wissen...‹, und der Zwerg kam noch näher und blickte dem Einsiedler noch strenger in die Augen, ›du sollst wissen, selbst wenn dein Vogel noch leben würde: der Zwerg hat ein Netz, für kleine und für große Vögel, und Diener ohne Zahl, die bereit sind zu tun, was er will, und ihm auf allen Wegen zu folgen. Aber den Vogel gibt es nicht mehr, der Vogel ist tot.‹

›Und nun?‹

›Schau dich um.‹

Und der Einsiedler blickte auf, und das sah er:

Auf dem Platz, der vorher leer gewesen war, stand jetzt ein wunderschöner Palast. Im Schein der Morgensonne lag er mit Türen, Fenstern, dem Hof und allen seinen Gebäuden in morgendlicher Stille und schien sich in Ruhe und Frieden auf Besucher vorzubereiten. Aus dem Palast war kein Laut zu hören. Ordentlich und vorbereitet, reinlich und leer lag der Hof da. Die kleine Pforte im Tor stand offen, und der Zwerg zeigte dorthin und sagte großzügig und wohlwollend zu dem Einsiedler:

›Tritt ein!‹

Der Einsiedler wollte dem Zwerg gleich folgen, in den Hof hineingehen, den Palast betreten und dort seine Glieder, die nach dem langen Weg müde waren, ausruhen. Aber er blieb noch eine Weile nachdenklich stehen und überlegte. Und plötzlich erinnerte er sich an die Mahnung, die ihm der Mensch mit auf den Weg gegeben hatte: ›Hüte dich vor Begegnungen!‹ Und er drehte sich auf der Stelle energisch um. Hastig blickte er sich suchend nach der Ziege um, fand sie, packte eines ihrer Hörner und sagte:

›Zieglein, komm... es ist uns nicht gegeben, uns hier auszuruhen.‹

In diesem Augenblick flog aus der Tiefe des Waldes der Vogel heraus und am Einsiedler, dicht an seinen Augen, vorbei. Mit schnellen Flügelschlägen verschwand er an der gegenüberliegenden Seite im Wald. Und als sich der Einsiedler wieder in die Richtung des Zwerges kehrte, war von ihm und von dem Palast keine Spur mehr zu sehen. Der Platz war wieder leer, von Wald umgeben und mit hohem Gras bewachsen.

Zufrieden und guter Dinge setzte der Einsiedler auf der ihm gegenüberliegenden Seite des Waldes seinen Weg fort, und gestärkt und munter hörte er dem morgendlichen Gesang des Vogels zu:

›Gut gemacht, und beim ersten Mal hast du dich aus der Schlinge gezogen, so wird es auch beim zweiten Mal, so muß es auch beim dritten Mal sein. Die Ziege soll dich stets begleiten und in deiner Nähe sein, dann widersteht man Versuchungen, einmal, zweimal und dreimal. So macht man sich auf seinen Weg, und schließlich findet man den richtigen. Einsiedler, geh, geh weiter, der Vogel denkt an dich.‹

Und das Vögelchen verstummte wieder und verschwand.

Lebhaft und gutgelaunt machte sich der Einsiedler dann auf den Weg, wohlgemut und guter Dinge sang er die ganze Zeit vor sich hin, blieb immer wieder stehen, brach am Wegrand ein Waldblümchen ab und roch daran. Beständig achtete er auf das Zieglein. Wenn es ein wenig zurückgeblieben war, drehte er sich nach ihm um und wartete, bis es zwischen den Bäumen hervorkam. War es wieder mit ihm auf gleicher Höhe, zog er es schnell zu sich heran, betrachtete es dankbar und zufrieden und streichelte es unablässig:

›Ja, Zieglein, Zieglein ..., ja, liebes Zieglein.‹

Und so verging ein Tag, vergingen zwei Tage, drei Tage ... Im Wald wurde es Tag, im Wald wurde es Nacht. Der Einsiedler und die Ziege wurden wieder schweigsam und betrübt und schleppten sich still und entmutigt zwischen den Bäumen hindurch, von einem Dickicht in das andere, und immer tiefer in den Wald hinein. Das Vögelchen hatte die beiden Wanderer wieder vergessen. Der Einsiedler ließ den Mut sinken. Müde und verlassen zog er seinen Weg, sinnlos und unnütz erschien ihm jetzt sein Vorhaben. Oft hinderte ihn nun etwas, oft strauchelte er. Unschuldige dürre Zweige, die von den Bäumen herabhingen, hakten sich an ihm fest, störten ihn und zerrten an ihm.

Auch gegenüber seiner Ziege wurde der Einsiedler ungeduldig. Die ganze Zeit über ging er vor ihr her, schaute sich kein einziges Mal nach ihr um, beruhigte sie nie und achtete überhaupt nicht mehr auf sie. Kommt sie, dann kommt sie eben, kommt sie nicht, dann ist es auch nicht schlimm. Das fühlte die Ziege. Sie traute sich die ganze Zeit über nicht, dem Einsiedler unter die Augen zu treten. Still, ein Häufchen Elend, blieb sie weit zurück und folgte ihm in einiger Entfernung. Niedergeschlagen und unschuldig, wie sie war, fühlte sie sich doch beinahe schuldig und ließ den in düsteren Gedanken versunkenen und schlechtgelaunten Einsiedler allein...

Bis einmal, am Abend... Nachdem er den Tag über lange und ergebnislos umhergegangen war, suchte sich der Einsiedler müde und erschöpft einen Platz für sein Nachtlager, legte sich hin und wollte schon einschlafen. Doch als er die Augen schloß, hörte er, wie nicht weit von ihm etwas auf der Erde zwischen dem Laub zu rascheln begann, wie etwas scharrte, sich bewegte und schließlich herauskroch. Leise, vorsichtig und verstohlen erschienen aus der Erde zwei Waldschrate und setzten sich auf den Rand ihres Türchens... Stille. Einige Minuten saßen sie so da und schwiegen. Aber dann wandte sich der eine Schrat dem anderen zu und fragte ihn:

›Weißt du nicht, Schrätlein, was sich bei unserem Volk tut? Hast du vielleicht etwas Neues gehört?‹

›Gehört habe ich schon etwas‹, antwortete der andere.

›Was?‹

›Das ganze Volk lacht...‹

›Weswegen?‹

›Man erzählt eine Geschichte.‹

›Eine Geschichte?‹

›Ja, von einem Narren, der einen Narren suchte. Man hat ihm gesagt, daß er ihn glücklich machen würde, wenn er ihn fände: der Narr ist reich, der Narr ist gut, und Dukaten regnen aus seinen Ärmeln... Und so ging er, ihn zu suchen...‹

›Und?‹

›Er reiste durch die ganze Welt, forschte in allen Ländern, war bei allen klugen Leuten, Weise gaben ihm Ratschläge, doch überhaupt nichts – den Narren fand er nicht.‹

›Das ist die Geschichte, und was sagt sie uns?‹

›Im Wald wandert schon lange ein Einsiedler umher. Ein Mensch hat ihn gerufen, ein Vogel hat ihm ein Versprechen gegeben, und er sucht das Körnchen...‹

›Und?‹

›Zu dem Körnchen gibt es auch eine Geschichte. Die Unseren erzählen: Es war einmal ein Waldschrat, der hörte vom Himmel erzählen. Da wünschte er sich, in den Himmel zu gelangen. Er bat unseren König, und der schickte ihn zu seinem Adler. Der Adler flog mit ihm davon, er fliegt und fliegt noch, und bis zum heutigen Tag hat man keine Nachricht über den Schrat erhalten. Man sagt, daß er schon zurück will; er merkt, daß er nicht in den Himmel gelangen wird.‹

›Weswegen?‹

›Den Himmel, Schrätlein, hat man erfunden...‹

›Und was sagt uns die Geschichte?‹

›So ist es auch beim Körnchen.‹

›Und was, Schrätlein, würdest du dem Einsiedler sagen?‹

›Ich? Das: Wohlgefüllt sind die Keller, Schätze von Gold liegen dort, aber du – bist noch reicher. Von einem Ende der Welt bis zum anderen gibt es nichts, was du suchen mußt, denn du bist schon am Ziel... Geh nicht weiter, suche nicht mehr.‹

Der Schrat schwieg. Ein paar Minuten lang saß er in der

Stille mit dem anderen bei der kleinen Grube. Doch bald raschelte es wieder im Laub. Beide beugten sich mit ihren Köpfen über die Öffnung und machten Platz, um wieder hineinzuschlüpfen. Dann ließ sich zuerst der eine, und danach der andere hinab. Sie scharrten alles wieder zu, und keine Spur blieb zurück...

Still und abendlich blickte der Himmel durch die Bäume herab. Kein Windhauch, kein Lüftchen regte sich im Wald. Die Bäume standen wie versteinert da – kein Zweig bewegte sich, kein Blatt rührte sich, alles im Wald bereitete sich auf den Schlaf vor und verstummte.

Mit offenen Augen lag der Einsiedler da und dachte nach: Und wenn, Einsiedler, der Schrat vielleicht recht hat? Und wenn alles vielleicht nur Zauberei war, Verführung und Blendwerk? Der Einsiedler war schon fast soweit, sich zu dem Zieglein zu wenden und zu sagen: Ziege, du Narr! Man hält uns zum Narren... Aber er überlegte noch eine Weile, ließ es bleiben und erinnerte sich wieder an die Mahnung des Menschen: ›Hüte dich vor Ratschlägen!‹ In diesem Augenblick war im Laub eines nahen Baumes ein Rascheln zu hören, und das Vöglein kam herbeigeflogen und sang:

›Abends, abends, wenn alles ruht, wenn jeder den Lohn des Tages erhält – im Schoß der Nacht wird ausbezahlt, nur einem nicht: Verlassen liegt er im Finstern da, nicht belohnt, von keinem getröstet, und mit keinem Wort ermahnt – vergessen ist nur er allein, doch er soll wissen: er ist nicht vergessen, es gibt ein Auge, das auf ihn niederblickt, aber er muß es glauben und denken: er wird geliebt, er wird geprüft, und er ist auserwählt, wach zu sein, wach in der Nacht, alle Sterne betrachtet er; er ist nicht neidisch auf sie, weil er ihnen nicht gleich ist. Und du mußt auch glauben, Einsiedler, und nicht auf das hören, was die Feinde sagen. Sie werden jedem als Hindernis von den Höhlen dort unten mitten in den Weg geschickt, der dazu gebracht werden soll, zu straucheln. Du mußt dich stärken, Einsiedler, um für die letzte Prüfung bereit zu sein, die dir bald bevorsteht. Es wird dir alles hoffnungslos erscheinen, von nirgendwo gibt es Hilfe, und alles ist zu Ende: Sorge nicht, sorge nicht! Denke daran, daß dich der Vogel nicht vergißt!‹

Das Vögelchen verstummte, und ohne ein Rascheln, ohne einen Flügelschlag zwischen den Bäumen hören zu lassen, verschwand es.

Beruhigt und erleichtert lag der Einsiedler danach auf seinem Lager, wieder und wieder dachte er über die tadelnden, aber auch erleichternden Worte des Vogels nach. Aber bald drehte er sich auf die Seite, schloß die Augen und schlief getröstet und bestärkt ein.

So widerstand der Einsiedler der zweiten Anfechtung, und so auch der dritten...

Und der Vogel vergaß den Einsiedler zum letzten Mal für eine Weile. Schon lange irrte er mit seiner Ziege umher, ohne Sinn, ohne Weg, ohne Hilfe und ohne Hoffnung, entmutigt, niedergeschlagen und vergessen, und ohne irgend jemandem zu begegnen. An einem heißen Tag legte sich der Einsiedler im Wald nieder und schlief ein, müde und ermattet, kraftlos und ohne einen Gedanken. Wie lange er so schlief, einen Tag und eine Nacht, oder zwei Tage und zwei Nächte, wußte er nicht. Aber mitten im Schlaf spürte er, wie ihn eine Hand berührte und wie ihn etwas, das aus der Nacht kam, energisch zu wecken versuchte.

Und als der Einsiedler die Augen öffnete, war es Nacht. Es war schrecklich finster, und eine große Unruhe herrschte im Wald. Kalter Wind blies oben in den Bäumen, irgend etwas lärmte und ging in der Finsternis vor sich, aber der Einsiedler konnte nichts sehen – keinen Baum und keine Wurzel, kein Licht und keinen Widerschein von einem Licht, weder um sich herum noch sonst irgendwo. Er spürte nur, daß jemand über ihm stand und ihn weckte.

›Wer ist es?‹

›Der Waldgeist.‹

›Was willst du?‹

›Bald wird es im Wald einen Sturm geben.‹

›Und?‹

›Komm mit mir, ich beschütze dich.‹

›Und das Zieglein?‹

›Das Zieglein verirrt sich... komm.‹

›Ich gehe nicht mit...‹

Und der Einsiedler legte sich wieder hin und wartete.

Einige Minuten lang schwieg der Geist und überlegte. Dann griff er nach der Ziege, packte sie an einem ihrer Hörner und übergab sie in der Finsternis dem Einsiedler.

›Und du‹, sagte er zu ihm, ›steig auf.‹

Und der Geist kniete vor dem Einsiedler nieder und nahm ihn auf seinen schwarzen Rücken, der behaart war wie der eines Tieres...

Und im Wald lärmte es: Bäume in der Finsternis, Wald und Wind, und irgend etwas ging vor sich, gleich würde irgend etwas geschehen. Und der Einsiedler ritt auf dem Waldgeist immer tiefer und tiefer in den Wald, immer weiter in die Finsternis hinein, dorthin, von wo der Lärm herkam. Die ganze Zeit über hielt er ein Horn der Ziege fest und ließ sie nicht los...

Stärker und stärker wurde das Getöse im Wald. Über die Erde, in den Bäumen und durch den Wald wehte und rauschte der Wind. Und plötzlich blitzte es, zuckte hell auf und erglühte, und einen Augenblick lang erschien der Wald mit seiner ganzen finsteren Masse in einem höllischen Feuer. Den Einsiedler durchfuhr ein Schauer, und er ließ das Zieglein los. In diesem Augenblick war der Waldgeist unter ihm verschwunden, und er stand wieder auf dem Boden. Nachdem der Blitz niedergezuckt war, wurde es eine Weile still, und plötzlich...

Vor dem Einsiedler wuchs ein anmutiger und heller Palast empor, mit vielen Türen und mit hellerleuchteten Fenstern. Und in den Fenstern erschienen Gestalten: eine Frau neben der anderen, Kopf an Kopf, jüngere und ältere, bekleidete und entblößte, mit aufreizenden Körpern. Sie tranken Wein und lachten, und zwischen ihnen waren die Köpfe junger Männer zu sehen...

Im Palast wurde gerade ein nächtliches Fest gefeiert... Alle stürzten zum Fenster und winkten gastfreundlich und erregt, ausgelassen und in guter Laune dem Einsiedler zu.

Müde, feierlich und traurig drang eine nächtlich schleppende Musik aus den hellen Sälen und vermischte sich mit den Gestalten, der Nacht und mit dem Licht. Durch die Wände des Palastes hindurch wurde sie in den Wald getragen und verlor sich zwischen den Bäumen.

Die Menge winkte dem Einsiedler von oben herab zu und rief ihn hinauf; er stand unten und schaute verloren zu den hoch oben liegenden Fenstern. Aber gleich darauf wurde dort hastig eine Tür geöffnet, und flink und geschwind, in rauschender Seide, eilte eine junge Frau die Treppen herab. Sie ging auf den Einsiedler zu, bemächtigte sich seiner, von Wohlgerüchen umgeben, bezaubernd, anziehend und voll weiblicher Anmut, und forderte ihn auf, mit nach oben zu kommen:

›Komm mit mir... zu uns!‹

Der Einsiedler rührte sich nicht von der Stelle, blickte nur weiter verwirrt nach oben zu den Fenstern, machte keinen Schritt und stammelte:

›Das Zieglein..., das Zieglein...‹

Auf einmal erlosch der nächtliche Palast, und die junge Frau verschwand. Der Einsiedler blieb in einer noch schwärzeren Finsternis und in einem noch heftigeren Sturmwind zurück. Ein schrecklicher Platzregen ergoß sich plötzlich vom finsteren Himmel, Erde und Himmel, Luft und Bäume verwandelten sich in einen einzigen Gewitterregen. Es goß und regnete in Strömen – von oben und von allen Seiten, und mittendrin stand durchnäßt und frierend der Einsiedler, verloren, verstört und ganz allein in dieser Finsternis...

Dann erschien wieder der Palast mit der jungen Frau. Wieder rief sie, aber der Einsiedler rührte sich nicht von der Stelle. Da veränderte sich alles ganz schnell: Palastlicht wechselte mit schwarzem Regendunkel, schwarzes Regendunkel mit Palastlicht, ein Mal, ein zweites und ein drittes Mal, und auch da widerstand der Einsiedler...

Und als er nach dem nächtlichen Blendwerk die Augen öffnete, war es schon heller Tag. Er stand außerhalb des Waldes, und an seine Seite schmiegte sich sein Zieglein. Vor ihm lag ein helles, offenes Feld, und im Morgenlicht führte ein gerader und ausgetretener Weg weit in die Ferne...

Und das Vögelchen zeigte sich auf einem Baum am Waldesrand und sang:

›Gut gemacht, du hast widerstanden, und es ist gut. Jetzt mache dich auf, beschreite einen neuen Weg, und suche mit Glück dein heiliges Ziel, das gesegnete Körnchen. Von heute an werde ich dich nicht mehr führen, von heute an stehst du unter der Herrschaft des Mondmenschen. Wenn du ihn jede Nacht fragst, wird er dir den rechten Weg weisen, gib acht und höre ihm zu. Und jetzt – sei gesegnet, mit dem Zieglein, das dir zugedacht ist, das dein Begleiter ins Glück sein soll.‹

Und an diesem Morgen verließ der Einsiedler den Wald, beschritt frei den ausgetretenen und geraden Weg, und guter Dinge und wie neugeboren ging er über das offene, sich weithin erstreckende Feld. Immer wieder drehte er sich zum Wald um, den er hinter sich zurückließ, und jedesmal sah er, daß er weiter und weiter hinter ihm zurückblieb.

Am Mittag, als die Sonne schon hoch am Himmel stand und das offene Feld hell und ohne Ende dalag, sah der Einsiedler in der Ferne etwas liegen. Er ging darauf zu, näherte sich mehr und mehr dieser Sache, und wie er dorthin kam, sah er auf der Erde einen Menschen liegen. Das war ein Geher, der inmitten des Feldes bei einem Brunnen lag und sich von dem Weg und dem anstrengenden Tag ausruhte. Der Einsiedler ließ sich neben ihm nieder, setzte sich zu ihm und fragte:

›Woher kommst du?‹

Der Geher blickte ihn ruhig und bedächtig an, wie es Geher tun, und antwortete:

›Schon lange gehe ich.‹

›Und wohin gehst du?‹

›Noch viel länger…‹

›Was suchst du?‹

›Das seit langer Zeit Verlorene.‹

›Was ist verlorengegangen, und wer hat es verloren?‹

›Die ganze Welt – ein Körnchen.‹

›Gehen wir dann zusammen?‹

›Nein.‹

›Warum?‹

›So will es die Überlieferung… es ist eine altbekannte Sache.‹

›Was denn?‹

›Heilig sind die Wege, noch heiliger die Geher; gesegnet ist der Gang, noch mehr das Gehen, und gehen heißt – allein gehen.‹

›Aber das Ziel ist doch das gleiche?‹

›Ja, das Ziel ist das gleiche, aber die Geher sind verschieden. Und wenn man auf verschiedene Art und Weise sucht, findet man Verschiedenes, in Gestalt und in Form, jeder auf seine Art und Weise, seine Welt und seinen Kern…‹

›Und der Brunnen?‹

›Das ist der Brunnen des Erbes: Er geht von Generation zu Generation, von Geher zu Geher, er ist unser Spiegel und unsere Kraft zu sehen…‹

Und während er dies sagte, erhob sich der Geher, trat zum Brunnen, stand eine Weile an seinem Rand, beugte sich dann über ihn und schaute still und in Gedanken versunken hinein… Dann stand auch der Einsiedler auf. Auch er trat zum Brunnen, stellte sich auf die andere Seite, ließ seinen Blick hinabsinken und starrte ruhig und bedächtig in ihn. Eine Weile sahen sie in das Wasser und tauschten Blicke, aber bald vergaß einer den anderen, und jeder verlor sich in seinem Spiegelbild im Wasser und in seinen Gedanken. So standen sie lange still da, und keiner gab auf den anderen acht. Als der Einsiedler aus seinen Gedanken erwachte, fand er das Bild des Gehers nicht mehr im Wasser. Er hob die Augen, betrachtete das offene Feld und sah den Geher in der Ferne, mit dem Stock in der Hand und mit seinem Bündel auf den Schultern, auf dem geraden Weg, der in die Ferne führte, zum Horizont laufen. Da rief der Einsiedler die Ziege, die am Brunnen stand, zu sich, warf noch einen Blick auf den Geher und setzte dann auf der anderen Seite seinen Weg fort.

Weit und einsam lag das Feld an diesem Tag da, allein, nur von seinem Zieglein begleitet, ging der Einsiedler darüber hin – still und in Gedanken versunken, von einem Teil des Feldes zu einem anderen, bis zum Abend, bis die Sonne langsam im Westen unterzugehen begann.

Leise kam von Osten die Nacht näher. Dunkler und dunkler wurde das Feld hinter dem Einsiedler, und schweigend und wie in Trauer blickte es ihm auf seinem Weg nach. Und er war in Gedanken versunken, achtete nicht auf den schwindenden Tag, dachte nicht an ein Nachtlager, sondern ging immer weiter, bis die Nacht hereinbrach.

Und als der Einsiedler auf einmal auf dem Weg stehenblieb und begann, sich im Feld und in der Dunkelheit umzusehen und einen Platz für sein Nachtlager zu suchen, da fand er keinen. Plötzlich drehte er sich in die Richtung, aus der er gekommen war, und das sah er: Am Rand des Himmels, weit entfernt, stand ein großer, flächiger und runder Mond, und im Mond – war der Mondmensch.

Von dort oben blickte er auf den Einsiedler, betrachtete ihn lange aus der Ferne und hatte ruhig, ohne den Blick abzuwenden, die ganze Zeit schweigend auf ihn gewartet. Still lag das endlos weite Feld da, Erde und Himmel schwiegen in nächtlicher Ruhe, und der Mensch am Himmel und der Einsiedler auf der Erde standen einander gegenüber, warteten und warteten.

Und der Mondmensch sagte:

›Einsiedler, du unterstehst nun meiner Herrschaft, und heute muß ich, wie du jetzt dastehst und wartest, schon für dich sorgen. In der Nacht bist du ein Fremder, und bald regiert die Nacht und tritt heraus auf alle Wege, steigt mit ihren Füßen auf die Erde herab und erhebt ihren Kopf in den Himmel. Kehre dich wieder um: Ich werde dir im offenen Feld leuchten und dir schon heute ein Stübchen für ein Nachtlager zeigen. Und höre: Bleib dort eine Zeitlang und rühre dich nicht ohne mein Wissen von der Stelle. Laß dich mit deiner Ziege dort nieder, und die Ziege sollst du behüten, solange ich nicht komme, bis ich dich rufen und dir in der Nacht Weisungen geben werde, dann, wenn ich muß... und jetzt geh.‹

Der Einsiedler gehorchte dem Mondmenschen und drehte sich um, warf still einen Blick auf das nächtliche Feld und machte sich auf den Weg durch die weite und mondhelle Landschaft...

Voller und voller ging der Mond immer höher hinter dem Einsiedler am Himmel auf, heller und strahlender stieg er in der Nacht immer mächtiger empor, schwamm sanft und glänzend auf seinem Weg hinauf und begann, golden und schwerelos, seinen Lichtschein auf das Feld und auf den Weg im Feld auszustreuen.

Während er ging, schaute der Einsiedler nicht zurück und wendete sich nicht um. Die ganze Zeit über spürte er nur den Mond und den Mondmenschen hinter sich, von dem er bewacht und beleuchtet wurde. So ging er und ging er, bis er schon spät in der Nacht im Feld auf eine Ruine stieß. Für eine Weile drehte er sich zum Mondmenschen um, blickte ihn mit stillem Dank für sich und für sein Zieglein an, wendete sich dann wieder der Ruine zu, fand eine Tür und trat ein.

Der Einsiedler ließ sich in der Ruine nieder. Bedächtig und mit Überlegung betrachtete er sie und sah sich in ihr um, sorgte für all das, was er und die Ziege für einen langen Aufenthalt brauchten, gewöhnte sich allmählich an diesen Platz und an die Umgebung und wurde in der Ruine von Tag zu Tag mehr und mehr heimisch. Ruhig und sorglos wartete der Einsiedler darauf, daß sich das Versprechen des Mondmenschen erfülle, und währenddessen kniete er jeden Abend und jeden Morgen in langen und stillen Gebeten im Feld und in der Ruine nieder, betete und betete. Nach dem Morgengebet brach er gewöhnlich mit seiner Ziege auf, blieb einmal in der Nähe, entfernte sich dann wieder weiter von seiner Ruine, streifte umher, um Kräuter und Körner zu suchen, sammelte Nahrung für einen Tag oder für mehrere und brachte sie heim.

Und der Einsiedler wachte über die Ziege, verlor sie nicht aus den Augen, ließ nicht zu, daß sie sich weit von ihm entfernte und war immer mit ihr zusammen, auf allen Wegen, zu jeder Zeit.

Am Abend, wenn die Sonne still unterging und Erde und Himmel leer und weit in der Dämmerung lagen, saß der Einsiedler auf der Schwelle seiner Ruine, betrachtete lange und ruhig den Sonnenuntergang und versank in Gedanken. Plötzlich fiel ihm wieder seine Ziege ein. Mit erschrockenem Blick suchte er sie um sich herum und fand sie schnell an seiner Seite liegen. Er streichelte sie, sah ihr still, lange und zufrieden in die Augen, beugte sich schließlich zu ihr und sagte: ›Zieglein, Zieglein . . ., und was wird sein, wenn wir das Körnchen gefunden haben?‹ Unschuldig und vertrauensvoll erwiderte das Zieglein seinen Blick, aufrichtig und bescheiden wendete es seine Augen nicht von ihm ab.

Die Sonne ging unter. Still und ruhig wurde das Feld, und der Einsiedler erhob sich von der Schwelle, ließ zuerst das Zieglein hinein, trat dann auch in die Stube, schloß die Tür und bereitete sich in der Ruine auf die Nacht vor.

Manchmal geschah in der Nacht dies: In der Ruine war es still und finster. Der Einsiedler schlief, und er träumte: Ein Dorf, und in dem Dorf öffnen sich die Stalltüren... das Vieh wird tagsüber auf die Weide getrieben. Und die Pferde wiehern schon, Kühe und Ochsen brüllen, Schafe und Ziegen blöken und meckern. Der Hirte ist schon im Dorf, und da öffnen sich die Tore, und... er hörte es klopfen.

›Wer ist da?‹

›Der Hirte.‹

›Was willst du?‹

›Dein Zieglein zur Herde bringen.‹

›Gleich...‹

Der Einsiedler erhob sich halb im Schlaf und im Traum von seinem Lager, ging blind und schlaftrunken zur Tür, öffnete sie und sah: Ach, nein... Es war nur ein Traum. Draußen ist es noch Nacht. Dann ging er zurück in die Stube, legte sich wieder neben seine Ziege, schlief aber nicht ein, lag nur neben ihr und sprach mit ihr, bis es heller Tag geworden war...

Es war Sommer gewesen, als der Einsiedler in jenes Feld und zu jener Ruine gekommen war, aber jetzt, langsam und unbemerkt, verschwand der Sommer. Die Sonne erhob sich am Morgen verspätet und verschlafen, und früh und erschöpft verschwand sie in der Dämmerung. Der Herbst stahl sich leise heran und schlich immer näher.

Der Einsiedler verbrachte jene stillen, herbstlichen und mondbeschienenen Abende im Freien, schaute lange Stunden und ganze Nächte hindurch auf den Mondmenschen, schaute und forschte, ob die Zeit vielleicht schon gekommen sei und ob er sich vielleicht jetzt im Herbst auf den Weg machen solle. Aber lange erwiderte der Mondmensch gleichgültig seinen Blick, ohne ihm auszuweichen, schwieg und sagte kein Wort, weder ja noch nein.

Der Einsiedler verstand, daß die Zeit noch nicht gekommen war, und er bereitete sich in seiner Ruine auf den Herbst vor, verschloß alles für die kommenden Regentage und Regennächte, ging hinein und blieb mit seinem Zieglein in der Ruine.

Und draußen begann es zu regnen. Es war trostlos und kalt, und so würde es lange Zeit bleiben. So vergingen die Tage: Regen heute, Regen morgen, und so ohne Ende immer weiter, am Tag und in der Nacht, nur Himmel und Wolken, Wolken und offenes Feld.

Und es kamen Nächte, in denen der Einsiedler beim Feuer saß, das im Öfchen brannte, vor sich hin blickte und überlegte. Ihm zu Füßen lag die Ziege. Und der Einsiedler streichelte sie die ganze Zeit ununterbrochen, still und in Gedanken versunken, ohne daß er selbst es bemerkte, über den Kopf, über den Rücken, auf und ab, auf und ab, und ganz behutsam glitt seine Hand über ihr Fell...

Und der Herbst verging, ein Tag nach dem anderen, eine Woche nach der anderen, ein Monat und mehr. Und einmal, als der Einsiedler am Abend nachdenklich beim Feuer saß, klopften plötzlich ein Windstoß und ein Regenschauer gegen die Tür, klopften und rüttelten daran:

›Einsiedler, was sitzt du da?‹

Der Einsiedler erschrak, gab sich einen Ruck, erhob sich und lauschte verwundert, was draußen vor sich ging. Eine Zeitlang stand er so da, dann aber, als keiner die Tür öffnete, ging er zum Feuer zurück, ließ sich nieder und versank wieder in seinen stillen und abendlichen Gedanken. Wieder ein Windstoß und ein Klopfen:

›Einsiedler, was sitzt du da?‹

Dieses Mal stand der Einsiedler schon hastiger auf und richtete erschrockener als zuvor den Blick zur Tür. Ein drittes Mal, und dann öffnete sich leise die Tür, und auf der Schwelle erschien ein Wanderer aus der Nacht, durchnäßt, tropfend und eingehüllt. Er stand so eine Weile auf der Schwelle, schwieg, blickte sich um und rührte sich nicht von der Stelle. Nach ein paar Minuten trat er in die Stube, ging zu einem Winkel, ließ zuerst sein Bündel von den Schultern fallen, stellte seinen Stock in die Ecke, löste seinen Gürtel, legte die Oberkleider ab und machte sich dann allein, ohne etwas zu fragen, als ob er hier zu befehlen hätte, sein Nachtlager zurecht...

Die ganze Zeit über stand der Einsiedler dabei, schaute auf den Wanderer und wartete darauf, daß er etwas rede. Aber der Wanderer bereitete nur immer sein Nachtlager vor und sagte dann:

›Einsiedler, schlafen.‹

›Wer bist du?‹

›Der Ausgesandte.‹

›Und wohin bist du zu solch einer Zeit geschickt worden?‹

›Eine Botschaft zu überbringen.‹

›Von wem?‹

›Von Ihm, dem Verkünder.‹

›Und was wirst du kundtun?‹

Bei diesen Worten drehte sich der Wanderer um, ohne etwas zu sagen, ließ sich auf sein Lager nieder, deckte sich zu und schlief ein. Lange stand der Einsiedler nachdenklich vor dem Lager des Wanderers, betrachtete ihn befremdet, wie er so dalag, wandte sich schließlich ab und legte sich auch nieder.

Träume folgten auf Träume, und dem Einsiedler ging im Schlaf alles wirr im Kopf herum: offenes Feld und Körnchen, und Schnee auf dem Feld... dort lag eine Schneedekke, und dort lag das Körnchen... Und im Schlaf wurde es dem Einsiedler kalt. Er wickelte sich fester ein und wälzte sich die ganze Nacht herum. Und als er am Morgen die Augen öffnete und sich in der Ruine umblickte, war schon von dem Wanderer und von seinem Lager keine Spur mehr zu sehen. Der Einsiedler spürte die Kälte und die Leere des Wintermorgens. Heller als gewöhnlich war es in der Ruine, grau und überhaucht blickten die Fenster herein. Über Nacht war der erste Schnee des Winters gefallen.

Und der Winter kam und legte sich über die Erde.

Schnee über Schnee, weithin weißes Feld, und unter dem Himmel tobten Schneestürme. Das weite Feld war den Winden preisgegeben. Sie trieben dahin, jagten ganze Tage, morgens und abends, von Horizont zu Horizont, kehrten zurück, scharrten auf der Erde und ließen so das Feld mehr und mehr winterlich werden. Der Boden wurde trocken, hart und spröde, und auf ihn legte sich weicher und frischer Schnee und bedeckte auf Monate hinaus im ganzen Umkreis alles. Ganz allein stand die Ruine des Einsiedlers inmitten des Feldes, verdeckt und eingeschneit, einsam und kaum von der Erde zu unterscheiden.

Ganze Tage lang saß der Einsiedler mit seiner Ziege in der Ruine, und sie verbrachten still die winterlichen Abende vor dem Ofen. Selten sprach er mit der Ziege, selten blickten sie sich an, und noch seltener verließen sie die Ruine. Windböen und Schneestürme zogen über die Felder, Kälte und Frost herrschten unter dem Himmel, und der Einsiedler stand stundenlang still am sturmumwehten Fenster der Ruine, schaute und spähte hinaus, horchte und lauschte immer wieder. Das Feld lag sturmumtobt da, der Winter beherrschte alles, und keine Glocke von einem Schlitten, kein Wanderer, niemand, der vorbeiging...

Doch einmal... Es war eine frostige und mondhelle Winternacht, und der Einsiedler ging, nachdem er lange in der Stube gesessen hatte, vor seine Tür, und gleich blieb er verwundert stehen und rührte sich nicht. Als ob er auf ihn gewartet hätte und bereit sei, stand, genau gegenüber seiner Tür, hoch am Himmel ein voller und heller Mond, und in ihm war der Mondmensch zu sehen. Er blickte auf den Einsiedler nieder und sagte nach einer Weile:

›Einsiedler, morgen, zur gleichen Zeit, am gleichen Ort.‹

Lange blieb der Einsiedler schweigend dem Mondmenschen gegenüber stehen und fragte nichts. Schließlich wendete er sich um, lautlos und ohne noch mehr zu erfahren, und ging in die Ruine.

Die Nacht verstrich, nach ihr auch der Tag, und als der Einsiedler zur festgesetzten Zeit hinausging, sich auf seinen Platz stellte und seine Augen zum Mondmenschen hob, sagte der zu ihm:

›Einsiedler, nicht weit von hier im Feld wohnt in einer Höhle eine Hexe. Bei der Hexe, bei ihr in der Höhle, lebt ein Diener, der allezeit ihre rechte Hand ist. Und morgen wird der Diener dort von Teufeln gefangen, und er bittet sich frei, er kauft sich los, und er schickt zu ihnen die Hexe. Und die ist böse, und die ist klug: sie wird ihnen dienen. Sie löst ihren lieben Diener von den Teufeln mit einer Geschichte aus. Und die Geschichte endet, wie sich zeigt, an dem Ort, wo die Teufel sitzen... Wenn das die Teufel wüßten! Und höre, Einsiedler: Wo Stroh im Feld auf dem Schnee liegt, ein Kreis aus Stroh, und in der Mitte ein Lichtlein brennt, dort suche, und dort wirst du das lange Zeit Gesuchte finden. Und höre noch: Mach dich bereit für den Weg und sei gesegnet, und morgen wird dies das Zeichen für dich sein, daß zu dir der Diener kommt und dich ruft, und die Liebe wird dich führen – das Zieglein, das dir zugedacht ist.‹

Der Einsiedler hatte zugehört, nahm jetzt zum letzten Mal mit stummen Blicken vom Mondmenschen Abschied, blickte noch einmal zu ihm hin, machte ein paar Schritte rückwärts zu seiner Ruine, drehte sich dann um und ging in seine Stube.

Die Nacht verging, und der nächste Tag kam. Als der Einsiedler am Abend in der Ruine ein Lichtlein angezündet hatte, bemerkte er bald, wie die Ziege auf einmal von ihrem Platz in der Ecke aufsprang, eine Weile ganz erstarrt dastand und dann unruhig und aufgeregt in der Stube umherzulaufen begann. Sie sprang von einem Platz zum anderen, von einer Wand zur anderen, blieb dann wieder stehen, drückte sich an eine Wand, lehnte sich an die Tür, rieb den Körper daran, riß sich aber gleich davon los und lief weiter. Dazwischen kam sie zum Einsiedler, stellte sich vor ihn hin und blickte ihm mahnend in die Augen, erwartete etwas von ihm, drehte sich dann wieder ungeduldig um und sprang weiter unbefriedigt und unruhig durch die Stube. Einmal, zweimal, immer heftiger und heftiger, stummer und erbarmungswürdiger und unverstandener, und sie konnte keinen Ruheplatz finden.

Der Einsiedler blickte ihr die ganze Zeit nach; wohin sie lief, in jeden Winkel begleiteten sie seine Augen. Er wunderte sich, kannte sein armes, sonst so ruhiges Zieglein heute überhaupt nicht und konnte es nicht verstehen:

›Zieglein, Zieglein, was ist mit dir, Zieglein?‹

Die Ziege fand keine Ruhe, lief weiter umher, eine Stunde und noch eine. Grau und schwer wurden ihre Augenlider, verloren und unbeholfen schleppte sie sich durch die Stube, blickte verlangend und forschend auf die Erde und auf den Boden, zur Decke und in alle Winkel und schnupperte umher. Erschöpft und unverstanden ging sie schließlich zur Tür, stellte sich direkt vor sie, ließ sie nicht aus den Augen und blieb so still und wartend stehen. Eine Stunde und noch viel länger, und die ganze Zeit über bewegte sie den Kopf nicht, wartete und lauschte.

Es wurde Mitternacht, und plötzlich war an der Tür ein Klopfen zu hören. Es war der Diener der Hexe, der beim Einsiedler anklopfte:

›Einsiedler, es ist Zeit!‹

Hastig und mit Ungestüm klopfte das Zieglein zur Antwort von innen gegen die Tür. Wir kommen! Und gleich drehte es sich zum Einsiedler um:

›Einsiedler, komm!‹

Augenblicklich packte der Einsiedler seine Habseligkeiten zusammen, lud sie auf die Schultern, nahm seinen Stock in die Hand, blickte sich schnell und eilig zum letzten Mal in der Ruine um, öffnete dann rasch die Tür und trat hinaus...

Und als sie die Tür geschlossen hatten und in das offene Feld hinausschauten, sahen sie schon, wie hoch oben, am majestätischen Himmel, unter dem Mond und in seinem Schein, eine alte und runzlige Hexe auf einem Stock ritt und von oben herabflog, vom Schein des Mondes, der auf das Feld fiel, auf die endlose Schneefläche ringsum zu und hinter dem fernen Horizont verschwand.

Das Zieglein kehrte sich zum Einsiedler, zeigte mit dem Kopf dorthin, wo die Hexe verschwunden war, und dann machten sich beide fröhlich, guter Dinge und erleichtert auf den Weg...

Das Zieglein lief voraus, scharrte beständig mit dem Kopf und mit seinen Beinen im Schnee, wartete ungeduldig auf den Einsiedler, und wenn sie auf gleicher Höhe waren, lief es wieder voraus, eilte und rief, rief und eilte, eine Stunde, zwei Stunden und drei, lief und lief, und plötzlich...«

Und die Hexe, die lange erzählt hatte, brach auf einmal mitten in der Geschichte ab, verstummte und hielt still und lange nach irgend etwas am fernen Horizont Ausschau. Die Teufel bemerkten es, und erschrocken und ungläubig begannen sie sich umzusehen, und unruhig und hastig versuchten sie, die Hexe aus ihrer Erstarrung aufzurütteln, da sie ein schlechtes Ende vorausahnten:

»Und nun? Und das Ende, Hexe?«

»Ja, gleich, gleich.« Und die Hexe starrte noch stiller und angestrengter zum Horizont hin. Und plötzlich...

Und die Hexe fuhr in die Höhe und schrie laut, nicht wie mit ihrer Stimme, sondern mit ihrem Körper, mit aller Kraft:

»Ihr Kerle! Ihr sitzt darauf!«

Und noch schriller:

»Teufel! Da geht der Einsiedler!«

Ein Beben – und in Schrecken und Verwirrung sprangen die Teufel auf, und jeder von ihnen stürzte nach einer anderen Seite davon und verschwand schnell und ohne sich umzuschauen im offenen Feld. Dann setzte sich auch die Hexe auf ihren Besen und schwebte empor zum Mond und zu seinem Schein. Und zurück blieb im Feld allein der Strohkreis und das Lichtlein in ihm…

Und der Einsiedler kam zum Körnchen.

Deutsch von Martina Eicheldinger und Armin Schlechter

TEUFEL

Teufel, du bist schon alt.«

»Ja, Teufelchen, es ist wahr.«

Es waren zwei Teufel, die eines Nachts irgendwo in einem wilden Wald in einer finsteren Höhle lagen. Dunkelheit hüllte die Bäume ein, und es regnete. Aneinandergeschmiegt lagen die beiden da, und der jüngere hatte seine Hand auf dem Fell des älteren liegen, streichelte langsam und sanft über die Haare und kraulte ihn. Schließlich drangen seine Finger zu der eingetrockneten Haut vor. Er befühlte sie und verkündete ihm:

»Du bist doch schon alt, Teufel.«

»Ja, Teufelchen, es ist wahr.«

»Was wird geschehen?«

»Man wird mir die Haut abschinden und aus ihr eine Trommel machen.«

»Und du selbst?«

»Man wird mich in eine Ecke stecken, zu einer Hexe oder zu einem Zauberer, hinter irgendeinen Ofen. Junge Kobolde und kleine Kobolde werden kommen, mich Alten über die langen Jahre, die ich schon gelebt habe, befragen und mich bitten, ihnen Geschichten zu erzählen.«

»Und du, Teufel?«

»Ich werde erzählen.«

»So bitte ich dich als erster: Erzähle etwas.«

Der Teufel zögerte eine Weile, als ob er nicht wollte, und suchte nach Ausflüchten. Aber der junge Teufel bohrte ihm einen dürren, spitzen Finger in die Haut und zwischen die Rippen, kitzelte ihn und drängte ihn:

»Los, los, Teufel, sei nicht albern.«

Da gab der alte Teufel nach und begann:

»Es war in der Zeit, als ich noch jung war, als meine Hufe und Hörner noch scharf waren und die Beine willig – im Wind und auf dem Feld, auf dem Berg und im Tal, wohin ich nur gehen mußte. Da bekam ich in einer Nacht einen Befehl: Zu einem Wald hin aufzubrechen und an seinem Rand, an seiner Grenze zu warten; man brauche mich dort, es gebe dort eine Arbeit für mich...

Ich machte mich auf den Weg. Als ich zu dem Wald kam, traf ich einen jungen Kobold, der schon umherging und auf mich wartete. Als er mich erblickte, sagte er zu mir:

›Bald wird ein Mensch hier durchfahren, von der Tiefe des Waldes her. Man muß ihn von seinem Weg abbringen, man muß ihn verwirren...‹

Und so geschah es. Bald hörten wir, daß sich vom Wald her ein Wagen näherte. Ein Mensch lenkte die Pferde, trieb sie an und munterte sie im tiefen Wald durch Rufe auf. Wir beide sprangen rasch auf den Weg, der in den Wald hineinführte, warfen uns mitten auf ihn und sprangen übereinander; wir kugelten und wälzten uns umher, einer über den anderen, hin und her und Hokuspokus – und als sich der Mensch uns und der Stelle, wo wir uns zu schaffen machten, mit dem Wagen näherte, da drehten und verwirrten sich Wald und Weg vor ihm. Die Pferde blieben stehen, der Wagen stieß mit der Deichsel an etwas, rührte sich nicht mehr vom Fleck, und schon war es geschehen: Es gab weder Weg noch Steg mehr, nur Bäume und Bäume ringsum. Der Wagen steckte fest, und die Pferde scheuten mitten im Wald.

Auch der Mensch erschrak über den unerwarteten Zwischenfall, sprang von seinem Gefährt herab, ging zu den Köpfen der Pferde, stellte sich vor die aufgeregten Tiere und verharrte bei ihnen, bis sie sich von ihrer Angst und dem Schrecken erholen, bis sie sich wieder beruhigen und bis sie wieder folgsam sein würden, wie es sich für Pferde gehört. Als wir das sahen, schlichen wir beide, ich und der andere, gleichzeitig von hinten an sie heran, und plötzlich warfen wir uns zwischen ihre Läufe und erschreckten sie noch einmal. Da bäumten sie sich ungestüm und hastig auf, rissen sich von der Deichsel los, zerrissen das Geschirr und gingen wild und verwirrt durch, ohne daß der Mensch sie halten konnte. Er überließ die Pferde und den Wagen, der festhing, sich selbst, ging ein wenig in den Wald hinein und sah sich um: Wo ist er, wohinein hat es ihn da verschlagen, und wie kommt er hier wieder hinaus? So stand er und schaute umher, schaute umher und stand da, und auf einmal erschienen wir, ich und der Kobold, in der Ferne auf einem Weg in der Gestalt zweier Menschen. Einer hinter dem anderen, kamen die zwei Menschen still und barfuß aus dem Wald, so wie man abends durch den Wald zu gehen pflegt, und sprachen kein Wort. Und wie man so erscheint, näherten sie sich ihm und mußten bald an der Stelle, wo er stand, vorüberkommen. Der Mensch wartete auf sie, und als sie ihn erreichten, wandte er sich an sie und sagte:

›Guten Abend, ihr Leute ...‹ Vielleicht wüßten sie weiter; er sei gerade eben vom Weg abgeirrt, und vielleicht könnten sie ihm helfen und ihn auf den richtigen Weg führen?

Gewiß könnten sie es, und warum auch nicht?

›Und wie weit ist es von hier?‹

›Es ist nicht der Rede wert, nur einige Schritte.‹ Er solle ihnen folgen, sie gingen in die richtige Richtung, und es sei nicht weit... Der Mensch glaubte ihnen und ließ sich von ihnen, den Wanderern, führen. Still hielt er sich hinter ihnen, redete kein Wort, verließ sich stumm auf sie und ging schweigend hinter ihnen her. Und da, als die zwei Wanderer den Menschen von dem Platz, wo er gestanden war, und von seinen Pferden und dem Wagen weggelockt hatten und zusammen mit ihm ein Stück weit gegangen waren, da schien plötzlich und unvermittelt der Weg vor ihnen zu enden. Sie blieben stehen, zögerten und begannen sich verwundert umzublicken: Was bedeutet das, wo sind wir, und wie kommen wir hierher? Und während der Mensch noch hinter ihnen stand, da schwindelte und drehte sich ihm wieder alles vor den Augen. In der Ferne sah er zwischen den Bäumen eine kleine Hütte, in der Licht brannte, und die beiden Wanderer waren verschwunden.

In der Hütte saß eine runzlige Alte vor einem Sieb voller Federn. Ihr Mann, der Hüter des Waldes, lag zugedeckt auf dem Ofen und war ganz in den abendlichen Schlaf des Hüters versunken.

Und der Mensch ging auf die Hütte zu. Als er dort ankam, klopfte er an ein Fenster.

›Öffnet mir, gute Leute!‹

Die Alte kam heraus, um ihm zu öffnen, und fand ihn vor der Tür und auf der Schwelle stehen. Zuerst mußte er wegen des Lichtes die Augen zusammenkneifen, dann hob er den Blick zur Decke empor, ließ ihn auf den Boden sinken, schaute sich in der Hütte um und sagte schließlich:

›Ich verstehe es nicht... Wie bin ich hierhergekommen?‹

›Was?‹ fragte ihn die Alte laut.

›Verdächtig...‹, antwortete der Mensch stammelnd.

›Was hast du für einen Verdacht, und gegen wen?‹

›Ich weiß es selbst nicht.‹

›Was redest du denn da, Mensch?‹

›Ich weiß es nicht... Ich bin vom Weg abgekommen, begegnete zwei Menschen und bat sie um Hilfe. Sie führten mich, verschwanden dann aber plötzlich, und ich sah die Hütte. Ich verstehe es nicht...‹

›Und was willst du?‹

›Was ich will? Ist es vielleicht möglich, daß man mir alles erklärt und mich auf den rechten Weg führt?‹

›Auf den rechten Weg führen?‹ fragte die Greisin, ging zu ihrem Platz zurück, beschäftigte sich wieder mit ihrem Sieb und sagte, zum Ofen gewandt:

›Alter, höre nur: Ein Mensch hat sich hierher verirrt, und man muß ihm den richtigen Weg zeigen. Kriech herab.‹

Der Alte dort oben öffnete die Augen, schlug die Decke zurück, hob den Kopf und schaute in die Stube und auf den Menschen dort unten. Schläfrig betrachtete er ihn und den Raum eine Weile, kroch dann hinunter, warf sich den Pelz über, ging zur Tür und sagte zu dem Menschen:

›Komm...‹

Und da, als der Mensch noch bei der Tür stand, noch bevor er über die Schwelle getreten war, verlosch auf einmal das Licht in der Hütte, Decke und Wände verschwanden, und der Mensch stand wieder im Freien und im Wald. Er fand sich plötzlich vor einem nassen, moosbewachsenen und viereckigen Brunnen wieder und hielt sich mit seinen Händen an einer der feuchten Wände fest.

›Pfui!‹ Und der Mensch spuckte in den Brunnen hinein und sprang hastig zurück.

›Spucke nicht!‹ ertönte von dort eine Stimme, und ein Kopf tauchte auf.

›Was soll das heißen?‹ fragte der Mensch den Kopf.

›Es bedeutet, daß uns die Herrschaft über dich zugefallen ist.‹

›Und was wird geschehen?‹

›Du wirst das tun, was wir dir befehlen.‹

›Und was wird man mir befehlen?‹

›Zum ersten: in den Brunnen hineinzukriechen.‹

›Ich will nicht.‹

›Pack ihn!‹ schrie der Kobold mir zu, der ich hinter dem Menschen stand. ›Pack ihn!‹

Und bevor der Mensch sich noch umdrehen und sich zur Wehr setzen konnte, packte ich ihn von hinten an den Beinen, und – plumps. Und schon war er in den Brunnen hineingefallen.

Der Mensch schüttelte das Wasser von sich ab und schnappte nach dem plötzlichen Fall nach Luft. Als er wieder zu sich gekommen war, als er den ersten Schreck und den Verdruß überwunden hatte, warf er dem Kobold einen bösen und starrköpfigen Blick zu und fragte ihn stolz und voller Verachtung noch einmal:

›Und weiter?‹

›Die Kuh, die hat ein Euter... Und wenn man es nicht bekommt, dann nimmt man es sich selbst, und uns ist die Herrschaft über dich zugefallen.‹

›Das habe ich schon gehört.‹

›Gut.‹ Und der Kobold kehrte sich zu einer der Brunnenwände und klopfte dagegen. Dort öffnete sich eine Tür, die auf einen schmutzigen, langen und nächtlichen Gang führte. In der Mitte der Decke brannte ein verstaubtes und trübes Lämpchen und beleuchtete schwach den Gang und die Wände, in die verschlossene, verriegelte und schweigende Türen eingelassen waren... Der Kobold trat zu einer von ihnen, klopfte an, und sie öffnete sich. Da ließ er zuerst den Menschen hinein, machte dann mir den Weg frei und hieß mich dem Menschen folgen. Schließlich trat er selbst ein, trat in jenes Haus. Wir fanden uns in einer Schenke, in einem abgesonderten Stübchen einer Schenke wieder.

In dem Zimmer befand sich überhaupt nichts; es war verlassen und leer. Nur in der Mitte und an den Wänden standen, wie in einer Schenke, einige zurechtgestellte und beleuchtete kleine Tische und Bänke bereit, auf denen niemand saß, und warteten darauf, daß jemand hereinkäme. Wir ließen uns an einem Tisch nieder. Dann klopfte der Kobold auf ihn, und ein Kellner erschien, ein stiller, dienstfertiger, näherte sich uns, um uns zu bedienen, und kam zu dem Kobold und zu dessen Bank. Respektvoll und wie es sich für einen Kellner gehört, beugte er sich ein wenig herab, blieb vor ihm stehen, blickte gebannt auf seine Lippen und wartete auf seine Worte und auf seinen Befehl.

›Wein!‹ sagte der Kobold zu ihm. Und der Kellner verschwand.

Nach ein paar Minuten kam er mit Flaschen und Gläsern zurück, stellte sie genau und akkurat auf unseren Tisch und ordnete alles, wie es sich gehört. Dann trat er ein wenig zur Seite und wartete respektvoll und mit Achtung auf unsere weiteren Wünsche.

Und der Kobold nahm eine von den Flaschen, die auf dem Tisch standen, füllte zuerst das Glas des Menschen, danach das meine und zuletzt sein eigenes, hob es, hielt es zuerst in meine Richtung, dann in die des Menschen, und so forderte er gebieterisch, ohne etwas zu sagen: Wir trinken! Und der Mensch widersetzte sich nicht.

Ein zweites Mal füllte der Kobold die Gläser, und der Mensch gehorchte wieder.

Aber als er sein drittes Glas geleert hatte, sah man, wie eine Veränderung mit ihm vorging. Ein Ausdruck, der vorher nicht dagewesen war, erschien auf seinem Gesicht; er wurde milder, begann, sich heimischer zu fühlen, und war zufriedengestellt und besänftigt, als ob er das Vorgefallene vergessen und vergeben hätte. Er erhob sich von seiner Bank, trat auf den Kobold zu, klopfte ihm heiter und gutmütig auf die Schultern und sagte zu ihm:

›Nun, Kobolde, es ist doch gar nicht so schlecht, Kobolde!‹

›Was ist nicht schlecht?‹ fragte ihn der Kobold lächelnd.

›Wirklich ein Kobold zu sein‹, antwortete ihm der Mensch.

›Wollen wir vielleicht tauschen?‹

›Ach‹, und der Mensch war es zufrieden und war einverstanden, ›es wäre mir eine große Ehre, und ich bin bereit dazu. Aber gleich, auf der Stelle!‹

Darauf hatte der Kobold schon lange gewartet, und als er das nun hörte, sprang er von seiner Bank auf und ging zu dem Menschen hin. Ohne etwas zu sagen, legte er sein Fell und seine Hörner ab und bekleidete den Menschen damit. Dann streifte er schon schneller seine Hufe ab, riß dem Menschen die Schuhe von den Füßen und tauschte mit ihm: Er zog sich die Schuhe und dem Menschen die Hufe an. Er beeilte sich und bewegte sich hastig und immer schneller, während er den Menschen bekleidete, und gab ihm alles, was ein Kobold besitzt, auch die Kraft eines Koboldes, mit einem Zauberspruch, mit einem Flüstern seines Mundes; soll er tun, was er will, soll er tun, was er kann, und soll es ihm wohl bekommen...

Als er ihn schließlich ganz angekleidet hatte, schob der Kobold den Menschen ein wenig von sich weg, damit er ihn betrachten könnte, trat selbst einen Schritt zurück, blieb ihm gegenüber stehen, musterte ihn von Kopf bis Fuß mit seinen Augen, besah ihn lebhaft und lachend, freute sich und war vergnügt, war vergnügt und freute sich: So ist es recht, so ist es recht, und gut, sehr gut, wie ich ein Kobold bin, wie du ein Mensch bist, und wie wir beide sind...

›Und jetzt, fröhliches Menschlein!‹

Und der Kobold gab dem Kellner einen befehlenden Wink. Weit öffnete er eine Tür, die in einen ungeheuer großen Saal führte; es roch in ihm nach der Leere einer verlassenen Schenke. Aus dem Saal drang Licht herein, und er war hell erleuchtet, war leer und wurde nur von kahlen Wänden eingefaßt.

Dort hinein gingen der Kobold und der Mensch, die miteinander getauscht hatten, und traten in seine Mitte. Der Kobold gab mir befehlend einen Wink, und ich lief so schnell, wie es nötig war, so schnell, wie ich konnte, pfeilschnell, ringsum auf dem Boden an den Wänden entlang und schlug überall, wo man es mußte, dagegen. Gleich öffneten sich Türen, kleine und große, oben und unten, nahe bei der Decke und dicht am Boden. Und es erschienen Geschöpfe: Zuerst purzelten und brachen aus den Wänden zwergenhafte Männchen, Eichhörnchen und andere kleine Kreaturen hervor; in großer Menge und in Massen schwärmten sie herein, selbstsicher und überzeugt, von sich, von ihrer Sache und von ihrem Kommen. Nach ihnen kamen ältere, größere und ernstere, die schon gesetzter und bedächtiger waren, durch die Türen und durch die Öffnungen, kamen langsam herein und hielten inne, kamen in Banden und Grüppchen, Scharen mit Hörnern und Schwänzen, alle hochmütig, wie es zu ihnen paßt, und alle ganz bedächtig, wie es sich für sie gehört. Und weiter brach eine große Masse herein, jetzt eine staubige, dichtgedrängte und behaarte Herde, und die Menge ließ Platz für die, die noch folgten: Frauen drängten herein, große und liederliche, seltsame und aufreizende, frivole und zügellose, mit Beinen, mit Gebärden und Leibern, nackte Frauen und Weiber, ein höhnender Schwarm. Dann erschien ein Kobold mit einer Kapelle, erschienen Teufel mit Becken und Kobolde mit allen möglichen Rasseln und Klappern.

Und dann befahl der Kobold: ›Einen Tisch! In den Saal soll ein Tisch gebracht und in seiner Mitte aufgestellt werden: Der Mensch will hinaufsteigen, der Mensch wird etwas zeigen...‹

Als der Mensch die letzten Worte des Koboldes gehört hatte, war er ganz bestürzt, machte einige Schritte zur Seite und wollte in der Menge untertauchen. Aber der Kobold verstellte ihm den Weg, hielt ihn zurück, ließ ihn nicht gehen, ermunterte ihn und machte ihm Mut:

›Sorge dich nicht, Mensch, schäme dich nicht, es gibt niemanden, vor dem du dich schämen müßtest, es wird alles gut sein, und es wird gut enden.‹

Währenddessen hatte man schon den Tisch in den Saal gebracht. Die in ihm wartende Menge vertrieb sich fröhlich und lärmend die Zeit. Wesen redeten mit Wesen, Geschöpfe mit Geschöpfen, in verschiedenen Sprachen, und beschäftigten sich miteinander. Große lärmten mit Großen und Kleine mit noch Kleineren. Als schon alles bereit war, als der Tisch schon auf seinem Platz stand, sprang der Kobold im Getöse unbefangen und wie ein Spaßmacher zuerst auf ihn hinauf, streckte von dort ungezwungen und fröhlich seine Hand zu dem Menschen hin, rief ihn herbei, zog ihn empor und half ihm, ebenfalls hinaufzusteigen. Und der Mensch hatte keine Wahl und mußte sich auf den Tisch stellen. Eine Weile zögerte er verlegen, wartete dann, bis sich der Lärm der Menge gelegt hatte, wandte sich an sie und sagte:

›Ihr Leute, ihr sollt denn wissen: Ich selbst bin ein einfacher Mann. Noch nie bin ich vor die Welt oder an die Öffentlichkeit getreten. Aber jetzt stehe ich unter eurer Herrschaft und habe noch zudem mit dem Kobold das Fell getauscht. So bin ich dazu gezwungen und muß tun, was ihr wollt, und ich bin bereit, euch zu dienen. So soll man von mir fordern, was man will, und was ich nur vermag, das will ich zeigen ...‹

›Die Schande! Soll er die Schande zeigen!‹ schrie die Menge wie mit einer Stimme.

›Was meint ihr damit?‹ fragte der Mensch.

›Er soll sich selbst anspucken, er soll sich selbst ins Gesicht speien!‹

›Es geht nicht, Kobolde.‹

›Warum nicht?‹

›Der Mensch kann es nicht: Sein Mund ist im Gesicht.‹

›Dann wollen wir speien! Wir wollen ihn anspeien!‹ brüllten die Kobolde und drängten zum Tisch und auf ihn hinauf.

›Hört auf!‹ schrie der Kobold, der auf dem Tisch neben dem Menschen stand, wehrte den anderen Kobolden und streckte die Arme aus, um ihn zu schützen. ›Hört auf! Bleibt bei der Sache und fordert das, was möglich ist!‹

›Er soll aus seiner Haut heraus! Er soll sich umstülpen, wir wollen sein Inneres, seine Lunge und seine Leber sehen!‹

›Das kann er nicht. Aus der eigenen Haut kann man nicht herausschlüpfen!‹ schrie der Kobold wieder.

Und die Menge rief zum dritten und zum letzten Mal:

›Er soll uns den Menschen und das Menschliche zeigen, was ein Mensch kann und zu was er fähig ist.‹

›Gut.‹ Der Mensch war einverstanden. Er stimmte zu, willigte ein und nickte bejahend mit dem Kopf. Dann wartete er dort oben auf dem Tisch noch eine Weile, bis das Getöse nachlassen und bis sich die Menge beruhigen würde. Und da, als sie still wurden, als alle die Köpfe zu ihm hoben und warteten, was weiter geschehen würde, sagte der Mensch zu ihnen:

›Wollt ihr, Kobolde, den Menschen und das Seine sehen, was ein Mensch kann und was er an den Tag legt, dann müßt ihr ihm volle Freiheit geben, dann müßt ihr alle euch seiner Macht unterwerfen und tun, was er euch heißen wird. Jeder von euch soll ihm schwören, bei sich selbst und bei allen anderen, bei der Versammlung, bei allem Heiligen und bei allen euren Hörnern – und anders geht es nicht.‹

›Was soll das heißen?‹ Die Kobolde wunderten sich und verstanden nicht, drängten heran, wurden böse, und einer blickte den anderen an und fragte ihn:

›Was soll das heißen? Er – bei uns, und wir – ihm schwören? Wer zwingt uns dazu, und wer bürgt uns dafür?‹

›Auch ich werde schwören‹, beruhigte sie der Mensch.

›Bei was?‹ fragten die Kobolde.

›Bei mir selbst und bei allem Menschlichen.‹

›Es ist falsch und verderbt.‹

›Bei was dann?‹

›Bei deinen Hörnern. Du trägst sie jetzt, du nutzt sie jetzt und hast jetzt ihre Kraft. Deshalb mußt du bei ihnen schwören. Und wenn du sie entheiligst, wenn du den Schwur brichst, dann – und das sollst du wissen –, dann kommst du hier nicht mehr lebend hinaus.‹

›Gut.‹ Und der Mensch war auch damit einverstanden.

Und dann kamen die Teufel näher und versammelten sich vor ihm, zuerst die Kleinen ganz unten, und danach stellten sich die Größeren um sie herum. Die Kleinen standen bei den Kleinen und die Großen bei den Größeren, und im Saal bildete sich ein gewaltig großer, furchterregender und stummer Schwurkreis aus Teufeln. Über dem Kreis und über die Teufel herrschte der Kobold, der auf dem Tisch stand. Er streckte seine Arme aus, flüsterte und murmelte einen Spruch, und so legte er mit über dem Kreis und über den Teufeln erhobenen Händen den Schwur in seiner ganzen Härte und Feierlichkeit ab.

›Und jetzt – ihr beide‹, rief aus dem Kreis, nachdem der Schwur vollzogen war, eine Stimme dem Menschen und dem Kobold zu.

Die Teufel näherten sich nicht dem Tisch, blieben dort, wo sie waren, und verharrten im Kreis, in der alten Ordnung, wie zuvor bei ihrem Schwur. Sie sahen, daß der Mensch und der Kobold still und auf eine ungewöhnliche

Art und Weise dort oben auf dem Tisch aufeinander zutraten. Als ob es vereinbart, als ob es vorher so festgesetzt worden wäre, neigten sie die Köpfe zueinander hin, und nur die Köpfe und die Stirnen berührten sich. So standen sie einander gegenüber und nahmen – von sich dort oben, von den Teufeln dort unten – auf sich alles, was ihnen oblag, und nahmen es auf sich, sich an alles zu halten.

Als der Mensch und der Kobold schließlich die Köpfe hoben und sich voneinander lösten, wandte sich der Mensch lächelnd und gutgelaunt an die Menge und sagte:

›Und jetzt, Kobolde, laßt uns nicht mehr an den Schwur denken und mit der eigentlichen Sache beginnen. Ich schlage euch vor, daß ein Spiegel hereingebracht und mir gegenüber an der Wand aufgestellt wird. Ihr alle sollt euch dann ihm zukehren, und ich selbst werde mich euch in seinem Glas zeigen und werde, wie es abgemacht und vereinbart ist, das, was ihr euch ausbedungen und gewünscht habt, vor euren Augen erscheinen lassen. Nur eine Bedingung stelle ich euch noch: Kein Wort und keine Bewegung, nur zusehen und schweigen.‹

›Gut.‹

Gleich wurden aus der Menge zwei Boten ausgeschickt; sie verschwanden durch eine Tür, die in ein Nebenzimmer führte, und hielten sich dort einige Minuten lang auf. Dann öffnete sich vor ihnen weit die Tür, machte ihnen den Weg frei, und sie trugen von dort einen Spiegel herein, brachten ihn in den Saal und stellten ihn auf, wie es der Mensch sie geheißen hatte. Und die ganze Masse wandte sich ihm zu, blickte hinein und fand ihr Spiegelbild darin.

Und im Saal begann es dunkler und immer finsterer zu werden. Das Licht wurde allmählich schwächer und verlosch nach und nach.

Die Menge wandte ihm in der Finsternis den Rücken zu, und der Mensch stand dort oben auf dem Tisch, über ihr. Die Teufel tauschten mit ihm im Spiegel Blicke und warteten, aber der Mensch säumte noch, stand da und ließ sich

Zeit. In Gedanken versunken und abwesend schaute er in den Spiegel. Und plötzlich erwachte der Mensch, nachdem er lange in den Spiegel gestarrt und gewartet hatte, machte mit der Hand eine Bewegung, und auf einmal ging auf dem Spiegel undeutlich etwas vor sich, und das sahen die Teufel:

Die Oberfläche des Spiegels wurde plötzlich grau und dunkel, wie eine Wasserfläche, und es war nichts mehr zu erkennen. Die graue, durchscheinende Farbe bewegte sich lebhaft, stand nicht still, wechselte fortwährend ihr Aussehen und änderte sich. Im Spiegel geschah etwas, und plötzlich wurde es dort Nacht, dunkel und stockfinster. Hoch dort oben tauchte eine Lampe, ein rotes, unruhiges und schreckenerregendes Licht auf, das vor einer Gefahr zu warnen schien. Es beleuchtete einen Weg, einen weiten, nächtlichen und langen, der bergauf führte. Auf ihm zeigte sich ein Mensch, ein Wanderer, der schon lange gegangen war. Verstaubt und umherirrend zog er seinen Weg entlang, ging dort hinauf und war schon fast aus dem Blickfeld und hinter dem Horizont verschwunden. Da, als der Wanderer schon weit entfernt und nur noch als kleiner Punkt zu sehen war, da öffnete sich plötzlich hinter ihm, auf seinem Weg, in der Mitte die Erde. Eine Höhle kam zum Vorschein, und aus ihr, aus ihrer Tiefe tauchte ein Kopf auf und begann sich ganz allmählich hinter ihm immer höher zu heben.

Es war ein alter, grauer und gebrechlicher Kobold.

Als er nach oben gekommen war, richtete er sich auf, und beim Rand der Höhle begann der Kobold, der alte, ringsum in die Ferne zu blicken. Er schaute und schaute, spähte langsam umher, in das Feld und in alle Richtungen, und dann, als er schließlich den Menschen schon weit in der Ferne am Horizont sah, hob er seine Hände wie einen Trichter vor den Mund und begann ihn laut zu rufen:

›Mensch dort, Mensch dort, kehre um, komm hierher!‹

Der Mensch hörte die Stimme aus der Ferne, drehte sich um und spähte eine Zeitlang in die Richtung, aus der er gekommen war, bis er den Kobold erblickte. Einige Minuten lang blieb er noch stehen, wartete und überlegte, und machte sich dann zu dem Kobold hin auf, als ob er einen Beschluß gefaßt habe. Und als er ihn erreicht hatte, sagte der Kobold zu ihm:

›Mensch, schon seit langem beobachte ich dich. Ich habe dir in langen Nächten zugesehen, ich weiß, wer du bist, und ich will dir etwas vorschlagen. Ich habe eine Tochter, eine sehr schöne, wie es bei uns vorkommt; ich bin schon alt, und ich will von ihr Kinder sehen, will ihre Kinder erleben, sie in den Armen halten und lieben. Und du hast keine Kinder, du willst Kinder haben und wirst keine bekommen, aber von ihr schon – komm mit mir...‹

›Und wer bin ich?‹

›Der Unfruchtbare.‹

›Und?‹

›Ich schlage dir vor, meine Tochter zu nehmen.‹

›Und sie?‹

›Sie hat alle Eigenschaften und Möglichkeiten der Kobolde und von Generationen von Kobolden. Deine Welt wird über sie gebieten, und du wirst über sie herrschen. Und nochmals: eine Tochter, eine Ausnahme.‹

›Und die Kinder?‹ fragte der Mensch.

›Sie werden dir ganz gehören‹, antwortete der Kobold. ›Ich verzichte auf sie, ich will nicht über sie gebieten. Sie sollen zu den Menschen gehören und an allem Menschlichen teilhaben.‹

›Und was wirst du von ihnen haben?‹

›Ich – nur das Vorrecht.‹

›Welches?‹

›Sie zu sehen und sie zu lieben.‹

›Ich gehe mit dir. Mag es auch vom Teufel sein.‹

Und da öffnete sich vor ihnen die Höhle, aus der der Kobold herausgekommen war. Zuerst stieg der Mensch in sie hinab, dann der Kobold. Da erschien die Höhle und ihre Tiefe vor den Augen der Teufel im Saal. Im Spiegel zeigte sich wieder etwas anderes, und das sahen die Teufel:

Prachtvoll und ruhig erhob sich mit Untergeschossen und Obergeschossen auf einem großen Platz ein stiller Palast der Nacht. Alle seine Fenster waren erleuchtet, und an allen Seiten befanden sich Türen und Aufgänge. Der Kobold und der Mensch gingen zu einer der Türen hin, öffneten sie und betraten einen langen und geraden Gang, in dem die Stille widerhallte. Auch dort gab es Türen. Sie wandten sich zu einer von ihnen, klopften an und warteten. Bald wurde die Tür des Zimmers von innen geöffnet, und das sah man:

Still, vor der Nacht und vor dem Schlafengehen, kniete die junge Tochter des Teufels in der Mitte des Zimmers auf dem Boden. Sie hatte das Gesicht dem Bett und seinem Kopfende zugewendet, weil darüber ein Lämpchen der Nacht, ein Götzenlämpchen, brannte. So kniete sie, blickte zur Flamme hin und hatte die Hände über den Kopf erhoben, und so verharrte sie lange und betete die Gebete der Teufel... Der Kobold, ihr Vater, trat ein, stellte sich schweigend hinter sie und ließ sich auf die Knie sinken. Eine Zeitlang kniete auch er so vor dem Licht und vor dem Lämpchen; dann erhob er sich und unterbrach leise und respektvoll seine Tochter in ihren Gebeten:

›Tochter, Tochter...‹

›Was ist, Vater?‹

›Ich habe dir deinen Bräutigam gebracht.‹

Und die Tochter des Teufels stand auf, ging zur Tür hin und blieb neben ihr stehen. Sie schaute auf den Gang und erblickte den Menschen, der dort draußen stand und wartete. Dann wandte sie sich an ihren Vater und sagte zu ihm:

›Er soll hereinkommen, Vater.‹

Der Mensch trat ein und blieb zusammen mit dem Kobold und mit seiner Tochter im Zimmer stehen. Eine Zeitlang betrachteten sie einander und schwiegen. Dann, als der Kobold glaubte, daß alles vollendet sei, kehrte er sich, als sei er überflüssig, als sei er hier fehl am Platz, der Tür zu und ging still hinaus, wie es sein mußte. Nachdem er das Zimmer verlassen hatte, begann sich die Tür von selbst zu bewegen, schloß sich allmählich und leise und fiel vor der Hochzeit im Innern zu.

›Was ist das? Was heißt das?‹ schrien die Kobolde, die im Saal standen und alles, was vorgefallen war, im Spiegel mit angesehen hatten.

›Was heißt das? Was hat er uns da gezeigt? Wer hat ihm das Recht dazu gegeben?‹ fragten die Kobolde einander schreiend.

›Er lacht über uns!‹ ertönte eine Stimme aus der Menge und im Namen der ganzen Menge.

›Wehe ihm: er lacht über uns!‹ Und alle stimmten in den Ruf ein, kehrten sich dem Menschen zu und drängten mit Händen und Füßen, mit Gesichtern voll brennendem Zorn zu ihm hin. ›Wehe ihm!‹

›Bleibt ruhig, Kobolde, und denkt daran, was wir vereinbart haben!‹

›Was denn?‹

›Zuhören und schweigen.‹

›Das können wir nicht.‹

›Ihr müßt es können.‹

›Warum denn?‹

›Ihr habt es geschworen.‹

›Es ist wahr.‹ Und die Kobolde erinnerten sich an den Schwur, beruhigten sich, kehrten sich ab und glitten wieder hinunter. ›Es ist wahr.‹ Und sie waren sich einig, daß der Mensch recht habe, blickten einander an und verstummten gezwungenermaßen …

›Und jetzt, Kobolde, zum Spiegel!‹ Und der Mensch streckte wieder seine Hand zu der Wand aus, wo der Spiegel stand.

Und wieder ordneten sich die Kobolde zu einem Kreis und verstummten. Sie kehrten ihre Augen wie vorher dorthin, wohin der Mensch wies, und das sahen sie dort:

Das Glas des Spiegels änderte wieder sein Aussehen; wieder glitt etwas Graues und Farbloses über ihn, etwas Durchscheinendes und Verschwommenes. Unbestimmbare Flecken erschienen darauf, erschienen und vergingen, entstanden und verschwanden, schwammen dahin und zerflossen, und schließlich hielten sie inne und ließen etwas erkennen:

Ruhig und hellerleuchtet erschien wieder jener Palast der Nacht unter der Höhle, mit vielen Stockwerken, mit Fenstern und mit Türen, erschien ganz wie beim ersten Mal: Es war Nacht, ringsum herrschte Dunkelheit, und der Palast erhob sich hellerleuchtet auf dem freien Platz. In einem der Fenster des Palastes erschien der alte Kobold – strahlend, mit einem Kind auf den Armen und zufrieden. Es war ihm noch vergönnt, Freude zu erleben. Er trug das Kind zum Fenster und zeigte ihm etwas dort draußen ...

Aber das Kind mochte nicht und interessierte sich nicht für das Fenster. Es versuchte, den Alten woanders hinzuziehen. Auf einmal drehte sich der Palast vor den Augen der Teufel. Er verschwand, und an seiner Stelle erschien nur eines seiner Zimmer mit seinen Wänden, die einen großen Raum und alles, was in ihm war, umschlossen. In der Mitte stand der Alte und hielt das Kind in seinen Armen. Es zog ihn zu einer der Wände hin, und als er mit ihm darauf zutrat, schlug es mit dem einen Händchen an die Wand und zog mit dem anderen den Alten an seinem Teufelshorn.

›Dort, Großvater, dort sollst du mir etwas zeigen.‹

Der Alte zögerte und wollte die Bitte nicht erfüllen, zog seinen Kopf und sein Horn zurück und bog seinen ganzen Körper vom Kind weg. Das Kind aber hielt ihn fest und ließ es nicht zu, daß er sich wegdrehte und sich zur Seite beugte. Da lächelte der Alte, und das tat er:

An die Wand, zu der ihn das Kind gezogen hatte, rückte er einen kleinen Tisch, setzte es darauf, hieß es, gerade auf die Wand zu schauen, trat zurück und stellte sich hinter seine Schultern ... Er wartete einige Minuten, und als sich das Kind still verhielt und sich nicht umdrehte, da blickte der Alte starr auf die Wand, auf einen Punkt, und begann etwas zu sprechen, zu sprechen und zu murmeln. Mit der Kraft seiner Augen, und als wären seine Gedanken weit davongetragen, sprach er, sagte er ziellos etwas, bis er schließlich eine Hand zu der Wand emporhob und... und plötzlich war die Wand vor ihm und vor dem Kind verschwunden. Dort, wo sie vorher gewesen war, erschien eine Höhlung, war jetzt Leere. Das Kind und die Teufel, die Teufel und das Kind fanden sich Auge in Auge und nahe beieinander wieder.

›Großvater!‹ schrie das Kind, warf sich zurück und ließ sich in den Schoß des Alten fallen. ›Wer ist das?‹

›Erschrick nicht, mein Kleines, es ist gar nichts.‹

›Und ihre Hörner?‹

›Es sind Verzauberte.‹

Eine Zeitlang lag das Kind voll Furcht im Schoß des Alten. Aber er strich ihm unablässig über den Kopf und redete ihm gut zu, und es ließ sich beruhigen: Ganz, ganz langsam, immer ein bißchen höher hob es den Kopf, hob ihn, verbarg ihn rasch wieder, und schließlich hatte es sich gefaßt und richtete sich vom Schoß des Alten auf. Dann schaute es schon freier und fester auf die Teufel im Saal, zog den Alten wieder an einem Horn zu sich herab, und während es zusammen mit ihm in den Saal und auf die Teufel schaute, fragte es:

›Wer sind die dort, Großvater?‹

›Es sind Teufel, mein Kleines.‹

›Und was hast du mit ihnen zu tun?‹

›Gar nichts.‹

›Und deine Hörner?‹

›Es sind Knochen und nutzloses Zeug. Sie sind nichts und haben keine Macht.‹

›Und was tun sie dort, die Teufel?‹

›Sie tun nichts; man tut etwas mit ihnen.‹

›Wer?‹

Schon streckte der Teufel die Hand aus und wollte auf den Menschen, der über den Teufeln stand, zeigen. Aber in diesem Moment bemerkte der Mensch die Handbewegung des Kobolds. Das gefiel ihm nicht, und er gab ihm einen Wink, daß er es unterlassen solle. Der Kobold hielt inne, streckte nicht, wie er gewollt hatte, seine Hand aus, sondern antwortete stammelnd und ausweichend auf die Frage des Kindes:

›Wer? Jener!‹

›Bursche! Sündenmakler! schrien die Kobolde plötzlich wie mit einer Stimme und fuhren auf, nachdem sie lange geschwiegen und zugesehen hatten.

›Stinkender Alter! Faules Gebein!‹ Sie sprangen mit blutunterlaufenen Augen auf, und die Adern an den Fäusten schwollen an.

›Ihm den Tod! Dem Bastard den Tod!‹ Der Kreis löste sich auf, und sie drängten auf den Spiegel zu und zu dem Kind im Spiegel hin.

Aber sofort machte der Mensch in die Richtung der Wand und des Spiegels eine Handbewegung, und der Kobold und das Kind entschwanden ihrem Blick. Als die Kobolde den Spiegel erreicht hatten, mit Händen und Füßen, voll Wut und mit blutunterlaufenen Augen, stand vor ihnen nur das leere und gewöhnliche Spiegelglas und spiegelte nur sie selbst und ihre haßerfüllten Gesichter wider.

›Wo sind sie? Wo sind sie hingekommen?‹ fragten die Kobolde fordernd, drehten sich um und drängten zum Tisch zurück, zu dem Menschen, der dort oben stand.

›Leiser, Teufel!‹ befahl der Mensch der Menge, die heranstürzte, von oben. ›Leiser!‹

›Wir haben es schon vorher gewußt, wir haben es von Anfang an erwartet! Wer hat ihn hierhergebracht, und wer hat ihm das alles anvertraut?‹ Und sie erinnerten sich jetzt an ihren Schwur, an ihre Schwäche und an die Überlegenheit des Menschen.

›Wer hat ihn hierhergebracht? Er soll sich dem Gericht stellen, er soll Rechenschaft ablegen!‹

›Ich!‹ Und der Kobold, der zuerst mit dem Menschen getauscht und ihn den Teufeln vorgeführt hatte, trat jetzt hervor und zeigte sich auf dem Tisch.

›Beruhigt euch, Teufel: Es ist nicht schön, es ist nicht schön vor dem Menschen. Er wird lachen und sagen, daß es bei den Teufeln keine Eintracht gibt, daß sich in der Wand der Teufel ein Riß gezeigt hat und daß einer nach dem anderen aus ihrer Schar verschwunden ist. Deshalb hört mich an: Da hat uns der Mensch einen von den Unseren gezeigt, einen stinkenden Alten, einen abstoßenden und verrückten Greis. Er hat uns verraten, er hat uns verlassen, er hat unsere Söhne verabscheut und seine Tochter einem Menschen gegeben. Er ist abstoßend und widerwärtig, er ist unrein und verhält sich wie ein Unreiner, und sein Schicksal ist trostlos – gewiß! Aber wir müssen doch weiter zusehen, müssen über die Sache nachdenken und sie verstehen. Darum schlage ich vor: Wir wollen uns wie vorher, wie bisher verhalten. Der Mensch soll uns das weitere Geschehen zeigen, soll zeigen, was ein Kobold kann und was er an den Tag legt. Und wir wollen überlegen, wollen beratschlagen, nachdenken und zu einem Beschluß kommen.‹

Die Teufel hörten sich die Rede des Kobolds an, und alle stimmten ihm zu. Eine Weile überlegten sie, sahen einander still an und wechselten zustimmende Blicke. Der Kobold sah, daß sie einverstanden und seiner Meinung waren, und da gab er gleich, ohne sie zu fragen, dem Menschen einen Wink und wies auf den Spiegel.

›Weiter, Mensch.‹

Und nach der Aufregung versammelten sich die Teufel wieder in der früheren Ordnung, versammelten sich zwischen Tisch und Spiegel, bildeten still und stumm einen Kreis und warteten, was dort geschehen würde.

Und das zeigte ihnen der Mensch:

Zum dritten Mal begann sich der Spiegel zu verändern,

begann anders und grau zu werden. Auf seiner Oberfläche erschien etwas, verschwand wieder, bei Nacht mit Sternen, bei Sonnenschein mit Flecken, enthüllte und verhüllte sich, verschwand und zerfloß, veränderte die Farbe und wurde undeutlich. So ging es lange, bis sich ein Bild zeigte:

Es war bei Tagesanbruch in jenem Palast. Der Mensch und seine Teufelsfrau erschienen in ihrem Schlafzimmer. An der Decke brannte noch ein düsteres und trübes Nachtlämpchen. Schwach und dämmerig blickte durch die Läden und Spalten der blasse Tag von draußen herein. Die beiden hatten sich gerade erst vom Schlaf erhoben, mußten schon bald das Zimmer verlassen, säumten aber noch eine Weile, taten nichts und waren doch beschäftigt, und so ließen sie die Nacht und ihr Zusammensein nicht enden.

Und dann trat der Mensch auf seine junge Frau zu, stellte sich vor sie, legte seine Hände auf ihre Schultern und blickte ihr eine Weile still in die Augen, mit der Liebe der Dämmerung, nach der stillen Nacht. Die junge Frau schaute auch auf ihn, war verschämt, dankbar und zufrieden, stand vor ihm, durfte in seiner Nähe sein und war weiter in allem zu dienen bereit ... Sie blickte ihn an, wartete still auf das, was kommen würde, und ließ seine Hände auf ihren Achseln ruhen. Der Mensch nahm ihren Kopf in seine Hände, zog still ihren Körper an den seinen, und sie ließ es geschehen, schmiegte sich still und zufrieden an ihren Geliebten, ließ es geschehen und wurde geliebt und umarmt. Still und überglücklich wartete sie auf das, was er sagen und was geschehen würde.

›Was ist, Lieber?‹

›Du sollst dir die Liebe der Dämmerung verdienen.‹

›Und?‹

›Ich frage dich ...‹, und der Mensch führte die junge Frau zu dem nächtlichen Bett und zeigte schweigend auf seinen Rand. Sie ließ sich nieder, und er setzte sich neben sie, nahm ihre Hand in die seine und sagte zu ihr: ›Ich frage dich, und du mußt es wissen: Wie kann sich ein Mensch von einem Kobold, von Kobolden und von ihrer Verführung befreien?‹

›Mit Liebe, so wie du, mein Lieber‹, antwortete sie ihm.

›Was heißt das?‹

›Die Menschen sollen zu den Töchtern der Teufel kommen und ihnen ihre Liebe schenken – die Töchter lieben sie, begehren sie und sind verrückt nach ihnen und nach ihrer Liebe.‹

›Was wird geschehen?‹

Die Teufel werden sich schließlich auf der Erde zeigen, werden am hellen Tag zu den Menschen kommen, mit Hab und Gut, mit Weib und Kind, eine große Menge, und mit allem, was eine große Menge besitzt – sie werden den Menschen vor die Füße fallen und das zu ihnen sagen: Wir haben gesehen, daß wir keinen Bestand haben können, daß wir keine Kraft und keine Möglichkeiten haben. Deshalb sind wir herauf, sind wir zu euch gekommen. Wir geben uns in eure Hände, macht mit uns, was ihr wollt: Nehmt uns als Holzhacker und Wasserschöpfer, nehmt uns, auf daß wir euch dienen und euch gehorchen!‹

›Und wer hat dir das erzählt?‹

›Der Vater.‹

›Das wird am Ende so sein, später einmal... Doch jetzt, bevor noch jene Zeit gekommen ist, wenn jetzt ein Mensch in die Hand der Kobolde gefallen ist, wie befreit man ihn?‹

›Wir wissen es.‹

›Ich bitte dich: Jetzt soll eine Wand zur Welt der Teufel geöffnet werden; in der Morgendämmerung und in jener Welt dort unten sollst du mir sie und die Plätze, an denen sie wohnen, zeigen, und aus der Nacht und von der Verführung mir den ersten besten Menschen befreien.

›So soll es sein.‹

Und die junge Frau erhob sich von dem Bett, auf dem sie zusammen mit ihrem Mann gesessen war. Erfahren, und als sei sie es gewohnt, ging sie zu einer der Wände hin, blieb vor ihr stehen, verharrte mit dem Gesicht zur Wand und mit dem Rücken zu dem Menschen, zögerte eine Weile, stand da und sprach etwas. Bald öffnete sich die Wand, und die Blicke des Menschen und der jungen Frau begegneten denen der Kobolde im Saal.

Und der Mensch, der sich mit seiner jungen Frau im Zimmer befand, sah, wie im Saal und über den Kobolden der Mensch, der Verführte, auf seinem nächtlichen Zaubertisch stand, erschöpft und müde, gelb und übernächtigt. Fell und Hörner waren ihm vom Kopf und von seinem Körper auf die Seite gerutscht, saßen nicht mehr richtig und hielten sich gerade noch auf ihm. Nach der Nacht und nach dieser Vorstellung, nach dem Spiel und nach dem Narrentreiben sehnte er sich nach dem Tag und nach der Erholung.

Der Mann der jungen Frau bemerkte die Lage des Menschen und verstand sie. Still, und ohne daß die Kobolde dessen gewahr wurden, gab er dem Menschen einen Wink: Er solle warten und ruhig bleiben; er weiß von ihm, er tut etwas für ihn, er sieht, wo er sich befindet...

Und dann ging der Mensch wieder zu seiner jungen Frau und legte ihr seine Hand auf die Schultern. Sie blickte liebevoll auf ihn, bereit, ihm zu dienen, und ihm in allem ergeben. Er schaute ihr in die Augen, lächelte und wies still mit dem Zeigefinger auf den Menschen, auf den Verführten dort.

›Den da.‹

›Du bist in der rechten Stunde zu mir gekommen.‹

›Weshalb, meine Liebe?‹

›Wir wissen: Es ist unsere Sache, und was nötig ist, wird getan.‹

Und gleich lief die junge Frau lächelnd, zufrieden und voll Liebe aus dem Zimmer. Spielerisch und verheißungsvoll drehte sie sich auf der Schwelle zu ihrem Mann, dem Menschen, um, als wenn es ihr um die Minute, in der sie ihn allein lassen müsse, leid täte, als wenn sie mit der Zeit, in der sie ihn allein ließe, geizte und als wenn sie es ihm voll Liebe versprechen und zusagen würde, daß sie schon seine Bitte erfüllen, daß sie bald zurückkehren und alles, was man brauche, mitbringen werde.

Und schweigend warteten der Mensch da im Zimmer und die Teufel im Saal auf die Frau aus dem Palast. Eine Minute verging, eine zweite, noch eine und noch eine. Da öffnete sich wieder die Tür, und still erschien die Frau von draußen, trat über die Schwelle und kam in das Zimmer.

Und die Kobolde, die in der Stille dort im Saal standen, sahen, wie die Frau eintrat. Ruhig trug sie in ihren Armen etwas, das sie zugedeckt hatte. Gutgelaunt und zufrieden ging sie mit dem, was sie verborgen hielt, zu ihrem Mann, zu ihrem Geliebten, blieb damit vor ihm stehen und brachte es ihm.

›Das ist es.‹

Die Kobolde, die im Saal standen, wurden unruhig und bestürzt. Sie kehrten sich schnell und in Eile einander zu, als ob sie mit den Blicken beratschlagen würden, ahnten schon verwirrt, um was es sich handele, sahen einander an und fragten sich: Was wird passieren? Was wird da geschehen?

›Hure!‹ und ein Kobold platzte heraus und schrie es für alle anderen.

›Unzucht und Hurerei!‹ stimmten die anderen in das Gebrüll ein, drängten mit Händen und Füßen von dem Platz, auf dem sie standen, fort und schrien die Frau an:

›Hure! Trag es weg! Fort damit! Schaffe es aus unseren Augen, oder es ist dein Tod!‹

›Ich will nicht!‹ schrie die junge Frau den Kobolden zum Trotz zu und blickte in ihre Gesichter, stellte sich zu ihrem Mann und riß die Decke von dieser Sache herab.

›Kikeriki!‹ Und der Hahn breitete plötzlich und erschrokken auf dem Arm der jungen Frau die Flügel aus und krähte. ›Kikeriki!‹

›Haltet ihn! Packt ihn!‹ und die Kobolde drehten sich plötzlich zu ihrem Menschen auf dem Tisch um, schüttelten die Hände und die Fäuste in seine Richtung und drängten zu ihm.

›Haltet ihn! Ihm den Tod!‹

Aber in diesem Augenblick öffnete sich im Glas des Spiegels ein Loch von der Größe eines Menschen, und der Mann der jungen Frau erschien dort, winkte dem Menschen und gab ihm ein Zeichen: Schneller!

Und dann sprang der Mensch, der Verführte, plötzlich herab und mitten in die Versammlung hinein, sprang und drängte mit Ungestüm über die Köpfe der Kobolde auf das Loch im Spiegel zu. Von der anderen Seite erschien eine Hand aus der Leere, packte ihn und zog ihn mit seinem ganzen Körper schnell auf die andere Seite.

›Haltet ihn! Packt ihn!‹ schrien die Kobolde, verfolgten den Menschen, der schon verschwunden war, und stürmten aufeinander und übereinander in den Spiegel.

›Ihm den Tod, fallt über ihn her! Er wird unsere Schande erzählen ...‹

›Gewiß werde ich es erzählen!‹ schrie der Mensch schon von jener Seite, erlöst und schon weit weg, ihnen zu. ›Gewiß werde ich es erzählen, ich werde eure Schande enthüllen, und ...‹ Die Teufel hörten den Menschen und seine entfernte Stimme schon nicht mehr. Abgeschlagen und genarrt verharrten sie bei dem Loch im Spiegel, enttäuscht und in ohnmächtigem Haß, schämten sich ihrer selbst und wegen ihres Ansturms und standen entmutigt da.«

»Und der Mensch?«

»Der Mensch hat alles erzählt und hat Wort gehalten.«

Und so beendete der Teufel seine Geschichte.

Deutsch von Martina Eicheldinger und Armin Schlechter

ZUM BERG

In jener Nacht war ich in jenem großen und wilden Wald und saß bei dem alten Mütterchen, in ihrem Haus, als Gast. Schweigend wartete ich zusammen mit ihr in der abendlichen Stille auf ihren Alten.

Draußen blies ein starker Wind. Es stürmte und rauschte im Wald, vor der Tür, in der Nacht. In dem Stübchen brannte eine Kerze, warf ihren schwachen und trüben Schein auf die Wände und beleuchtete still und düster die alte Frau.

Wir saßen einander gegenüber, ohne daß einer ein Wort zum andern sagte. Still schauten wir uns an, betrachteten uns und schwiegen. Lange verharrten wir so, bis sich die Alte schließlich langsam, nachdem sie den ganzen Abend dort gesessen hatte, von ihrem Platz erhob, zum Ofen ging, sich bückte und unter ihm Späne und Zweige hervorholte. Sie legte alles in den Ofen und machte Feuer. Eine Weile blieb sie davor stehen. Dann bückte sie sich noch einmal, holte von irgendwo ein Gefäß hervor, wusch es aus, goß Wasser hinein, schüttete Blätter und Kräuter dazu und stellte es auf den Herd. In Gedanken versunken, alt und gebeugt, legte das Mütterchen einen Zweig nach dem anderen und einen Span nach dem anderen ins Feuer. Als es brannte, kam die Alte wieder zu mir und deutete, ohne etwas zu sagen, mit ihrem Finger auf eine Bank, die neben mir stand: Es ist spät...

Ich war einverstanden, erwiderte nichts, überlegte keinen Moment, sondern ließ mich von dem Zeigefinger der Alten leiten, stand von meinem Platz auf und ging zur Bank. Mein Bündel legte ich an das Kopfende, ließ mich dann nieder und kehrte das Gesicht zur Wand.

Im Wald, zwischen den Bäumen des Waldes, war das Rauschen des Windes zu hören, doch in dem Häuschen war es still. Flammen und Flämmchen züngelten an Zweigen und

Zweiglein, und die Alte stand daneben und blickte in Gedanken versunken und besorgt in den Herd und in das Feuer. Sie schob immer wieder etwas nach, scharrte in der Glut und schob das Holz zurecht, bis der Topf zu kochen begann. In der Stille hörte man das Brodeln des siedenden und munter sprudelnden Wassers, und über den Rand des Topfes stieg, vom Feuer beleuchtet, Dampf auf.

Dann kam das alte Mütterchen zu meinem Lager, stellte sich ans Kopfende und begann, mich zu betrachten, da sie glaubte, daß ich eingeschlafen sei. Sie blickte mich an, schüttelte immer wieder den Kopf und bedauerte mich: »So jung, so jung, und schon unter die Geher gegangen ...« Eine Weile blieb sie bei mir stehen, ging dann wieder zum Herd, machte sich mit der Mahlzeit, die sie gekocht hatte, zu schaffen, leerte die Kräuter mit dem Wasser in eine Schüssel und stellte sie auf den Tisch. Dann ging sie zur Tür, blickte auf sie und begann, jemanden leise zu rufen:

»Alter! He, Alter!«

Keine Antwort.

»Alter, was ist, Alter?«

Wieder dasselbe.

Und zum dritten Mal rief sie:

»Alter, Alter, dein Mütterchen ruft dich!«

Da hörte man, wie jemand auf der anderen Seite der Tür umherzutasten begann. Eine Hand machte sich dort zu schaffen, suchte im Finstern die Türklinke und fand sie schließlich. Die Tür öffnete sich, und auf der Schwelle erschien ein großer, grauhaariger und kräftiger Alter. Er trug einen Stock in der Hand und einen Gürtel um den Leib, trug Kleider des Waldes, und Gesicht und Bart waren vom Wind gezeichnet. Auf der Schwelle blieb er stehen.

»Woher kommst du so spät, Alter?«

»Vom Wind«, antwortete er.

»Und was bringst du vom Wind?«

»Eine Nachricht.«

»Welche?«

»Man hat sich zum Berg hin aufgemacht.«
»Wer?«
»Wer schläft denn hier bei dir, Alte?«
»Ein Geher.«
Der Alte wendete sich rasch zu meinem Lager, stellte sich neben mich, betrachtete mich, begann zu lächeln, betrachtete mich weiter mit stiller Freude, kehrte sich dann wieder zu der Alten und sagte zu ihr:
»Alte, das ist er.«
»Er? Er ist doch so jung und noch nicht geprüft.«
»Er ist würdig und wird auf die Probe gestellt werden.«
»Und was wird seine erste Prüfung sein?«
»Er wird wissen, wer er ist und daß man ihn prüft.«
»Was bedeutet das?«
»Das ist schlecht. Wenn er es weiß, dann hat man ihm die heilige Unwissenheit genommen. Man muß leben, und vorher lebt man; man muß existieren, und vorher existiert man. Es ist eine Strafe von Gott, es ist die schwerste Prüfung.«
»Und wann wird das sein?«
»Es ist schon soweit.«
»Was heißt das?«
»Er hört uns und schläft nicht.«
Und der Alte wandte sich zu meinem Lager und sagte zu mir: »Geher, steh auf. Wir müssen uns bald, noch heute nacht, auf den Weg machen. Und du«, sagte er zu der Alten, »und du, gib uns das, was du bereitet hast.«
»Es steht schon da.« Und die Alte wies auf die Schüssel und auf den Tisch.

Wir setzten uns alle drei an den Tisch. Still, ein jeder mit sich selbst beschäftigt, aßen wir das Mahl aus Kräutern. Die ganze Zeit über redeten wir nichts miteinander, sagten kein Wort und blickten uns nicht in die Augen. Als wir gegessen hatten, erhob sich der Alte vom Tisch, knöpfte sein Obergewand auf, band seinen Gürtel aufs neue und hieß auch mich, mich fertigzumachen. Während ich das tat, schaute der Alte mich an und wartete still, bis ich mein Bündel aufhob, es auf die Schultern nahm, es auf dem Rücken festschnürte und schließlich bereit war.

»Jetzt komm, Geher.«

»Für wie lange?« fragte ihn die Alte.

»Sehr lange.«

»Mit ihm zu gehen?«

»Nein, ihm den Weg zu weisen.«

»Geh wohlbehalten.«

Wir verließen das Häuschen, traten hinaus in die Finsternis und gingen so in den Wald, in den tiefen Wald, und in die Nacht.

Wir gingen und gingen von Mitternacht an immer weiter in die Nacht und immer tiefer in den Wald hinein, Stunde um Stunde, bis es zu tagen begann. Dichter Wald stand still und fahl um uns und ruhte matt und schwach vom abendlichen und nächtlichen Sturm aus, verharrte schweigend im Morgengrauen, verharrte und schwieg. Bäume, schwache Bäume hoben sich immer deutlicher gegen die blasse Dämmerung ab.

Wir gingen und gingen... Und plötzlich sahen wir, wie weit entfernt im Wald, zwischen den Bäumen, ein großgewachsener Jäger erschien. Er trat aus dem Wald und blieb mitten auf unserem Weg stehen. Wir näherten uns der Stelle, und als wir ihn erreicht hatten, stellte sich der Alte, Auge in Auge mit ihm, direkt vor ihn hin und schützte mich mit seiner hohen Gestalt vor den Blicken des Jägers. Still, ohne etwas zu reden, schauten sie einander an, wie zwei, die schon lange miteinander bekannt sind und die sich kennen, schauten sich an und schwiegen.

»Jäger, was willst du?« fragte der Alte den Jäger, nachdem sie einander lange angesehen hatten.

»Du weißt es selbst«, antwortete er ihm.

»Was denn?«

»Nahrung für mich und für meinen Hund.«

»Der Wald ist leer, der Wald ist beraubt. Die großen Tiere sind entflohen, und die kleinen haben sich in ihren Löchern versteckt.«

»Befiehl ihnen hervorzukommen!«

»Ich gebe nichts, und ich schaffe auch nichts herbei.«

»Du bist reich, Alter.«

»Ich bin alt, und mir ist nichts geblieben.«

»Nichts geblieben, sagst du?« Und da blickte der Jäger über die Schultern des Alten, schaute verstohlen und spöttisch auf mich und fragte den Alten, indem er auf mich wies:

»Und das da, Alter?«

»Es ist mein Letztes, und ich gebe es nicht her.«

»Dann lass' ich dich nicht weitergehen.«

»Sag, was willst du denn?«

»Laß mich ihn anschauen.«

Der Alte hatte keine Wahl und mußte gezwungenermaßen nachgeben. Er trat einige Schritte zur Seite, ließ mich mit dem Jäger allein und beobachtete uns stumm. Ich blieb, Auge in Auge mit dem anderen, zurück. Und der Jäger schaute mir lange und ernst, wissend und erfahren in die Augen und blickte mich durchdringend und unverwandt an, bis er endlich das in meinem Blick fand, was er wünschte. Dann kehrte er sich lächelnd und zufrieden zu dem Alten und sagte:

»Und jetzt, Alter, geh.«

Und der Jäger gab uns mit seinem Hund den Weg frei, wendete sich zu der gegenüberliegenden Seite des Waldes und verschwand, von unseren Blicken begleitet, mehr und mehr zwischen den Bäumen.

Und da, als er nicht mehr zu sehen war, trat der Alte still und geheimnisvoll mit seiner hohen Gestalt vor mich, deutete stumm mit einem Finger in die Tiefe des Waldes, in der der Jäger verschwunden war, und fragte mich dann:

»Weißt du, wer das ist?«

»Ja, ich weiß es«, antwortete ich.

»Bist du sicher, Wanderer?«

»Sei unbesorgt, Alter.«

»Gut.«

Nach dieser Antwort kehrte sich der Alte fröhlich in die Richtung, in die wir vorher gegangen waren, setzte beruhigt und gutgelaunt den Stock auf die Erde und rief mich, mit ihm weiter durch den Wald zu gehen.

Beschirmt von den Bäumen und umgeben von der Stille in den Bäumen verließen wir in der Dämmerung, während es im Wald immer heller wurde, zufrieden, guter Dinge, frei und davongekommen, jenen Ort, bis wir schließlich zu einem Berg kamen. Er lag mitten im Wald, war mit Bäumen bewachsen und an den Hängen rundum mit Gras bedeckt. Hoch erhob sich sein Gipfel über den Wald. Wir blieben an seinem Fuß stehen und blickten eine Weile zu ihm hinauf. Dann gingen wir um den Berg herum, fanden eine Stelle, von der aus man hinaufgelangen konnte, stiegen nach oben, und das sahen wir:

Dort stand einsam eine kleine, alte und baufällige Hütte. Die Tür und die Läden sahen öde und verlassen aus, und finster schien die Leere durch die Spalten und Ritzen. Der Alte ging zu der Tür der Ruine, blieb eine Weile still und respektvoll vor ihr stehen, hob dann die Hand und klopfte an. »Ehrwürdiger Greis, ehrwürdiger Greis!« Bald hörte man hinter der Tür in der Ruine Schritte, alt und ächzend begann sich etwas zu regen, und jemand suchte lange nach der Tür. Schließlich öffnete sie sich, und auf der Schwelle erschien ein zittriger und gebrechlicher Greis.

»Ehrwürdiger Greis, ich habe ihn zu dir gebracht!« rief der Alte ihm ins Ohr.

»Wie? Ich höre nichts.«

»Ich habe ihn gebracht, Greis!«

»Wo ist er? Führe ihn her.«

Und da führte mich der Alte zu dem zittrigen Greis, legte seine Hände auf meinen Kopf, damit er mich spüre, und rief dem alten Mann ins Ohr: »Segne ihn ...« Der Greis beugte sich über mich, ließ seine alten Hände kraftlos über meinen Kopf gleiten und hielt ihn lange fest. Seine Lippen flüsterten etwas Unverständliches, und so segnete er meinen Kopf. Nachdem der Greis den Segen gesprochen hatte, nahm ihn der Alte bei der Hand, stützte ihn und führte ihn zurück in die Ruine. Lange blieben sie dort drinnen, und ich hörte, wie sich die beiden in der Stube zu schaffen machten. Im verborgenen ging etwas in der Ruine vor sich, und ich stand die ganze Zeit über draußen vor der Tür und wartete vor der Schwelle auf das, was geschehen würde. Nach langer Zeit erschien der Alte auf der Schwelle. In seinem Gesicht, in seiner Erscheinung spiegelten sich der Tod und das Sterben wider, und sein Körper und seine Kleider ließen einen Toten, einen Gestorbenen, erahnen. Er winkte mich zur Schwelle und wies still mit seinem Finger in die Ruine.

»Der Greis ist tot.«

Dann kehrte er mir den Rücken zu, ging gebeugt wieder hinein, als wolle er den Toten vor der Bestattung waschen, und hieß mich stumm, mit einem Wink, ihm zu folgen. Ich trat in die Stube, und das sah ich: Der Greis lag, ausgestreckt und mit einem weißen Tuch bedeckt, auf der Erde. Der Körper war schon von seinem Lager auf den Boden gehoben worden. Neben seinem Kopf standen Leuchter, und dort brannten hell und schweigend Totenlichter. Der Alte blieb neben dem Leichnam, an der Seite des Greises, stehen, winkte mich auf die andere Seite, blickte selbst lange zum Kopf des Toten hin und verharrte so eine lange Zeit. Dann wandte er sich zu mir und sagte:

»Geher, sieh: Du gehst jetzt in die Welt hinaus, noch heute, hier von dieser Schwelle. Auf ihr trittst du hinüber – weg von mir und von dem Kreis... Doch das sollst du wissen: Es ist dein Tag des Glücks, es ist deine Sonne, die aufgeht und an deinen Himmeln scheint. Deine Sonne wird erst noch richtig aufgehen, und unsere ist vergangen. Es gab eine Zeit, da wanderte er, und es gab eine Zeit, da wanderte ich. Jetzt ist es Zeit für uns zu ruhen, und für Jüngere, etwas zu tun. Geh jetzt, aber hüte dich vor dem Jäger ...«

Nach diesen Worten wandte der Alte sich von dem Leichnam ab, und ich tat dasselbe. Wir verließen die Ruine, traten über die Schwelle und blieben stehen. Dann nahm der Alte still meine Hand, hielt sie lange in der seinen, ohne etwas zu sagen, zog mich dann zu sich, küßte mich auf den Kopf und verabschiedete mich:

»Geh.«

Und ich ging fort.

Seit jenem Tag war schon einige Zeit vergangen, und ich ging immer noch durch den Wald, von einem Ort zum anderen, von einem Teil des Waldes in einen anderen. Ich zählte keine Tage und keine Wochen mehr und wußte nicht, wie viele Monate verstrichen waren, wanderte immer weiter und weiter durch den Wald, der nicht endete, ohne ins Freie zu gelangen, bis ich mich eines Abends in einem Dickicht wiederfand.

Dicht und finster standen die Bäume, gerade und ohne sich zu regen, zu beiden Seiten des Weges. In abendlicher Ruhe blickten die Stämme aus der Stille, kein Lüftchen rührte sich, kein Grashalm schwankte, kein Zweig, kein Ästchen schaukelte in der Luft. Ich ging ruhig und langsam einen Pfad entlang und schaute in den Wald an den Seiten des Weges hinein. Dort war es still. Das Sonnenlicht zitterte nur noch schwach auf den Bäumen und auf der Erde, die Lichttupfen auf den Stämmen und auf den Blättern der Pflanzen erloschen, und still, ohne sich zu wehren, wichen sie langsam zurück und verschwanden zusammen mit dem Tag aus dem Wald, verloren sich und vergingen.

Da sah ich in der Ferne, wie der Jäger mit seinem Hund irgendwoher aus der Tiefe des Waldes erschien. Weit vor mir stieß er auf meinen Weg und wartete dort auf mich. Ich ging auf ihn zu, erreichte ihn schließlich, blieb direkt vor ihm stehen und sagte ruhig, wie zu meinesgleichen, zu ihm:

»Was willst du, Jäger?«

»Mit dir bekannt werden.«

»Und?«

»Aber ich muß zuvor etwas sagen.«

»Und was?«

»Der Jäger ist kein Feind.«

»Wer sagt das denn?«

»Alle.«

»Und was sagt der Jäger selbst?«

»Er leugnet und sagt, daß man es nicht versteht.«

»Was denn?«

»Erschrecken heißt – wecken, und die Netze sind nur für die Kleinen; nur die liebt der Jäger. Verführen – führt Schwache; er sagt: der Reichtum ist für die Reichen, und die Kleinen winden sich umsonst vor seinen Augen.«

»Und weiter?«

»Du gehörst zu den einen.«

»Du schmeichelst, Jäger.«

»Nein, es ist die Wahrheit.«

»Und der Beweis?«

»Ich werde dir ein Rätsel aufgeben.«

»Ich höre dir zu.«

Und der Jäger begann:

»Der Jäger ging, ein Tier zu fangen, so wie er immer mit seinem Hund im Wald, in den Wäldern umhergeht und umherstreift. Plötzlich stieß er auf eine Hirschkuh, eine fromme, mit Augen, mit stummen, die über den Weg lief. Sie erschrak, blieb stehen, mit sieben Hirschlein, mit ihren kleinen Kinderchen, mit schönen kleinen Wesen, und fragte: ›Jäger, was nimmst du, Jäger, was raubst du, den Kindern die Mutter, der Mutter die Kinder?‹ ›Die Mutter später – sie soll am Leben bleiben und sich mehren, unter Wölfen und Bären, unter den Tieren in den Wäldern, bei den Quellen in den Feldern, auf Bergen und bei Brunnen, damit ich auf der

Jagd ihre kleinen Hirschlein finde. Du, Mutter, bist doch schließlich mein ...‹ So hat der Jäger der Hirschkuh geantwortet. Was bedeutet das?«

»Es steckt eine Absicht dahinter.«

»Was meine ich?«

»Ein Hirschlein.«

»Was bedeutet das?«

»Immer narren und narren, wieder und wieder unbedeutendes Zeug, so nach und nach getäuscht und für dumm verkauft, und unterdessen soll man weiden.«

»Für wen?«

»Für dich.«

»Bis wann?«

»Bis du zuletzt über mich lachst.«

»Erraten! Weil du zu den einen gehörst.«

»Das mit dem Hirschlein, das ist Schmeichelei. Ich gebe nichts.«

»Nein, ich sage ja nur.«

»Es ist umsonst, Jäger.«

Auf einmal riß der Hund an der Leine, die der Jäger in der Hand hielt, sprang böse und bellend weg und zerrte ihn mit sich fort. Der Jäger mußte, ob er wollte oder nicht, seinem Tier folgen und ihm in den Wald nachlaufen. Dabei sah er sich beständig nach mir um, versuchte, mir noch etwas zu sagen und seinen Worten noch etwas hinzuzufügen, wurde aber weiter und weiter gezogen, bis er schließlich im Wald meinen Blicken entschwand.

Meine zweite Begegnung mit dem Jäger trug sich so zu: Nachdem ich endlich den Wald verlassen hatte, irrte ich lange Zeit auf kahlem Feld und auf öden Steppen umher, ganz allein, ohne einen Führer und Wegweiser, wanderte und irrte umher. Eines Nachts befand ich mich auf freiem Feld. Ein hoher, sternenheller Himmel wölbte sich über ihm, ließ sich in weiter Entfernung mit seinen Rändern auf das Feld herab und ergriff dort während der ganzen Nacht vom Horizont Besitz. Allein und schweigend lag ich unter einem Baum, blickte still durch die Zweige zum Himmel und zu den Sternen, blickte in die Höhe und auf das Feld und wartete darauf, daß von weit her aus der Erde jemand käme und sich mir zeige. Als ich so in Gedanken versunken dalag, spürte ich, wie sich die Erde unter dem Bündel, auf dem mein Kopf ruhte, langsam und leise zu rühren begann. Dann blieb es einige Minuten still, so als ob man eine Weile wartete, bis sich mein Verdacht wieder gelegt habe. Schließlich begann es von neuem: Es rührte sich etwas, grub, grub dort unten und bewegte sich... Ich setzte mich auf, rückte mein Bündel zur Seite und betrachtete die Stelle, wo es gelegen hatte. Aber weil ich dort nichts Auffälliges bemerken konnte, schob ich es wieder auf seinen Platz, ließ mich zurücksinken und wollte wieder, wie vorher, meinen Kopf darauf betten. Doch als ich es gerade berührte, wurde plötzlich neben dem Bündel ein kleiner Hügel aufgeworfen. Die Erde hob sich und fiel zur Seite, und im Dunkeln erschien dort ein kleines, flinkes Wesen. Als sich der Hügel zu heben begonnen hatte, war ich aufgesprungen, und jetzt sah ich das:

Geschwind und atemlos lief das Wesen aus der Erde, schnell und kaum mit dem Auge zu sehen, dort um die kleine Grube, lief und rannte rundherum, immer im Kreis, verharrte einen Augenblick und hastete dann wieder weiter. Die ganze Zeit über mußte es wegen der ungewohnten frischen Luft niesen. Dann wurde es schließlich ruhiger, setzte sich mit den kleinen Hinterbeinen auf den Rand der Grube und begann ruhig und einfältig, als ob nichts geschehen wäre, mit einem seiner Affenpfötchen in der Nase zu bohren, langsam und gemütlich, lange und unbeschwert. Dabei blickte er mir die ganze Zeit über wie ein Äffchen unschuldig in die Augen.

»Wer bist du, Tierlein?«

»Der Irrwisch.«

»Was willst du hier?«

»Man hat mich hierhergeschickt.«

»Wer?«

»Der Alte.«

»Warum?«

»Er hat Angst.«

»Vor wem?«

»Vor dem blinden Bettler.«

»Wo ist er?«

Das kleine Wesen nahm das Pfötchen von der Nase und zeigte mit ausgestreckter Hand langsam und ohne Eile bedächtig hinter mich: Dort steht er. Bevor ich mich noch rühren und den Kopf dorthin wenden konnte, stand schon direkt hinter mir, dicht an meiner Schulter, ein großer, hochgewachsener und blinder Bettler und begrüßte mich:

»Guten Abend, Geher.«

Ich erschrak und fuhr zusammen, da er so nahe bei mir stand, schaute in sein Gesicht, bemerkte seine blinden Augen und starrte ihn verwundert an, ohne ihm zu antworten.

Der Irrwisch zupfte rasch, verstohlen und heimlich an meinem Mantel, wies mit dem Finger auf seinen Mund und warnte mich stumm: Kein Wort von mir!

Und noch einmal wandte sich der Bettler zu mir und sagte, dieses Mal schon lauter:

»Guten Abend, Geher!«

»Guten Abend, Bettler.«

»Setz dich, Geher, und erlaube auch mir, mich zu setzen.«

»Setz dich nur, Bettler.«

Der Bettler nahm sein Bündel von der Schulter, beugte sich langsam, wie es Blinde tun, mit ihm zur Erde, fand einen Platz dafür und legte es hin. Dann ließ er sich müde und stöhnend daneben nieder, und ich setzte mich ihm gegenüber auf den Boden. Einige Minuten lang schwiegen wir, und dann fragte mich der Bettler:

»Ich habe gehört, daß du dich zum Berg hin aufgemacht hast?«

»Ja«, antwortete ich ihm.

»Bist du auf deinem Weg schon jemandem begegnet?«

»Ja, dem Alten.«

»Hat er dir schon vom Berg erzählt?«

»Gar nichts.«

»Dann weißt du bis jetzt noch nichts davon?«

»Was denn?«

»Daß vom Berg keine Spur mehr zurückgeblieben ist. Der Wind hat ihn abgetragen, Stürme haben seinen Staub fortgeblasen, und die Zeiten und Generationen haben ihn eingeebnet.«

»Nein, ich weiß nichts davon.«

»Höre dir die Geschichte der Bettler an.«

»Ich höre dir zu.«

Und der Bettler begann:

»Die Bettler erzählen die Geschichte von einem, der große Augen hatte. Obwohl er auf der Erde geboren worden war, hob er immer den Kopf zum Himmel, sah nicht, was vor seiner Nase lag, und schaute nur immer zu den Bergen hinauf. Eines Tages erzählte man ihm von jenem Berg, und er machte sich auf den Weg. Er ging und ging, und seine Jugend verging, und seine Kräfte verließen ihn. Und einmal erblickte er den Berg schon am Horizont. Plötzlich kam Wind auf, und von dem Berg dort erhob sich ein Sturm. Auf zwei Staubkörnern ließen sich zwei Teufelchen dahintragen, flogen und flogen, begegneten dem Geher auf seinem Weg, flogen in seine Augen und setzten sich in den Pupillen fest.«

»Und was geschah dann?«

»Er wurde blind.«

»Und?«

»Die blinden Bettler auf allen Märkten singen es und warnen die Sehenden.«

»Und die Sehenden?«

»Sie hören es und gehen weiter.«

»Das ist auch gut so, weil die Bettler lügen: Die Bettler sind arm und blind von Geburt an.«

»Das ist nicht wahr.«

»Und weiter?«

»Ich möchte dir etwas vorschlagen.«

»Was denn?«

»Mich zu führen und mich auf die Märkte zu geleiten.«

»Ich gehe nicht mit dir, Bettler, ich vertraue dem Alten.«

Nachdem ich das gesagt hatte, verstummte der Bettler, schwieg, wartete lange und sagte schließlich:

»Dein Alter ist ein Zauberer.«

»Und wenn ich es nicht glaube?«

»Ich komme von dort.«

»Was ist dort geschehen?«

»Ich sah, daß der Greis noch auf der Erde lag. Bei seinem Kopf standen Kerzen, und dein Alter beugte sich über den Körper und sprach: ›Du wirst von mir nicht bestattet, und in Schande liegst du hier, solange du den jungen Mann nicht erledigst, solange du es nicht ersinnst, ihn aus der Welt zu locken, und bis er schon als Alter und Gebrochener wiederkehrt ... Er soll über alle Wege und Stege gehen, eine lange, lange Zeit, und so, wie du meine Welt verführt hast, so soll auch er verführt werden, weiter, immer weiter lügen, und auch andere dorthin schicken. Bis in alle Ewigkeit soll der Teufelsberg bestehen!‹

So ist dein Alter.«

»Und?«

»Überlege es dir gut, Wanderer.«

»Ich habe es mir schon überlegt, Bettler.«

»Und zu welchem Schluß bist du gekommen?«

»Ich gehe mit dir!« Und ich erhob mich mit einem Ruck von meinem Platz, griff schnell nach meinem Bündel, beugte mich zum Bettler und reichte ihm meine Hand, um ihm beim Aufstehen zu helfen. »Komm!« Doch in dem Augenblick, in dem mir der Bettler seine Hand entgegenstreckte und sich erheben wollte, sprang plötzlich und unerwartet das kleine Wesen auf, nachdem es lange still und unbeachtet neben uns gesessen hatte. Wendig und geschwind eilte es zu ihm hin, sprang auf seine Knie und dann in sein Gesicht, klammerte sich mit einem Pfötchen in seinem Bart fest, schlug ihm mit dem anderen auf die Augen, schlug ihn unablässig, immer schneller und schneller, und die ganze Zeit über spie es ihn an und schrie, schrie mit lauter Stimme: »Pfui, pfui, Bettler, gib dich zu erkennen! Es ist alles Blendwerk...« Im gleichen Augenblick schnellte unter dem Bettler, von dort, wo sein Bündel lag, ein Hund hervor und jagte furchterregend, ungestüm und mit Gebell an seiner Leine in das Feld hinein. Nach ihm sprang auch der Jäger auf, wandte sich hastig, ohne sich umzuschauen, in die Richtung, in die der Hund gelaufen war, und in seiner Schande, ohne Augen, stürzte er Hals über Kopf seinem Hund nach und verschwand.

Und noch ein drittes Mal begegnete ich dem Jäger.

Einige Zeit später kam ich an einem Sommertag an einen Fluß. Hell und sommerlich spiegelten sich die grünbewachsenen Ufer im Wasser. Ruhig und schweigend sahen die Bäume an den Seiten in den Fluß hinein, und das grüne und verschwommene Bild ihrer Wipfel lag umgekehrt auf dem Himmel, der sich im Wasser spiegelte. Still war es an diesem Tag. Breit und offen ruhte der Fluß zwischen seinen Ufern, glänzend schaukelten die dahinfließenden Wellen im Gold der Sonne, und der hohe, sommerlich blaue und klare Himmel warf sein Spiegelbild in das tiefe Wasser. Als ich zum Fluß kam, blieb ich an seinem Ufer stehen und schaute eine Weile auf das Wasser. Dann breitete ich meinen Mantel aus und ließ mich nieder, um den ganzen Tag über, bis zur Nacht, dort zu bleiben und zu ruhen.

Als ich dort am Ufer lag, sah ich, daß weit in der Ferne, beim Wasser und an beiden Ufern, ruhig und gelassen, wie es ihre Art ist, zwei Störche erschienen. Langsam trugen die langen Beine die weißen Körper, und die Vögel schritten, den Kopf nach hinten gewendet, dahin, der eine auf dieser Seite des Flusses, der andere auf jener. Sie hielten ab und zu inne, tauchten die Schnäbel ins Wasser, zogen sie wieder heraus, gingen dann weiter und näherten sich Schritt für Schritt der Stelle, wo ich lag.

Nachdem sie lange dahinstolziert und näher gekommen waren, verharrten sie dicht bei mir einander gegenüber, als ob sie es vereinbart hätten, jeder auf seiner Seite des Flusses. Lange blickten sie sich schweigend an und warteten, warteten und schwiegen. Dann wandte sich der Storch auf meiner Seite des Flusses zu dem, der am anderen Ufer stand, und fragte ihn:

»Hast du nicht, Storch, in deinem Flug den Geher gesehen?«

»Ja, ich habe ihn gesehen«, antwortete der andere. »Was ist denn mit ihm?«

»Man sagt, daß er sich zum Berg hin aufgemacht habe.«

»Das ist lächerliches Zeug, eine Torheit.«

»Warum?«

»Die Vögel im Himmel haben es aufgegeben, ihn zu suchen, und jetzt machen sich kriechende Tiere und kleines Gewürm auf und wollen zu ihm hinkriechen.«

»Aber er ist doch kein kriechendes Tier, Storch.«

»Was hat das zu sagen? Die Adler und die Unseren sind über Meere und Wüsten geflogen, haben Einöden und viele Länder erforscht, doch nichts gefunden. Und sie wollen etwas finden?«

»Warum nicht?«

»Weil es den Berg nicht gibt. Der Berg ist erfunden.«

»Was redest du da, Storch?«

»Was du hörst. Es ist die Wahrheit und eine alte Geschichte.«

»Erzähle sie mir, ich bitte dich.«

»Höre zu. Die Störche erzählen folgende Geschichte: Einmal, als unsere Großmutter, die Störchin, noch jung war, flog sie im Herbst in wärmere Länder, geriet in einen Sturm und verlor in der Nacht über dem Meer unseren Großvater, ihren Storch. Nachdem sie das Festland erreicht hatte, fand sie sich, an einem sommerlichen Tag, an irgendeinem Ort wieder. Elend und ohne Nest, ohne Gefährten und ohne Beschützer, erhob sie sich hoch in die Lüfte, zog Kreis um Kreis und flog lange umher. Müde und ermattet streckte sie den Hals und ihre Beine aus, blickte nach unten und schrie und rief unablässig: ›Wra-wra, wra, wra... Ich bin jung und schon Witwe; ich habe meinen Geliebten im Sturm verloren, und jetzt soll der erste beste kommen und für uns beide ein Nest bauen...‹ Ein Storch hörte in der Ferne ihre Stimme, kam auf ihr Rufen hin herbeigeflogen und blieb bei ihr. Er verliebte sich in sie, weil unsere Großmutter, die Störchin, jung und schön war, ihren reizenden Körper pflegte und ihn rein hielt. Still und schweigend gedachte sie ihres Geliebten, den sie verloren hatte, und flog stolz und königlich als Witwe umher... Den anderen haßte sie. Ganze Tage lang floh sie ihr Nest, verlor sich über den endlosen Feldern und schwebte Stunde um Stunde ganz allein durch die Stille. Erst am Abend kehrte sie fremd und trübsinnig in ihr Nest zurück. Der Storch mußte das mitansehen, liebte sie und litt, und schließlich bat er sie um ihre Liebe. Da sagte zu ihm die Störchin:

›Was man nicht besitzt, das kann man nicht schenken. Was ich nicht vermag, das sollst du nicht von mir fordern – ich kann dich nicht lieben. Aber wenn du doch geliebt werden möchtest: Es gibt nur einen Ort; es gibt einen hohen Berg am Ende der Welt, und man fliegt lange Jahre dorthin. Wenn du mir von dem Gras bringst, das auf ihm wächst, und wenn ich davon nur einmal koste, dann vergesse ich alles, was gewesen ist, und kann dich lieben.‹

Der Storch hörte sich das an, überlegte und dachte lange nach, einen Tag und einen zweiten, und schließlich machte er sich auf den Weg. Die Störchin sah ihn ihr ganzes Leben lang nicht mehr, und genau das hatte sie gewollt: Allein im Nest zu bleiben und ungestört, am Morgen und am Abend, an ihren Geliebten denken zu können. Das ist die Geschichte.«

»Und du glaubst es?«

»Warum denn nicht?«

»Ich habe etwas ganz anderes gehört.«

»Was denn?«

»Daß es den Berg gibt, daß es weit ist bis zum Berg, daß es aber sehr ehrenvoll ist, und daß ihn nur wenige erreichen.«

»Leiser, Storch.«

»Warum denn?«

»Dort liegt der Geher.« Und da wies der Storch auf dem anderen Ufer mit dem Kopf auf die Stelle, wo ich lag, und gab dem Storch in meiner Nähe ein Zeichen, leiser zu sein.

»Und weswegen hast du das alles laut erzählt?«

»Damit er es hörte.«

»Warum?«

»Der Jäger hat mich darum gebeten.«

»Das ist nicht gut, Storch.«

»Warum?«

»Weil ...«

»Ich habe alles gehört!« rief ich schnell dem Storch auf meiner Seite zu und sprang auf. In dem Augenblick war irgendwo ein Knall zu hören, und eine Kugel traf den Storch auf dem anderen Ufer des Flusses, ohne daß man sehen konnte, woher der Schuß kam. Der Storch neben mir schlug mit den Flügeln, flatterte hastig empor und ließ zappelnd, zitternd und zu Tode erschrocken den zweiten auf dem Ufer zurück.

Ich hob meinen Mantel schnell vom Boden auf, zog ihn wieder an, nachdem ich den Staub abgeschüttelt hatte, nahm den Stock in die Hand und warf das Bündel über die Schulter. Dann machte ich mich, beruhigt und befreit vom Jäger und von seiner Prüfung, noch bei Tageslicht auf den Weg.

Lange ging ich danach ganz allein auf der Welt umher, durch Steppen und durch Einöden, ohne jemandem auf meinem Weg zu begegnen, ohne auf eine Siedlung oder auf eine Spur von einer Siedlung zu stoßen, und ohne einen anderen

Geher zu treffen. Ich wanderte in der Nacht, in der Finsternis und im Morgengrauen durch wüstes Land, auf der Erde, unter dem Himmel, ging und ging.

Und die Jahre vergingen. Weit und verlassen lagen die Steppen in der Nacht vor mir, einsam und öde zogen sich über sie die alten und elenden Wege hin, traurig und gedankenverloren berührte der Himmel irgendwo in der Ferne die Erde, und kein lebendiges Wesen war in der Nähe, auf Meilen hin keine Behausung, kein Licht, kein Dorf, kein Leben und kein Laut...

Bis einmal... Ich ging in einer solchen Nacht durch eine dieser Steppen, allein, auf einem öden Pfad, auf einem vergessenen Weg, verlassen von Wagen und Glockengeläut, von Pferden und von Fuhrleuten. In Gedanken versunken ging ich dahin, hoffte auf nichts mehr und erwartete, verlassen und ohne Leben, niemanden mehr... Plötzlich bemerkte ich in der Ferne, auf der einen Seite des Weges, in der Steppe, die eben vor mir lag, einen Lichtschein: Ein roter und schwacher Schein, der aus der Tiefe, aus einer Grube zu kommen schien, stand rötlich und gedämpft über einer Öffnung in der Erde. Ich ging so lange, bis ich zu dieser Stelle kam und tatsächlich eine Höhle fand. An ihrem Rande saß ein Nachtwächter, der so eingehüllt war, daß sein Kopf nicht einmal mehr aus den Oberkleidern hervorsah, auf einem Stein und schlief ruhig. Er hielt einen Stock in der Hand und lehnte den Kopf daran. So saß er vornübergebeugt in der Stille und wurde von dem schwachen Schein beleuchtet. Ich blieb stehen und betrachtete den schlafenden Wächter eine Weile; dann trat ich auf ihn zu, legte meine Hand auf seine Schulter und begann, ihn zu wecken:

»Wächter, he, Wächter...«

»Hm, was ist...?«

Auf einmal erwachte der Wächter aus seinem Schlaf und sprang von dem Stein, auf dem er gesessen hatte, auf. Er senkte beschämt die Augen, als wenn er sich etwas hätte zuschulden kommen lassen, redete mit sich selbst und machte sich Vorwürfe:

»Schläfrig, einfach eingeschlafen... wirklich fast verschlafen ...«

»Was verschlafen?«

»Dich und dein Kommen.«

»Was heißt das?«

»Man wartet auf dich, und man hat mich geheißen zu warten.«

»Wer?«

»Du wirst es gleich sehen.«

Nach diesen Worten kehrte sich der Wächter zu der Höhle, stützte sich mit den Händen auf ihrem Rand ab und ließ sich hinunter. Bevor sein Kopf in der Öffnung verschwand, rief er mich: »Geher!« Ich folgte ihm; wir stiegen einige Schritte tiefer in die Höhle hinab und blieben dann, zuerst der Wächter und ich nach ihm, auf der Schwelle eines großen und hellen Saales stehen, und das erblickten wir:

Um einen Tisch, der in der Mitte des großen Raumes stand, saß still eine nächtliche und verborgene Versammlung in langen schwarzen Gewändern. Eine einzige Kerze brannte auf dem Tisch, als ob sie jemanden erwartete, und beleuchtete ruhig und schweigend junge Gesichter, die von schwarzen Bärten umrandet wurden. Auf uns wartete die Versammlung. Alle Gesichter waren zur Tür gekehrt. Einer saß neben dem anderen, Kopf an Kopf, und alle Augen richteten sich auf uns. An der Schmalseite des Tisches erhob sich ein greiser Mann, der unter allen anderen auffiel. Er sah über das Licht hinweg zur Tür, als ich eintrat, und sagte im Namen und im Auftrag von allen zu mir:

»Komm her, Geher, wir haben auf dich gewartet.«

Der Wächter trat zur Seite und machte mir den Weg frei, und ich ging in die Stube und zu dem Tisch hin. Einige Minuten stand ich vor dem Alten, der lange auf mich blickte, mein Aussehen musterte und dann zu mir sagte:

»Geher, wir haben gehört, und es ist zu uns gedrungen,

daß du dich zum Berg hin aufgemacht hast, zu dem alten Berg, der auf der Grenze unseres Seins, auf der Grenze des Geheimnisses des Seins steht. Diese Versammlung hier ist aus der ganzen Welt, von allen Pfaden und Wegen, zusammengekommen, aus allen Himmelsrichtungen: überall hört man deinen Namen, und man sagt, daß du gehst und deiner Sache sicher bist... Du fragst nicht nach, du forschst bei keinem von den anderen Gehern, die dabei waren, die die Welt durchwandert, die die Wege ausgetreten haben – du gehst allein. Wir sind heute alle hier in der Höhle zusammengekommen, und wir wollen wissen: Wie kann ein junger Mann so etwas unternehmen, wie kann er so selbstsicher sein?«

Und stumm sprach die Versammlung, als der Alte redete, ihm alles nach, und alle nickten respektvoll und zustimmend mit den Köpfen. Sie blickten beständig auf mich und auf ihn und schlossen zusammen mit ihm seine Rede: »Wie kann ein junger Mann so etwas unternehmen, wie kann er so selbstsicher sein?« Nach diesen Worten richteten alle zugleich ihren Blick auf mich.

»Wir warten«, sagte der Alte vor der schweigenden Versammlung.

»Worauf?« erwiderte ich.

»Auf deine Antwort«, entgegnete mir der Alte.

»Ich habe keine. Meine Antwort ist verborgen, meine Antwort ist mein Leben und das, was mir widerfahren wird. Und was das sein wird, weiß ich nicht.«

»Und wie kommt es, daß du dich auf den Weg gemacht hast?«

»Ich habe nicht nachgedacht und bin aufgebrochen. Für meinen Willen habe ich meine Welt, für meinen Wunsch das Leben aufs Spiel gesetzt.«

»Du hast dich dem Zufall überlassen?«

»Ja.«

»Und wer hat dir das Recht dazu gegeben?«

»Ich habe es mir genommen.«

»Und wie kann man das?«

»Ich dachte mir: Es ist dem Menschen anheimgestellt, alles, was es gibt, frei zu wählen, in heiliger Wahl, auch das eigene Leben und das Leben ohne eine Wahl, und ich habe es riskiert.«

»Und wer bürgt dir dafür?«

»Mein Engel und meine Selbstsicherheit.«

»Und was tut dein Engel für dich?«

»Er behütet mich.«

»Wovor?«

»Vor allem Zweifel und vor allem Bösen.«

Nach dieser Antwort wartete der Alte lange Zeit und betrachtete schweigend mein Aussehen und meine Erscheinung; von oben bis unten und von unten bis oben maß mich sein Blick, und dann kehrte er sich von mir ab und fragte die Versammlung:

»Habt ihr das gehört?«

»Ja, wir haben es gehört«, antwortete die Versammlung, und sie begannen zu flüstern und zu murmeln.

Dann erhob sich der Alte von seinem Platz, ließ die Versammlung, die mit sich selbst beschäftigt war und flüsterte, still und in Gedanken versunken am Tisch zurück, gab mir, ohne daß die anderen acht darauf gaben, ein Zeichen, winkte mich von dem Tisch weg und führte mich in einen Winkel. Schön und königlich stand der Alte dort vor mir. Wir schauten einander an, und dann fragte er mich leise und verstohlen:

»Und wer ist dein Engel, Geher?«

»Mein Alter«, antwortete ich ihm.

»Wie lange hast du ihn schon nicht mehr gesehen?«

»Sehr lange.«

»Würdest du ihn jetzt erkennen?«

»Gewiß.«

»Er ist jetzt hier in der Höhle.«

Rasch drehte ich meinen Kopf zum Tisch, durchlief geschwind mit meinem Blick die Versammlung, hin und her und noch einmal von vorne, doch ich fand ihn nicht. Aber auf einmal wandte ich mich, als ob ich mich wieder erinnert hätte, zu dem vor mir stehenden Alten und fiel stumm und besinnungslos an seine Brust. Leise schluchzend lag ich in seinen Armen, und er drückte mich an sich, streichelte mich und drückte meinen Kopf an seine Brust, beruhigte mich und heilte mir meine Welt. Als ich mich wieder gefaßt hatte, ließ er mich los und sagte:

»Und jetzt, Geher, mache dich auf deinen Weg. Tiere der Erde, Vögel und kriechende Wesen werden dir deinen Weg weisen, bis du schließlich zum Wolkenmenschen kommen wirst. Wenn er dich zu sich ruft, sollst du zu ihm hinaufsteigen.« Der Alte verabschiedete mich. Bevor ich ging, drehte ich mich noch einmal zu meinem Alten hin um, blickte noch einmal in die Stube zurück und nickte der Versammlung zu, die still dasaß und alles mitangesehen hatte.

»Eine gute Nacht, heilige Versammlung.«

»Geh wohlbehalten, Geher.« Und ich verließ die Höhle.

Nach einiger Zeit begegnete ich zuerst dem Fuchs.

Es war eines Abends in einer endlosen Steppe. Weit entfernt, abgeschieden und still begann die Sonne, hinter der Erde zu verschwinden. Groß und feurig stand sie schon am Rand des Himmels und berührte mit ihrer glühenden Rundung den Horizont. Noch lagen der große Erdkreis und das Himmelsgewölbe still und hell vor mir, und mein Weg verlief geradewegs der untergehenden Sonne zu und verlor sich dort.

Ich ging und ging, blickte dabei auf den Weg und auf den Sonnenuntergang, und die Sonne sank tiefer und tiefer. Eine Minute, eine zweite, und dann war sie schon hinter dem Horizont verschwunden. Und plötzlich sah ich in der Ferne, wie dort, wo die Sonne untergegangen war, ein kleines, noch von ihren Strahlen beschienenes Tier auftauchte und stehenblieb.

Klein und weit entfernt stand das Tier am Horizont, als ob es noch nicht in dieser Gegend gewesen wäre, schaute auf die große Steppe ringsum, betrachtete ihre weite Fläche und wußte nicht, wie es hierhergekommen war. So verging eine Weile... Dann riß sich das Tier von dort los und verließ den Horizont, als ob es dazu gezwungen werde, und rannte über die Steppe in meine Richtung.

Es lief vom fernen Horizont her, und ich sah, daß es immer wieder den Kopf zur Seite drehte und mißtrauisch und furchtsam zurückblickte. Unsicher und ängstlich sprang es über die Steppe auf mich zu und war nun schon besser zu erkennen. Es war der Fuchs. Er kam mir auf meinem Weg entgegen, blieb aber ängstlich in großem Abstand stehen, um jederzeit entfliehen zu können, ruhte nicht, drehte sich rastlos nach allen Seiten hin um und verharrte dann vor mir, aber außerhalb meiner Reichweite. Er blickte unruhig in meine Richtung, schaute ängstlich und furchtsam auf meine Hände, spähte voll Mißtrauen zu dem Feld vor mir und hinter mir, und schließlich rief er mir doch, als ob ihm keine andere Wahl bliebe, zu:

»Lieber Geher, hilf mir!«

»Wohin flieht und rennt der liebe Fuchs?«

»In die Welt hinein.«

»Vor wem?«

»Vor dem Verstand.«

»Was ist geschehen?«

»Der Verstand ist mir vom Kopf in den Schwanz gefahren. Es scheint mir, daß er mir nachrennt, wenn ich laufe.«

»Wie ist es dazu gekommen?«

»Ich habe mich verdreht, ich bin meinem eigenen Schwanz nachgejagt.«

»Womit kann man dir helfen?«

»Mit Brot, Geher.«

»Der Fuchs hat Hunger?«

»Ja, Geher. Groß ist die Welt, und klein ist der Verstand. Der Kopf erreicht den Schwanz nicht, und die Weisheit kommt zu Hilfe, und die Weisen betteln: Gib, was du hast.«

Schnell nahm ich mein Bündel von der Schulter, schnürte es auf, suchte darin und fand etwas. Dann ging ich auf den Fuchs zu und wollte es ihm bringen.

»Nein, wirf es mir zu!« schrie der Fuchs und stürzte schon voll Furcht davon. »Wirf es mir zu, ich habe Angst!«

»Vor wem?«

»Vor den Schützern und Helfern.«

»Was heißt das?«

»Das ist die Strafe des Verstandes.«

Und ich warf das Brot zu ihm hin.

Der Fuchs sprang hinzu und schnappte wie ein Hund nach dem, was zu ihm hinflog, riß gierig Maul und Augen weit auf, packte zu, schlug die Zähne hinein, und währenddessen wollte er, dankbar und mißtrauisch, schon wieder davonlaufen ...

»Warte!« schrie ich ihm nach.

»Was ist?« fragte mich der Fuchs, schon halb abgewandt.

»Ich muß dich etwas fragen.«

»Warte ...«

Der Fuchs entfernte sich und lief langsam ein Stück weit in die Steppe hinaus, ließ das, was er sich geschnappt hatte, verstohlen aus dem Maul auf die Erde fallen, stürzte sich darauf, biß es heißhungrig in Stücke und schlang sie hastig hinab. Als er alles aufgefressen hatte, lief er, nun schon ruhiger und zufriedener, zum Weg zurück, dorthin, wo er vorher gestanden hatte, und sagte satt und gelassen zu mir:

»Und jetzt, Geher, frage.«

»Hast du nicht den Wolkenmenschen gesehen? Bist du ihm nicht unterwegs begegnet?«

»Nein, Geher.«

»Und hast du auch nichts von ihm gehört?«

»Gehört – schon.«

»Von wem?«

»Vom Adler. Erst heute habe ich ihn gesehen: Er hatte

etwas geraubt, und ich bat ihn um einen Bissen. Er schickte mich zu dir und hieß mich, dir zu sagen, daß sich der Wolkenmensch auch erkundige.«

»Nach wem?«

»Nach dir.«

»Und wo wohnt der Adler?«

»Im Land der Berge und der Steine.«

»Schönen Dank dir, lieber Fuchs.«

»Geh wohlbehalten, Geher.«

Wir trennten uns. Der Fuchs lief hinter mir in die Steppe, und ich ging weiter meinen Weg.

Und ich kam in das Land des Adlers. Als ich dort angelangt war, stieg ich zuerst auf einen hohen Felsen und begann, die Gegend und das ganze Land ringsherum zu betrachten. Wild und öde ragte der kahle Berg, den ich ausgesucht hatte, in die Höhe. Sein Haupt reichte bis in die Wolken, sein Fuß ruhte im Abgrund, und mit seinem hohen Gipfel und mit seinem weitreichenden Blick herrschte er über alle Berge in der ganzen Gegend. Ich ließ mich dort oben nieder und wartete auf die Ankunft des Adlers. Ein Tag verging, ein zweiter, aber der Adler erschien nicht.

Am dritten Tag... Klein saß ich hoch oben auf dem Felsen unter dem Himmel. Ich blickte auf die fernen Berge am Horizont und hörte dort, wo ich war, das Schweigen, in dem sie den Tag über verharrten. Die Gegend lag hell und klar vor mir. Die hohen Berge zogen sich nebeneinander und hintereinander in Reihen weit dahin; ringsum ruhten sie in hellem Licht, betrachteten sich gegenseitig, und der eine blickte über den Gipfel des anderen. Schweigend thronten sie in erhabener Ruhe, als seien sie nur mit sich selbst und nur mit ihrer Höhe beschäftigt. An das, was sich zu ihren Füßen ausdehnte, an die Täler, verschwendeten sie keinen Gedanken und gaben keine Acht darauf.

Und da, als ich so klein hoch oben auf meinem Berg saß,

bemerkte ich, wie auf alle Berge ringsum auf einmal ein Schatten fiel, sich über alles, was von der Sonne bestrahlt wurde, legte und sie und ihren Schein in der ganzen Gegend verdunkelte.

Ich erhob mich auf dem hohen Berg und spähte zuerst in die Weite, die vor mir lag. Dann ließ ich meine Augen in alle Richtungen suchend über die Landschaft schweifen; aber da ich nichts entdecken konnte, hob ich plötzlich den Kopf zum Himmel, und das sah ich:

Hoch am Himmel, nahe der Sonne, flog ein riesiger, gewaltiger Adler, der im Schnabel eine große schneeweiße Gans mit zerrupftem Gefieder trug. Er schwebte von hoch oben herab, aus der Sonne, bis er schließlich zu meinem Felsen gelangte und sich mit seiner Beute auf ihm niederließ... Da kehrte das Licht zurück: Die Berge der ganzen Umgebung lagen wieder, wie früher, im hellen Sonnenschein, überwanden still und leicht ihren Unmut und ruhten wieder friedlich in der Helligkeit des Tages.

Der Adler blieb eine Weile dort, wo er sich niedergelassen hatte, sitzen, verschnaufte und rührte sich nicht vom Fleck. Er behielt seinen Raub in den Fängen, ruhte von seinem hohen Flug aus und ließ seine Augen über seinen Berg und über die Gegend um ihn schweifen. Schließlich bemerkte er, daß ich auf dem Felsen stand, fixierte mich mit seinen Augen und sah mich verwundert und streng an.

»Wen suchst du hier?«

»Den Wolkenmenschen.«

»Wer hat dich hergeschickt?«

»Der Fuchs.«

»Was hat er dir gesagt?«

»Er sagte, daß du dem Wolkenmenschen in deinem Flug begegnet bist.«

»Ja, und er erkundigt sich nach dir. Er hieß mich, dir, wenn ich dich sehe, dies zu sagen: Du wirst ihn nicht finden, bis du den Maulwurf getroffen hast.«

»Was bedeutet das?«

»Es sind seine Worte.«

»Der Maulwurf – und der Wolkenmensch?«

»Ja. Hoch fliegt der Adler, und weithin reicht sein Blick, um nach Raub Ausschau zu halten, und die Beute ist von dort unten ... Der Maulwurf ist verflucht, der Maulwurf hat keine Augen, aber er sieht das, was sonst niemand zu Gesicht bekommt: die Himmel der Tiefe. Und jetzt geh.«

»Und wo werde ich den Maulwurf finden?«

»Dort unten.« Und da wies der Adler mit den Augen auf den Berg und auf das Tal hinter ihm.

Als ich das gehört hatte, bückte ich mich nach meinen Habseligkeiten, hob sie auf, nahm Abschied von dem Adler, entschwand still, von seinem Blick begleitet, allmählich seinen Augen und stieg den Berg hinab, in das Tal.

Am Fuß des Berges suchte ich mir einen Platz aus, ließ mich dort nieder und wartete, bis der Maulwurf erscheinen würde. Einige Zeit verbrachte ich dort im Tal, streifte zwischen den Bergen umher, kletterte zwischen Felsen und Steinbrokken hindurch, spähte in alle Spalten und grub in Höhlen, ohne ihn zu finden. Bis einmal ...

An einem Abend ruhte ich am Fuße meines Berges. Ich schlief noch nicht, stützte meinen Kopf auf die eine Hand und riß mit der anderen das wilde, widerspenstige Gras aus, das um mich herum wuchs. Die ganze Zeit über blickte ich, ohne an etwas Bestimmtes zu denken, auf den Boden neben meinem Lager. Zwischen meinem Berg und seinen Nachbarn war es still. Ruhe lag schon inmitten der hohen, steinernen und fühllosen Abhänge, und auf den Bergrücken glühten die letzten Sonnenstrahlen. Ruhig, mehr als ruhig drang die Nacht in die Täler. Ich lag auf meinem Platz; um mich schwand das Tageslicht, und es wurde immer dunkler. Fühllos tönend schienen die Berge in der abendlichen Stille zu verschmelzen; ohne ein Geräusch, ohne ein Echo, ohne einen Laut und ohne einen Widerhall verging der Tag.

Da bemerkte ich, wie in der Dunkelheit langsam und zögernd neben mir ein kleiner Hügel aufgeworfen wurde. Er wuchs und verharrte dann eine Weile. Bald begann er sich weiter zu heben, und ringsum rieselte leichte und weiche Erde herab. Dann schob sich durch die Spitze des Haufens ein kleiner Kopf, schnupperte bedächtig in der Luft und suchte blind umher, als blicke er sich um, und schließlich kroch das Wesen ganz aus dem Hügel hervor. Es war der Maulwurf.

Er blieb ein paar Minuten lang auf dem Hügel stehen, schnupperte, ohne etwas zu sehen, nach allen Seiten, und dann drehte er mir unvermittelt den Kopf zu und fragte mich, ohne ein Geräusch zu machen:

»Geher, du suchst den Wolkenmenschen?«

»Ja«, antwortete ich ihm und stand auf.

»Und der Wolkenmensch fragt nach dir.«

»Wo hast du ihn gesehen?«

»In den Himmeln.«

»Du?«

»Ja, ich habe es erbeten.«

»Wie kam es dazu?«

»Ich stieß einmal, als ich mich durch die Erde grub, auf eine Quelle, die ein unverrückbarer Stein versperrte, so daß ich nicht zu ihr gelangen und nicht weitergraben konnte. Da klopfte ich bei dem Geist der Quelle an und rief: ›Geist der Quelle, Geist der Quelle, öffne mir...‹ ›Ich kann nicht‹, antwortete er mir. ›Warum?‹ fragte ich. ›Weil in der Quelle Himmel, und Himmel vor den Augen liegen; ich kann nicht...‹ Meine Tränen begannen zu fließen, und ich weinte lange und gelobte, nicht von der Stelle zu weichen, ihm keine Ruhe zu lassen, sondern zu klopfen und zu klopfen, bis zu meinem Tode... Man hatte Erbarmen mit mir, rückte den Stein zur Seite, tat mir die Augen auf und zeigte mir in der Quelle Wunder über Wunder. Ich sah in ihr klar und tief einen lauteren, hellen und blauen Himmel liegen. Nacheinander zogen einzelne weiße, daunenweiche und aufgetürmte

Wölkchen vom Horizont heran, und auf einem von ihnen, auf seinem Rand, saß mit einem hellen, lachenden Himmelsgesicht der Wolkenmensch. Er saß da, ließ die Beine herabbaumeln, und seine großen, strahlenden Augen blickten von dort weithin in die Ferne und suchten etwas. Plötzlich entdeckte er mich, als er in den Brunnen hinabschaute, und er beugte sich über die Wolke, sah zu mir herunter und rief mir mit himmlischem Lachen zu: ›Maulwurf, ich denke an dich! Wir danken dir; du gräbst für uns, und du wirst immer weiter graben, wirst die tiefsten Tiefen erreichen. Und höre mir zu: In einiger Zeit wird zu dir der Geher kommen und nach mir fragen. Du sollst ihm sagen, daß ich auf ihn warte und ihn auf allen Wegen suche. Und höre mir zu: Belehre ihn, erzähle ihm von den Tiefen, die du in langen Jahren bei deinem Graben gefunden hast …‹ Das war alles.«

»Und?«

»Und jetzt, Geher, geh. Drei Dinge sollst du suchen, drei Dinge wirst du finden, und bei dem dritten wird dich der Wolkenmensch rufen. Und denke daran: Halte immer den Kopf gesenkt und richte deine Augen stets auf den Boden.«

Nach diesen Worten kehrte der Maulwurf wieder seinen Kopf der Öffnung im Hügel zu, schnupperte noch eine Weile mit seiner Nase, kroch dann mit dem Kopf voran in seinen Hügel, schlüpfte hinab und war verschwunden.

In dieser Nacht blieb ich noch an jenem Platz, am Fuß des Berges, und als es hell wurde und zu tagen begann, verließ ich das Land des Maulwurfs und des Adlers, stieg über die Berge hinüber und zog weiter auf den Wegen über das Land und durch die Welt.

Ich ging und ging, einen Tag und zwei, eine Woche um die andere, einen Monat und mehr, hielt die ganze Zeit über den Kopf gesenkt, blickte nicht zur Seite, sondern nur dorthin, wohin ich meine Füße setzte, schaute auf die Erde und fand nichts. Bis einmal …

Es war an einem Abend, als nur eine blasse, trübe und abgezehrte Mondsichel hoch oben am Himmel stand. In ihrem matten, schwachen Schein lag eine wilde, unbegrenzte und abendliche Steppe. Über sie zog sich ein weißer, kaum sichtbarer Nebel.

Ich ging an diesem Abend ganz allein durch die Steppe, hielt mich in ihrer Mitte, und mein Weg teilte sie in zwei Hälften: Eine Stunde, eine zweite, vom Beginn der Dämmerung bis tief in die Nacht hinein, bis es Mitternacht geworden war. Und dann stieß ich auf meinem Weg plötzlich und unerwartet auf einen alten weißen Schädel.

Der Schädel lag im Mondschein auf der Erde: die Augen zu Boden und Hals und Nacken zum Himmel gekehrt, erniedrigt und beschämt. Hilflos, ohne Hände, wartete er darauf, daß jemand vorübergehe, lag da und wartete. Ich ging langsam auf ihn zu, stand eine Weile in der Steppe und unter dem Mond, beugte mich über ihn und betrachtete ihn, wie er so hilflos dalag. Dann hob ich ihn auf, schüttelte den Staub und die Erde von ihm ab und blickte ihn, sein Gesicht zu dem meinen gewendet, im Mondschein an. Eine Weile betrachtete ich ihn, und dann fragte ich ihn:

»Schädel, wer bist du?«

»Der Gestrafte«, gab er zur Antwort.

»Womit hast du gesündigt, Schädel?«

»Mit Hinaufblicken.«

»Womit hat man dich bestraft?«

»Ich muß auf dem Boden liegen, mit den Augen nach unten.«

»Und wer warst du, als du noch gelebt hast?«

»Ein Sternseher.«

»Und weiter?«

»Ich sonderte mich von der Welt und von den Menschen ab, zog weg, verließ alle Städte und Dörfer, wanderte durch öde Steppen und Wüsten, kletterte in tiefer Dunkelheit auf die Berge, blickte in den Nächten der Wüsten zum Himmel hinauf und suchte lange Jahre dort meinen Stern.«

»Und?«

»Nach jahrelangem Schauen und Suchen, als ich schon alt war und sich mein Leben dem Ende näherte, als ich meine Kraft und mein Augenlicht langsam verlor und die Welt und das Leben schon hinter mir lagen, sah ich einmal in einer Nacht fern am Himmel das:

Blaß, unscheinbar und kaum mit dem bloßen Auge zu erkennen funkelte weit weg am Firmament ein winziges Sternlein. Aber in dem Augenblick, in dem ich es am Himmel entdeckte, legte sich eine Hand auf meine Schulter, und jemand rief mich... Ich drehte mich um und erblickte den Tod. ›Man ruft dich, Sternseher.‹ ›Mich?‹ fragte ich ganz verwundert. ›Dich!‹ entgegnete mir der Tod. ›Aber ich habe doch erst mein Sternlein entdeckt!‹ ›Du täuschst dich. Das ist nicht dein Stern.‹ ›Und der meine?‹ ›Dort!‹ Und der Tod hob einen weißen, langen und knochigen Finger gerade über meinem Kopf in die Höhe und zeigte auf einen hellen und strahlenden Stern am Himmel. ›Das ist er.‹ Ich folgte mit meinem Blick dem Finger des Todes, betrachtete den Stern genau und sah: Es ist die Wahrheit. Aber in diesem Moment entfernte sich der Stern von seinem Platz, glitt davon und zog dabei still einen langen weißen Schweif hinter sich her – und ich fiel mit dem Gesicht zu Boden und wurde nicht begraben.«

»Und weiter?«

»Nach einiger Zeit nistete sich der Maulwurf in meinem Schädel ein und hauste dort eine Weile. Bevor er wieder fortging und mich verließ, sagte er zu mir: ›Schädel, höre, dem ersten, der dich von der Erde aufhebt, sollst du die ganze Geschichte erzählen.‹«

»Und?«

»Ich habe sie dir erzählt.«

»Und was will mich der Schädel lehren?«

»Daß die Jahre kurz sind, und erst spät kommt der Verstand.«

»Was heißt das?«

»Das Leben ist eine Rechnung: wer nicht früh zu rechnen anfängt, der lebt im Irrtum; darum hüte dich vor dem Irrtum.«

»Wie denn?«

»Hebe nicht den Kopf, und hebe nicht die Augen. Sieh zu Boden und suche das Ei.«

»Was ist das?«

»Das Geheimnis aller Dinge und der Anfang aller Dinge.«

»Und wo findet man es?«

»Auf allen Wegen.«

»Und womit kann man dir danken, Schädel?«

»Nimm mich mit. Und dort, wo du das Ei findest, dort sollst du mich begraben.«

»Ich verspreche es dir.«

Von da an trug ich den Schädel in meinem Bündel auf den Schultern, auf allen Wegen, ging und ging mit ihm, hielt die Augen gesenkt, blickte nur vor mich auf den Weg und dachte die ganze Zeit an seine Worte, bis ich an einem frühen Morgen wieder zu einem Wald kam.

Es war Sommer. Vom weiten, grasbewachsenen und taunassen Feld vor dem Wald stiegen morgendliche Nebelschwaden auf, und in der Dämmerung standen die Bäume und die Büsche verhangen und eingehüllt da und warteten an diesem Sommermorgen noch schlafend, bis die Sonne aufging. Noch war es im Wald still. Regungslos und gerade verharrten die Bäume im letzten Schlummer, still und dämmerig verloren sich die weißen Pfade im Dunkel des Waldes, und die niedrigen, dichten und finsteren Büsche mit ihren Nestern ruhten noch. Plötzlich ließ irgendwo im Wald, in seiner Tiefe, ein Vogel seinen Gesang erklingen, einen Gesang, eine Botschaft, einen Ruf, daß sich alles erhebe, und daß der Tag anbreche. Schon zeigte sich ein erster roter und warmer Sonnenstrahl.

Ich trat in den Wald, ging still und barfuß auf einem Weg

dahin und blickte ruhig auf die Bäume zu beiden Seiten. Immer tiefer gelangte ich in den Wald hinein, immer heller wurde es in ihm: Die Sonne war schon aufgegangen.

Dann blieb ich stehen, ließ mich mit meinem Bündel auf die Erde, in das Gras sinken, legte mich hin, drehte mich auf die Seite, legte eine Hand unter die Wange und begann so, an diesem frühen Morgen, nachdem ich lange gegangen und müde geworden war, zu schlafen und den ganzen Tag über an diesem Ort zu ruhen.

Der Tag war erwacht. Der Wald und die Bäume standen schon im hellen Licht, Zweige und Büsche schüttelten die Nacht ab, die kleinen Vögel in den Nestern schickten ihre Mütter nach Nahrung aus – und ich schlief.

Der Mittag kam. Die Erde und die Pfade lagen in der Sonne, der Wald und die Bäume erhoben sich regungslos, die Vögel flatterten zwischen den Bäumen umher – und ich drehte mich auf die andere Seite.

Als der Tag verging, als die Sonne schon im Westen stand, als sich stille, von der Erde und vom Gras betrachtete Schatten von Osten in den Wald hineinschoben, da begann ich mich zu rühren, dehnte und reckte allmählich meine Glieder und öffnete auf einmal frisch und ausgeruht die Augen. Ein Kuckuck hatte mich geweckt.

Im Wald herrschte abendliches Schweigen. Ruhig, leblos und stumm lagen die letzten Lichttupfen verlöschend auf der Erde. Matt und gebrochen stand der Tag noch im Wald und blickte schwach, stumm und zurückweichend auf sich selbst und auf alles, was ihn umgab. Da hörte ich plötzlich in der Stille, versteckt in der Tiefe des Waldes, zwischen den Bäumen, einen Kuckuck. Am Wasser, über einem See im Wald, in der Stille der Dämmerung und in der Ferne ließ er seine Stimme erschallen: »Kuckuck, kuckuck...« Lange und traurig, betrübt und zuweilen verstummend ertönten sein Zählen und sein Widerhall in der Weite, über dem Wasser, in der Luft und im abendlichen Wald. Der Kuckuck hielt inne, schwieg und begann dann wieder, ein Mal, ein zweites und ein drittes Mal. Und es war wieder still; Schweigen in stiller Luft, und stille Bäume mit stillen Stämmen. Kein Schritt war im Gras zu hören, keine Zweige regten sich, und kein Flügelschlag drang von oben an mein Ohr. Aber plötzlich flog etwas leise, geschwind und verstohlen über dem Wald herbei, und dann war es wieder still. Auf einem Baum, versteckt im Laub, ließ sich ein Vogel nieder.

Es war das Kuckucksweibchen, das von weit her in den Wald gekommen war und sich neben mich auf einen Baum gesetzt hatte. Es raschelte und mühte sich noch ein paar Minuten lang dort oben in den Blättern, fand eine günstige Stelle in den Zweigen und verhielt sich schließlich ruhig. Einige Zeit verstrich, dann streckte das Kuckucksweibchen sein Köpfchen aus den Zweigen hervor, und unsere Blicke begegneten sich. So verharrten wir eine Weile, und dann rief es mir zu:

»Geher, ich habe gehört, und man hat es mir erzählt, daß du dich zum Berg hin aufgemacht hast. Du gehst schon lange, du suchst schon lange, und vieles ist dir widerfahren. Ich habe gewartet. Man hat mir gesagt, du kämst in unsere Gegend. Schon lange halte ich nach dir Ausschau und warte darauf, daß du wohlbehalten hierhergelangst. Ich habe eine Bitte an dich.«

»Welche, Kuckuck?«

»Höre mir zu.« Und das Kuckucksweibchen begann:

»Vor einiger Zeit, als der Frühling in diesem Jahr gerade erst begonnen hatte, da flog mir ein Männchen nach und bat mich um meine Liebe. Es verfolgte mich, spürte mich überall auf, gönnte mir keine Ruhe und ließ mich keinen freien Atemzug tun.

An einem Abend verließ ich die Gegend hier und flog still und schnell, voll Angst und Furcht, heimlich und verstohlen davon. Lange eilte ich über das Land, wußte nicht, wohin und wie lange – ob einen Tag und eine Nacht, ob zwei Tage und zwei Nächte. Aber endlich kam ich zu einem wilden, weit entfernten Wald, ließ mich auf dem ersten Baum nieder, ruhte eine Zeitlang mit geschlossenen Augen von meinem Flug aus, schwankte und schwankte. Als ich mich wieder etwas erholt hatte und die Augen öffnete, da sah ich das: Auf dem gleichen Zweig sitzt das Männchen, und sein Atem geht nach dem langen Flug ebenfalls schnell. In diesem Moment erblickte ich drinnen im Wald, auf der Erde, eine Alte, ein altes Mütterchen mit Spänen. Auch die Alte sah mich, und sie sagte zu mir: ›Höre zu, Kuckucksweibchen: Der Kuckuck ist nicht unwürdig, er liebt dich sehr. So erhöre ihn, denn er ist dir für ein ganzes Leben in Liebe bestimmt. Und höre: Kehre um, mit dem Ei, mit der Frucht der Liebe, zurück in die Gegend, aus der du gekommen bist. Kehre um: Nach einiger Zeit wird dort ein Geher vorübergehen. Erzähle ihm alles und gib es ihm, das Ei, das aus Liebe entstanden ist... Sage ihm in meinem Namen und in dem des Alten, er solle es hüten, er solle es mit sich tragen, solange es nötig ist.‹ Und das ist alles.«

»Und wo ist das Ei, Kuckuck?«

»Schau hin.«

Und ich setzte mich auf, drehte mein Gesicht in die Richtung, in die der Kuckuck wies, und das sah ich: Neben mir, zu meiner Seite, da, wo mein Kopf geruht hatte, lag still und klein im Gras und in der Dunkelheit ein weißes und kleines Ei, verlassen und ungeschützt, allein und unbehütet. Stumm und schweigend schien es um ein Nest zu bitten, um Federn, um etwas Weiches, und um eine stille, in Gedanken versunkene Nestmutter, die es mit ihren Flügeln zudeckt. Ich nahm das Ei in die Hand, spielte mit seiner glatten Rundung, betrachtete es, wandte mich dann an den Kuckuck und fragte:

»Und warum, Kuckuck, brütest du es nicht selbst aus?«

»Auf dem Kuckuck lastet ein Fluch«, antwortete sie mir.

»Welcher?«

»Seine Kinder sollen von Fremden ausgebrütet werden.«

»Weswegen?«

»Der Kuckuck hat kein Nest.«

»Und was soll der Geher daraus lernen?«

»Daß die Nestvögel glücklich zu schätzen sind.«

»Weshalb?«

»Weil heilig die Kinder sind, noch heiliger die Mütter: Ein Geheimnis ist das Gebären, und die Schwangerschaft ist das Geheimnis der Geheimnisse: der Wind hat empfangen, der Wind wird gebären.«

»Was heißt das?«

»Hüte das Ei.«

»Sei unbesorgt, Kuckuck.«

»Ich danke dir, Geher.«

Dann raschelte es zwischen den Blättern und Zweigen. Das Kuckucksweibchen schlug mit den Flügeln und verschwand rasch, leise und verstohlen im Dunkel des Waldes.

Und ich stand auf, nahm mein Bündel von der Erde, band es auf und holte den Schädel heraus. Am Abend, im stillen Wald, an diesem Ort hob ich ein Grab für ihn aus und begrub ihn. Dann nahm ich das Ei in meine Hand, wandte mich wieder zu dem Pfad, den ich am Morgen gegangen war, und setzte noch in dieser Nacht meinen Weg fort.

Eines Tages kam ich in irgendeine Gegend.

Wild und abgelegen dehnte sich vor mir eine große und weite Steppe. Mürrisch und unheimlich blickten ihre entfernten Ränder zur Mitte, und öde und verlassen erhob sich mir gegenüber ein Berg.

Stumm, wüst und verdrießlich lastete der Mittag auf der Steppe. Gleichgültig und teilnahmslos lagen Himmel und Erde vor mir, ohne auf etwas zu warten, ohne nach etwas Ausschau zu halten, sondern sahen nur ohne Sinn und Ziel in seine Öde, als ob sie nicht erwarteten, daß sich an irgendeiner Seite der Steppe ein Fremder, ein fremdes Gesicht zeige. Ich spähte nach dem Berg hin, der sich mir gegenüber am Horizont erhob, und es schien mir, als stünde auf seinem Gipfel eine große, hochaufgerichtete Gestalt.

Lange blickte sie über die Steppe hinweg auf mich und rührte sich nicht vom Fleck. Wir warteten beide, ich auf dieser Seite und der andere auf jener, stumm, ohne Worte, durch die weite Steppe geschieden, und schließlich kamen wir zu einem Beschluß: Ich sollte über den Rand der Steppe treten und mich zu dem Berg hin aufmachen: er wartet auf mich und bleibt stehen, und er wird stehenbleiben und warten...

Ich überlegte noch ein wenig und machte mich dann, ohne noch auf die Erde zu blicken, über die Steppe zum Berg hin auf. Als ich in seine Nähe kam, sah ich, daß hoch oben, auf seinem höchsten Gipfel, ein großer und fremdartiger Steinbock stand und versteinert wie ein Golem hoch aufgerichtet mit seinem Gesicht in die Steppe schaute.

Stille lastete auf der Steppe. Mürrisch und öde, ohne Ziel und ohne Hoffnung lag ihre große und weite Fläche vor der Gestalt, wüst und verlassen verharrten die weit entfernten Ränder der Steppe am Horizont, und groß und hoch erhoben blickte der Golem regungslos, stumpf und blöde über alles hinweg.

Und ich wandte mich dem Steinbock zu und fragte ihn:

»Golem, Golem, worauf wartest du?«

»Auf den Geher«, antwortete er mir.

»Und wer hat dir von dem Geher erzählt?«

»Der Alte.«

»Und was soll der Geher hier tun?«

»Er muß das Ei hergeben und eine Schriftrolle an sich nehmen.«

»Für wen ist das Ei?«

»Für mein Nest.«

»Aber du bist doch tot, Bock, Golem?«

»Nur außen.«

»Und innen?«

»Da lebe ich.«

»Ich habe es dir mitgebracht.«

»Gehe hinter meinen Rücken.«

Ich verließ meinen Platz vor dem Bock, ging um ihn herum und näherte mich ihm von hinten.

Und ich kletterte auf den hohen Grabstein, hoch hinauf auf seinen Rücken und spähte von seinem Hals und von seinem Nacken in sein Nest hinein. Gleich bemerkte ich von dort oben, im Dunkeln und unter dem Rand des Nestes, die Schriftrolle. Ich nahm sie heraus und konnte im Licht auf ihrer Außenseite folgende Worte lesen: ›Das Ei in das Nest legen, die Schriftrolle nicht anrühren, sondern weggehen und sie erst auf dem Weg lesen.‹ Und nochmals beugte ich mich über das Nest, schaute hinein und sah dann tief unten, auf seinem steinernen Boden, ein Vogelnest: rund geflochten, mütterlich und mit Federn ausgepolstert lag das Nest auf dem Boden und wartete stumm und schweigend schon auf das Ei. Ich legte es hinein: Achtsam und vorsichtig ließ ich es in sein weiches Lager gleiten, dorthin, wo es hingehörte. Bevor ich ging, schaute ich noch einmal zu ihm hinein, und da ich es noch an jenem Ort fand, verabschiedete ich mich von ihm und sagte zu ihm:

»Lebe wohl, kleines Ei.«

Dann ging ich fort.

Gleich nachdem ich mich wieder auf den Weg gemacht hatte, öffnete ich die Schriftrolle, rollte sie auf, blickte hinein und las, während ich weiterging:

›Unser Geher – er bleibt nicht stehen, er geht schon lange, und länger wird er noch gehen; vieles ist ihm widerfahren, vieles hat er gesehen, und noch mehr wird er sehen ... Wir erwarten ihn, wir vertrauen ihm und blicken beständig auf ihn – dort in der Weite, auf den Wegen, und blicken auf das Bündel auf seinem Rücken. Der Geher soll nicht glauben, daß wir nur zusehen und ruhen – auf den hohen Bergen, in tiefen Höhlen mühen wir uns und tun wir etwas, für ihn, für ihn zählen wir die Schritte und messen die Wege – und wir beten für ihn. Wir warten dort, eine große Versammlung, versteckt an verschiedenen Orten, wir warten darauf, daß er, das Oberhaupt, uns mit dem Alten die Liebe lehrt. Und der Alte sagt: ›Der Geher soll bei seinem Gehen nicht nachdenken. Er ist allein auf seinem Weg, verlassen und vergessen von allen. Bisher ist er geprüft worden, und man prüft ihn auch weiterhin. In der Ferne soll er eine Stimme hören, man ruft ihn, man ruft ihn jetzt.‹

Und da, als ich die Schriftrolle gelesen hatte, schien es mir, daß von ferne, weit hinter mir, aus der Höhe, eine Stimme mich rief: »Geher, Geher ...« Aber als ich mich zu der Stimme und zu dem Wolkenmenschen umdrehen wollte und die Augen öffnete, sah ich das: Es war Mitternacht, und ich war noch bei dem alten Mütterchen und lag in der Hütte im Wald, auf meiner Bank. Düster und nächtlich brannte der Kerzenstumpf in der Stube. Im Wald rauschte der Wind. Sturm und Unruhe tobten im Kamin und vor dem Fenster. Die alte Frau stand in Gedanken versunken vor meinem Lager, hatte die Arme vor der Brust gekreuzt und beugte sich über mich. Sie schüttelte den Kopf, schüttelte den Kopf und bedauerte mich: »So jung, so jung, und schon unter die Geher gegangen ...«

Deutsch von Martina Eicheldinger und Armin Schlechter

EINE BELEHRUNG

Auf dem Schreibtisch steht ein Hündchen aus Porzellan, niedergeschlagen und sorgenvoll: Es hat Zahnweh, und um Kopf und Backen ist, wie bei einem Menschen, ein Tuch gebunden. In einem Winkel seines Mauls steckt eine Tabakspfeife...

Zu dem Hündchen wendet sich der Schriftsteller, ein bestimmter zeitgenössischer, schaut es an und fragt:

»Warum bist du so sorgenvoll?«

»Du siehst doch«, antwortet das Hündchen, »die Zähne tun mir weh.«

»Und?« fragt der Schriftsteller.

»Hast du schon einmal Zahnweh gehabt?« forscht das Hündchen.

»Ja.«

»Hast du dich da im Spiegel betrachtet?«

»Das habe ich.«

»Und wie hast du ausgesehen?«

»Wie du jetzt.«

»Weshalb fragst du dann?«

»Nur so. Mir ist ein neuer Stoff in den Sinn gekommen.«

»Und du glaubst, ihn bei einem Hund zu finden?«

»Ja, das meine ich.«

»Gut. Aber ich verbürge mich nicht für meine Geschichte. Sie wird voll Zahnweh sein.«

»Das macht nichts.«

»Soll ich anfangen?«

»Fang an.«

»Die ganze Zeit über sehe ich dir zu«, sagt das Hündchen, »und beobachte dich bei deiner Arbeit. Ich muß die Wahrheit sagen: Es bedrückt mich, wenn ich dich betrachte, dich und alle, die zu dir kommen. Manchmal höre ich euren Gesprächen zu: Lächerliches Zeug! Ihr wollt euch eurem Schicksal widersetzen, ihr wollt euch den Gesetzen, die euch gegeben sind, nicht unterwerfen, ihr wollt über euch selbst hinausspringen... Ihr Narren! Ich denke mir: Die größte Errungenschaft besteht doch in der äußersten Demut, und wenn man sich vollständig ergibt, geschieht das Wunder. Den Kopf unter das Joch zu beugen, das ist die Berufung und die Erhebung der Kreaturen.

Aber ihr wollt, noch bevor ihr euch auf den Weg macht, das Ziel erreichen und darüber hinausgelangen. Eure Pferde, die über Barrieren springen sollen, sind doch bei Zigeunern und Gaunern gekauft worden. Wohin wollt ihr euch aufmachen, und wie wollt ihr Wetten von so großer Bedeutung gewinnen? Und weiter denke ich mir: Hier stehe ich vor euch, ein Hündchen, ein kleines und nicht einmal ein echtes, nur ein Spielzeug, ein verrücktes Ding, und doch kenne ich die Legenden der richtigen Hunde. Obwohl es die Legenden der Hunde sind, sind sie wahr, und lernen kann man auch von Hunden.«

»Gern«, bittet der Schriftsteller.

Und das Hündchen läßt sich nicht lange bitten. »Man erzählt: Bevor der erste Wolf beschloß, ein Hund zu werden, ging er gründlich mit sich zu Rate. Er hatte schon eine Weile mit seinem Weib und mit seinen kleinen Wölfen sehr gehungert, und es wurde immer schwerer und schwerer, an des Menschen Behausung heranzukommen. Der Mensch hatte um sich und um seinen Besitz herum eine Art Zaun gezogen, und er wehrte sich schon nicht mehr mit bloßen Händen, sondern nahm Steine, Pfähle und Stöcke zu Hilfe. Im Sommer konnte sich der Wolf noch durchschlagen, indem er dem Menschen ab und zu etwas raubte. Aber als der Winter kam, als der Frost die Wälder beherrschte, als sich Berge von Schnee aufhäuften, als die Kinder in den Höhlen heulten, und als er vom Dach des Menschen warmen Rauch aufsteigen sah, der manchmal nach Fleisch, und immer nach warmem Essen roch, da kam der Wolf nicht ein einziges Mal an die Wohnung des Menschen heran. Er hielt sich in einiger Entfernung, setzte sich auf die Hinterbeine, hob den Kopf zum Dach des Hauses, saß da und schaute lange auf den Rauch... Er dachte bei sich: Es ist wahr, die Freiheit der Wölfe ist von Gott. In den Geboten wird uns befohlen, Wölfe zu sein, uns in Winternächten in Rudeln zu sammeln, der vorauseilenden Wölfin nachzulaufen, auf Kosten der anderen stark zu werden, wegen der Wölfin einander zu töten, stark zu sein, zu rauben und zu erobern... Und wenn du sie erobert hast, wenn du dank deiner Zähne, dank der Gewalt und der Kraft der Liebe die Wölfin in deine Höhle gebracht hast, dann beglückt sie dich nach einiger Zeit mit kleinen Wölfen; und sie, die Mutter, ist erschöpft, und die Kinder saugen ihr das Letzte aus dem Leib. Sie liegt da und schweigt, ihre Augen sind voll Mitleid, und du selbst bist arm, und dürftiges Fell bedeckt dich. Der Winter ist ein Ungeheuer, und in der Nacht nimmt die Macht des Frostes zu. Der Himmel ist mit Sternenmohn übersät, aber dieser Mohn macht nicht satt, und der Mond gießt Milch aus, aber die Kinder haben nichts davon – wie soll man da an die Gebote der Wölfe denken, wie soll man am alten Erbe und an einem stolzen Glauben festhalten? Alle Wölfe aus dieser Gegend sind umgekommen, die letzten von hier sind ausgewandert, und von dem ganzen Stamm sind nur leere Höhlen übriggeblieben. Und der Mensch wird immer stärker, sein Haus ist bewohnt, seine Kinder wachsen heran, und sie helfen ihm. Sein Reichtum mehrt sich, sein Wohlstand vergrößert sich, und du bist das, was du warst, und schon seit langer Zeit ist dir nichts mehr zuteil geworden. Wäre es dann nicht besser, man ergäbe sich, wäre es dann nicht ratsam, die Waffen niederzulegen und seine Schwäche einzugestehen?

Und der Wolf überlegte eine Nacht und kam zu keinem Entschluß, eine zweite, und während der ganzen Zeit saß er da und blickte auf das Haus des Menschen und auf den aufsteigenden Rauch, und am dritten Abend kam er heim. Er fand die Wölfin schon halbtot, und die Kinder wärmten sich, ohne einen Laut zu geben und ohne Nahrung, an dem letzten bißchen Körperwärme der Mutter. Als der Wolf sich zur Wölfin wandte und ihr seinen Plan und seine Überlegungen vorlegte, schwieg sie, war kaum fähig, ihm zuzuhören und verstand nur mit Mühe, was er sagte. Der Wolf ließ ihr keine Ruhe, schüttelte sie und wollte eine Antwort von ihr hören. Da drehte sich die Wölfin zu ihm, und mit letzter Bosheit, mit sterbensschwachen Zähnen biß sie ihn und antwortete:

»Du siehst es doch...«

Schnell verließ der Wolf seine Höhle, lief zu der Wohnung des Menschen, näherte sich leise seinem Haus und hütete die ganze Nacht über die Schwelle. Am Morgen, als der Mensch aufstand und seine Behausung verließ, fand er den Wolf vor seiner Tür. Zuerst verstand er nicht und meinte, daß er erfroren sei. Doch da er sah, daß sich der Wolf rührte, nahm er seinen dicken Stock zur Hand, ließ mit aller Kraft Schläge auf die Knochen des Wolfes niederprasseln, schlug ihn ohne Unterlaß und glaubte, daß er weglaufen würde. Aber als er nicht weglief, als er die ganze Zeit unterwürfig zum Menschen hinaufblickte und gleichsam seinen Stolz und sein ganzes wölfisches Wesen zu seinen Füßen niederlegte, da verstand der Mensch: Der Wolf ist mit Friedensgedanken gekommen, und von heute an denkt er nicht mehr an Krieg. Er schlug ihn weiter, aber nun, um ihn auf die Probe zu stellen. Vielleicht würde der Wolf in ihm wieder erwachen, sich an seine alten Gewohnheiten erinnern und noch einmal versuchen, Widerstand zu leisten. Aber der Wolf hielt auch jetzt alles aus. Der Mensch schloß Frieden mit ihm, und bald trug er ihm etwas zu essen und zu trinken heraus. Am nächsten Morgen fand der Mensch bei seiner Tür auch die Wölfin und die Kinder, erbarmte sich ihrer, erquickte sie und ließ den ganzen Haufen bei sich leben und ihm treu und dienstbar sein.

So erging es dem Wolf, und seinen Stolz hat aus ihm der Mensch herausgeprügelt. Du bist selbst ein Mensch, und du mußt ihn selbst aus dir herausprügeln.«

»Worauf willst du hinaus?« Und der Schriftsteller begann sich zu ärgern.

»Werde nicht böse! Ich habe dir gesagt, daß ich mich für diese Sache nicht verbürge. Aber es ist meine Pflicht und meine Schuldigkeit: Nicht umsonst hat unser Großvater von deinem Großvater seine erste Mahlzeit bekommen. Friede ist Friede, und dienen und getreu sein ist die Aufgabe des Hundes: Ich warne dich.«

»Geschwätz! Was willst du bloß?«

»Ich sehe deinen Kummer und kann es nicht ertragen. Du und deinesgleichen, ihr habt es unternommen, über euch selbst hinauszuspringen, und im Springen fällt euch das letzte bißchen Geld aus euren Taschen. Noch klarer – ihr habt euch etwas eingeredet: Ihr akzeptiert keine Grenzen, meint, daß das wahre Königreich die Freiheit in der Leere sei, und ihr wollt gegen alles und jedes rebellieren. Ihr habt euch ins Leere verloren, doch die Wahrheit ist in der Begrenzung gegeben, die wahre Freiheit ist es, sich nur befreien zu wollen, und manchmal ist es die größte Rebellion, das Joch auf sich zu nehmen... Und deswegen habe ich dir die Geschichte mit dem Wolf erzählt.«

»Das ist närrisches Zeug, eine zweifelhafte Geschichte.«

»An Geschichten glaubst du nicht, aber an Träume. Deshalb erzähle ich dir einen Traum.«

»Was hat dir geträumt?«

»Nein, du hast geträumt und es vergessen.«

»Erinnere mich daran.«

»Einmal, spät in der Nacht, stand ich auf deinem Tisch, die Nachtlampe brannte, und du schliefst mir gegenüber in deinem Bett. Plötzlich begannst du zu weinen. Zuerst leise, dann hast du aufgehört, aber bald wieder angefangen, und dieses Mal laut und bitterlich. Da erschien der Herr der Träume im Zimmer. Du siehst ihn nicht, ich aber bin schon lange mit ihm bekannt, von den vielen Nächten her, in denen er dir seinen Besuch abgestattet hat. Er ging rasch zu deinem Bett, beugte sich über dich und nahm dir die Hände vom Herzen. Bald hast du dich beruhigt. Er ließ sich, wie ein Arzt bei einem Kranken, auf einem Bänkchen, das an der Seite deines Bettes stand, nieder und betrachtete dich eine Weile. Dann unterhielt er sich lange mit mir und begann, mich auszufragen: Wie lebst du, wie arbeitest du, wie geht es? Ich erzählte ihm alles, was ich wußte, auch über die Veränderung, die in der letzten Zeit mit dir vorgegangen ist, daß du große Pein leidest, wenn du wach bist, und daß du in der Nacht oft weinst. Und der Herr der Träume hörte mir zu und schwieg, schwieg und schüttelte den Kopf:

›Ja, er weint. Es gibt etwas, weswegen er weint. Die Menschen lassen sich nichts anmerken, wenn sie wach sind, zeigen sich stark und unbeugsam, aber dann, im Schlaf, bricht es aus ihnen hervor.‹

›Und warum hat er jetzt geweint?‹

›Er hat gesehen‹, erzählte der Herr der Träume, ›wie eine Stadt gebaut wird: Ziegel und Lehm, Staub und Gerüste und alles, was zu einem Bauwerk gehört. Die Gebäude wachsen schnell, und die Arbeit geht flink voran. Und jetzt sind die Gerüste schon abgebaut, die Mauern sind fertig, und die Fenster sind vergittert wie in einem Gefängnis. Und auf einmal sind die Maurer nicht mehr im Freien: Jeder Maurer sitzt drinnen in einem Gefängnis und schaut durch das vergitterte Fenster hinaus. Und plötzlich werden alle Mauern zu einer, und im Innern sitzt er selbst... Und es dauert nicht lange, und er sieht sich dort als junger Adler, mit einem gelben Schnabel und mit noch kurzen Flügeln. Seine Augen blicken sehnsüchtig, und er ist schon so schwermütig wie ein alter Gefangener.

Auf einmal sitzt er vor dem Adler, der sich nicht verändert hat, auf einem Bänkchen. Vor ihm steht ein Tisch mit einem Bogen Papier, und Feder und Tinte sind zur Hand. Der Adler diktiert einen Brief an seinen Vater, und der Schriftsteller bringt ihn zu Papier.

Und das diktiert der junge Adler:

›...und außerdem schreibe ich Dir noch, Vater: Nie

zuvor ist es mir so elend gewesen, und noch nie habe ich mich einem Bruder gegenüber so elend gefühlt wie jetzt, wie in den letzten Tagen. Ich wachse doch mit ihm heran, und ich esse mit ihm aus einer Schüssel... Noch nie hat, Vater, ein Sohn seinen Vater so lieb gehabt wie ich Dich. Wenn ich die Augen schließe, sehe ich, wie ich mit Dir auf dem höchsten Felsen der Welt sitze, und die Erde um uns ist groß und unbewohnt, und wir betrachten sie von unserem Fels herab, sitzen da und schauen, und von Zeit zu Zeit fahren wir mit unseren Schnäbeln in unser Gefieder. Und auf einmal sagst Du zu mir: ›Mein Sohn, wir fliegen!‹ Wir machen uns auf den Weg und fliegen in Kreisen über die Erde, und Du eilst voran, und ich folge Dir. Du bist alles für mich. Ich lerne und heilige Deine Spuren, indem ich Dir nachfliege, und ich atme mit Deinem Atem, der mir voraus-eilt, und ich halte mich an die Kreise, die Du vorgezeichnet hast. Du zeigst mir Dein Königreich, das ich von Dir erben werde, und ich fliege Dir auf Deinen Spuren nach, lerne von Dir und gewöhne mich daran zu herrschen...

Vater, und auch Dein Gefängnis ist mir lieb... Und manchmal (und davon bin ich überzeugt) möchte ich mich an einem stillen Morgen oder an einem dunklen Abend wie ein stiller Gedanke durch die Gitter schleichen und Dich leise, und von keinem bemerkt, auf den hohen und weiten Bergen suchen. Niemand wird mir den Weg verstellen, keine Gitter werden mich hindern, und einstweilen bleibe ich hier, knie von Zeit zu Zeit nieder und bete an Deinem Gitter: Vater, vergiß Deinen Sohn nicht!‹

Der Brief war zu Ende, und der Adler verlor sich still in seinen Gedanken. Und als er (gemeint bist du damit) vom Tisch und von dem Blatt Papier aufblickte und zum Fenster schaute, bemerkte er, daß die Gitter plötzlich aufgebrochen waren. Nun war es ihm und dem Adler möglich hinauszugehen. Er riß den Adler aus seinen Gedanken und wies mit dem Finger auf das Fenster: ›Komm, es ist offen!‹ Der Adler ging voran, und er folgte ihm. Der Vogel schleppte einen

Flügel nach, hinkte und sah kränklich aus. So kamen sie zusammen auf die Straße.

Als sie ein Stück Weges gegangen waren, begegneten sie einem Tierarzt. Er war vollbehangen und beladen mit seinen Utensilien und trug Messer, ärztliche Instrumente und eine Gürteltasche mit verschiedenen Salben bei sich. Der Schriftsteller wandte sich zu ihm, hielt ihn an, zeigte ihm den Flügel und sagte: ›Er hängt auf den Boden und tut weh. Der Adler schleppt sich dahin und kann nicht fliegen.‹ Der Tierarzt beugte sich zu dem Adler und befühlte seine Achsel und seine Gelenke. Dann richtete er sich wieder auf und sagte: ›Der Flügel ist nicht ausgerenkt und nicht verstaucht. Es ist schon von Geburt an so gewesen, und ich glaube, daß es ein hoffnungsloser Fall ist ...‹ Da begann der Schriftsteller zu weinen, und der Adler sah ganz niedergeschlagen aus. Seinen Flügel schleppte er verwaist und wie etwas Überflüssiges auf der Erde nach. Sie setzten sich nieder und trauerten um den Flügel. Der junge Adler blieb dort, wo er gerade war, und er ließ sich neben ihm nieder. Der Tierarzt wollte ihnen helfen, aber er wußte nicht, wie. So setzte auch er sich auf die Erde, und um sie zu trösten, erzählte er eine Hiobs-Geschichte.

Und so begann er:

›Ich komme von einem großen Jahrmarkt. Dort habe ich Pferde und Rinder geheilt, krumme, blinde, und auch solche mit krankem Magen. Immer erhielt ich für die Heilung einen Lohn. Nur von einem armen Mann mit einem armseligen und elenden Pferd und mit einem Wagen habe ich nichts bekommen. Sein Pferd war zusammengebrochen, und er rief mich. Aber ich konnte ihm nicht helfen, und noch während der Behandlung streckte das Pferd alle viere von sich und gab auf dem Jahrmarkt seinen Geist auf. Aber bald nachdem das Pferde gestorben war, erschien ein Schinder und handelte dem armen Mann den Kadaver ab. Als der Mann das Geld bekommen hatte, winkte er mir und rief mich in eine Schenke:

›Komm mit mir, mein letztes Geld vertrinken.‹

›Und mit was wirst du heimkommen?‹

›Das werde ich dir in der Schenke sagen.‹

Als wir uns dort niedergelassen, ein Glas und ein zweites getrunken hatten, kam der Mann ins Reden, und sein Leid wegen des Elends, das er mit dem Pferd und mit dem Wagen erlebt hatte, brach aus ihm hervor. Ob es wahr ist oder ob es nur Einbildung eines Trunkenen war, weiß ich nicht, aber er erzählte mir folgendes:

›Es ist mein Letztes, und ich habe nichts, womit ich heimkommen könnte, und es ist wahrscheinlich, daß ich gar kein Heim mehr habe. Ich bin jetzt in einer zweiten Inkarnation, und in der ersten war ich reich und besaß viele Dinge. Und noch mehr, als ich hatte, gab man mir. Ich hatte großen Grundbesitz, und meine Felder dehnten sich von Horizont zu Horizont. Wenn die Zeit des Pflügens kam und ich mit meinen Pferden auf das Feld fuhr, sah ich oben am Himmel über mir zwei vor einen Pflug gespannte Ochsen. Sie bewegten sich über den Himmel und wirbelten dort Staub auf, von einem Horizont zum anderen, hin und her, wie man es beim Pflügen tun muß. Am Mittag war schon mein halbes Feld umgepflügt, und am Abend, wenn die Himmelsochsen am Horizont verschwanden, um die Nacht über zu ruhen, lag das ganze Feld umgebrochen und erdig schwarz da.

So ging es mit dem Pflügen und auch mit anderen Arbeiten. In der Erntezeit erschienen am Himmel Schnitter. Ganze Tage lang beugten sie sich zu Boden, und der Schweiß rann an ihnen herab, und aus himmlischen Krügen tranken sie Wasser. Am Himmel wurde das Getreide geschnitten, und auf meinem Feld unten häuften sich die Garben. Warum mir diese Gunst zuteil wurde, weiß ich nicht, und auch nicht, wessen gute Tat das war. Mit dem Einbringen des Getreides, mit dem Dreschen und dem Mahlen ging es ebenso, Jahr um Jahr, immer auf wunderbare Weise. Mein Haus war mit Überfluß gesegnet, meine Scheunen waren bis unter die Dächer gefüllt, mein Vieh war gesund, gab mir seine Arbeitskraft und brachte mir reiche Erträge. Nichts fehlte mir, der Segen ruhte auf meinem Haus, und ich hatte alles, was man sich nur wünschen kann.

Doch einmal, an einem Abend im Herbst, schickte man mir vom Himmel einen Gast, einen kränklichen, stöhnenden und schweigenden, der selbst etwas vom Herbst an sich hatte. Er trat über meine Schwelle, legte sein Bündel nieder, bat um ein Nachtlager, und ich schlug es ihm nicht ab. Ich wies ihm einen Platz an, war aber nicht sehr erfreut über ihn. Mir schien, daß er sehr fremdartig aussah, wie jemand, der nichts Gutes bringt. Er übernachtete bei mir. Am nächsten Tag erhob er sich, und ich wünschte ihm einen guten Morgen, aber er tat so, als würde er nicht hören. Er stand mit dem Gesicht zu einem Fenster und schaute nach draußen. Es regnete. An den nassen Fenstern rannen Tropfen herab, die Felder weichten auf, und der Himmel wusch sie geradezu.

Und plötzlich drehte sich der Besucher um und bemerkte meinen Unmut. Er hieß mich, für ihn Pferde einzuspannen; er sei krank und könne nicht zu Fuß gehen. Ich wollte es ihm ausreden und bat ihn, bei mir zu bleiben, aber in Wirklichkeit wollte ich das nicht und wollte auch kein Pferd für ihn einspannen. Ich wünschte mir, daß er fortginge und möglichst schnell die Stube verlasse. Er verstand, sagte nichts zu mir, bückte sich nach seinem Bündel und hob es auf. Aber er warf es nicht über seine Schulter, sondern behielt es in der Hand, als ob er es nur nach draußen tragen müsse und als ob dort schon jemand auf ihn warte. Er verabschiedete sich und verließ das Haus. Ich begleitete ihn nach draußen und sah tatsächlich bei der Tür ein Pferd und einen Wagen stehen. Er stieg auf den Wagen, trieb das Pferd an und sagte:

›Wenn du es einmal brauchen wirst, das Pferd und den Wagen, dann steht beides für dich bereit...‹

Der Besucher fuhr davon, und ich ging wieder in meine

Stube. Etwas ließ er zurück, was man nicht beim Namen nennen kann, aber gewiß war es ein Fluch, und gewiß ließ er ihn irgendwo in einem Winkel meines Hauses zurück. Von da an war jeder Morgen traurig, und kein Abend im Haus war mehr froh. Von da an hauste die Sorge in meinem Kamin, und nachts stieg im Haus jemand auf einer Leiter auf und ab. Das Feuer im Ofen knackte sonderbar, und am Abend erlosch oft die Lampe.

Der Herbst verging, und nach dem Herbst kam der Winter, und von dem, was der Besucher zurückgelassen hatte, konnte ich mich auch im Winter nicht befreien. Mein Vieh wurde krank, und kein Tierarzt zeigte sich. Die Tiere fielen tot um, und ich konnte nicht einmal einem Schinder das Fell verkaufen. Gegen Ende des Winters wurde auch ich krank und mußte einige Zeit im Bett liegen, und im Frühjahr, als es Zeit zum Pflügen war, hatte ich schon nichts mehr, um damit auf das Feld hinauszufahren. An einem warmen Tag, als ich mich über die Schwelle geschleppt hatte, erschienen am Himmel jene Ochsen des Glücks. Wieder waren sie vor den Pflug gespannt, und ich glaubte, daß es wieder meinen Feldern gelte, und dachte mir, daß sie gekommen seien, meine Äcker zu bestellen. Ich freute mich über sie und segnete sie, den frühen Morgen, den Pflug und das Joch. Unablässig schaute ich ihnen nach, aber plötzlich bogen die Ochsen ab, verließen meinen Besitz und wandten sich dem eines Nachbarn zu, und dort arbeiteten sie den ganzen Tag. Am Abend, als sie bei Sonnenuntergang müde von der Arbeit zurückkamen und an meinen Feldern vorbeifuhren, wandte ich mich zu ihnen und fragte sie, warum sie mich mieden. Auf dem Wagen erschien jemand, der wie mein Besucher aussah, und er antwortete mir:

›Wir meiden dich nicht, wir haben nichts gegen dich, und wenn du willst, kannst du heraufkommen und morgen ganz früh mit uns zur Arbeit zu deinem Nachbarn fahren.‹

›Und zu mir?‹ fragte ich.

›Zu deinen Feldern führt unser Weg jetzt nicht.‹

Und ich verstand: Meine Zeit ist vorüber, und der Segen hat sich von mir abgewendet. Ich verabschiedete mich bei Sonnenuntergang und segnete meine Felder, streckte meine Hand nach oben, und man half mir hoch und willigte ein. Und schon am nächsten Morgen fuhr ich mit ihnen auf fremde Felder hinaus.

Ich verschwand von der Erde, und lange Jahre diente ich im Himmel als Wagenlenker fremdem Glück. Und dann, als ich dessen überdrüssig wurde, bat ich, daß ich wieder nach unten, auf die Erde, dürfe. Da zeigte sich mir wieder mein Gast, noch immer krank, und noch immer hatte er mir das, was damals vorgefallen war, nicht vergessen. Er war dort ein Aufseher über irgend etwas und hatte die Schlüssel zu den Toren der Ställe. Als er meine Bitte hörte, ging er mit mir zu einem Stall, öffnete ihn und führte das Pferd von damals mit dem Wagen heraus.

›Das kannst du nehmen. Aber passe gut auf das Pferdchen auf, es ist sehr schwach. Wenn es stürzt, hast du nichts mehr, mit dem du heimkehren kannst; dann mußt du in einer Schenke dein Dasein fristen.‹

Das erzählte mir der Mann mit dem Pferd und mit dem Wagen, und ich habe es euch erzählt‹, schloß der Tierarzt.

›Und weshalb hast du es erzählt?‹ fragte der mit dem Adler den Tierarzt.

›Erstens deswegen, weil es Seelenwanderungen gibt. Und vielleicht seid ihr in der ersten Inkarnation einem herbstlichen und hustenden Schicksal auf den Fuß getreten. Und zweitens, als Vieharzt sage ich euch, daß ihr umkehren sollt... Es ist zwar ein schlechtes Heim, aber ein Heim ist ein Heim, und Kranke dürfen sich nicht durch die Gegend schleppen...‹

›Und plötzlich‹, erzählte der Herr der Träume weiter, ›fanden der kleine Adler und er sich im Gefängnis wieder. Das Fenster war vergittert, und wie früher war keine Öffnung und kein Ausgang zu sehen. Der Adler wurde wieder schwermütig, und der Schriftsteller blickte ihn an und war sehr traurig. Und wieder saß er mit Feder und Papier am Tisch, und der Adler diktierte einen Brief, und er schrieb:

›Manchmal, wenn ich den Kopf unter den Flügel stecke und so still und starr in der Wärme die Nacht verbringe, dann sehe ich den Vater am Himmel, in seinem erhabenen Königreich, so weit es mir zu schauen vergönnt ist. Und oft, wenn wir zusammen fliegen, eile ich ihm voraus, und ich spüre seine mächtigen Flügel hinter mir, spüre, wie er mir nachschaut und wie er sich darüber freut, daß sein Sohn vorausfliegt. Und manchmal, und das ist mein höchstes Glück, dringt seine Stimme an mein Ohr, und er ruft mir nach und bestärkt mich: ›Gut, mein Sohn, du fliegst, wie es sein muß!‹ Und dann raubt es mir vor Freude am Fliegen den Atem, und würde ich nur einen Augenblick länger den Kopf unter dem Flügel halten, müßte ich ersticken, und der Vater hätte einen Erben, der nicht mehr atmet.

Aber wenn ich in der letzten Zeit einmal über Dich, Vater, nachgedacht habe, dann sah ich Dich plötzlich auf Deinem hohen Felsen. Ein starker Wind kam auf, der ganze Himmel um den Felsen herum überzog sich mit Wolken, und es wurde immer stürmischer. An Deinem hohen Nest, das an der Spitze des Felsens klebte, riß der Wind, Du konntest Dich kaum halten, der Wind zerzauste Deine Federn, und Deine Augen waren blutunterlaufen.

Und ich sah Dich plötzlich als alten Adler, wie sich Deine Jahre erfüllten. Deine Zeit kam, um vom Fels und von der Welt genommen zu werden. Und auf einmal verbreitete sich der Sturm über die ganze Erde, fürchterlich in seinem Wüten, und der Himmel drohte schrecklich. In solch einem fürchterlichen und schrecklichen Unwetter tat sich irgendwo eine Öffnung auf. Mit brennenden Lichtern kamen von dort zwei Adler heraus, näherten sich Dir und Deinem Felsen, und unter ihnen, dort, woher sie gekommen waren, war ein großer Kreis von Adlern zu sehen, die ein Bett umringten, das schon für Dich bereitstand, wenn jene Dich vom Felsen brächten... Sie kamen mit ihren Lichtern zu

Dir, und Du hast im Sturm vor Deinem Ende Deine Sünden bekannt und Dich in Dein Schicksal ergeben, wie es sich für einen Adler ziemt. Und – wehe! vor meinen Augen, Vater, begann man Dich wegzutragen, und ich konnte Dich nicht begleiten... Gedenke Deines Sohnes...‹ Und da unterbrach sich der Adler mitten im Diktieren des Briefes, steckte den Kopf unter den Flügel und weinte. Und er (das heißt du) sah den Adler an und brach ebenfalls in heftiges Weinen aus.«

Und das Hündchen fügte hinzu:

»All das hast du in deinem Traum gesehen, all das hat man dir im Traum gezeigt, und du darfst weinen, aber mit einem gebrochenen Flügel schleppt man sich auf keinen Jahrmarkt. So sagen die Viehärzte... Erinnerst du dich an den Traum?«

»Ja, du hast mich daran erinnert.«

»Und nun?«

»Vielen Dank für das Erinnern.«

»Und?«

»Für deine Belehrung wirst du ein Honorar bekommen.«

»Und außerdem?«

»Was noch?« Der Schriftsteller lächelte. Er wandte sich von dem Hündchen ab, ließ es mit seinem Zahnweh und mit seinen verbundenen Backen allein und nahm Tinte und Feder zur Hand, um das alles zu Papier zu bringen.

Deutsch von Martina Eicheldinger und Armin Schlechter

AN DER GRENZE

An der Grenze zwischen Dorf und Wüste geht ein verborgenes Wesen umher, hütet und bewacht die Grenze der Wüste und ist immerzu mit Wachen und mit Hüten beschäftigt. Was erwartet es von dort, aus der Wüste?

»Jemand soll von dort kommen und sich zeigen«, sagt es.

»Wer?«

Es antwortet nicht... Aber wenn man zu ihm hintritt, am Ende eines Tages, wenn es müde vom Wachen und Umhergehen ist, erschöpft vom langen Wandern und vom angestrengten Ausschauhalten, und wenn es sich auf einen Stein setzt, sein besorgtes und trauriges Gesicht der Wüste zugewandt – wenn man sich dann bei ihm befindet, sich neben dem Stein zu seinen Füßen niederläßt und es fragt: »Auf wen wartest du?«, dann wendet es sich dem Fragenden zu, schaut mit seinen Augen auf sein Gesicht und auf seine ganze Gestalt, kehrt sich dann wieder der Wüste zu, kehrt sich der Wüste zu und sagt: »Auf wen ich warte? Auf das Kamel mit den zwei Höckern, das aus der Wüste kommen wird.«

»Und was wird das Kamel bringen?«

»Keinen Reiter und keinen, der die Zügel hält, keine Waren und keine Last, nur zwei Kerzen auf den Höckern.«

»Was heißt das?«

Dann erzählt das Wesen:

»Tief in der Wüste lebt am Fuße eines großen Berges aus Sand ein Riese, der letzte seines Geschlechtes. Dieser Riese hat sich geschworen, den Weg zum Stamme seiner Vorfahren wiederzufinden, ihre Götter und ihre Tempel auszugraben, sie zurückzubringen und ihre Macht zu erneuern. Er war aber schon durch die halbe Welt gegangen und hatte seine ganze Kraft verbraucht, bis er in die Wüste kam und zu jenem Berg gelangte... Man hatte ihm gesagt, daß auf jenem Berg die Götter leben, und ihm erzählt, daß man sie manchmal am Abend, wenn der Berg verfinstert und von Nacht umweht wird, vor einem nächtlichen Sturm in der Wüste, auf der höchsten Spitze, auf ihre Stöcke gestützt und in ihre Mäntel gehüllt, sehen kann. So ließ er sich am Fuß des Berges nieder und schaute lange hinauf. Bis zu diesem Tage hat er sie nicht gesehen. Er sehnt sich nach ihnen, wartet ungeduldig auf sie, kniet jeden Abend unten am Fuß des Berges, den Kopf hoch zu seinem Gipfel erhoben, und starrt unablässig hinauf, und keinen Schatten übersehen seine Augen, nicht das leiseste Geräusch bleibt seinen Ohren verborgen. Aber lange Zeit sah er nichts und hörte er nichts von ihnen. Doch einmal, eines Abends, nach langem Knien und nach langem, angestrengtem Schauen, hörte er von der Spitze des Berges, von seinem höchsten Gipfel, eine Stimme, und die Stimme sagte:

›Riese, du wirst die Macht deiner Götter nicht erneuern, dem Stamm deiner Vorfahren nicht wieder die Herrschaft verschaffen, bis du eine Gefährtin gefunden und mit ihr zusammen ein neues Geschlecht gegründet hast.‹

Der Riese hörte dies und versank in Gedanken: Wo sollte er eine Gefährtin finden, da er doch der letzte des Stammes der Riesen war, zu wem sollte er sich wenden, da seine Gattung schon ausgestorben war? Im Dorf glich ihm niemand, und man betrachtete ihn wie ein wildes Überbleibsel urtümlicher Zeiten. Und wenn er durch das Dorf ging, verfinsterte er mit dem Kopf die Sonne, und wenn er durch das Dorf schritt, brachten seine Füße Verwüstung und Unglück: Er zertrat Wälder und Bäume, zerstörte Städte und Felder, machte aus den Menschen Milben, und die Menschen versteckten sich vor ihm in Erdhöhlen und Felsspalten. Und er überlegte, zu wem er sich wenden und wen er um Rat fragen sollte; die Stimme vom Berg hatte ja nur einmal gesprochen, und er hörte sie nie wieder. Sein Schmerz war groß, und er sah sich nach allen Seiten in der Wüste um: Vielleicht würde doch jemand zu ihm kommen, vielleicht würde doch jemand von weit her erscheinen. Aber die Wüste blieb Wüste und nichts anderes als Wüste. So saß er elend an seinem Ort und richtete die Augen in die Ferne; aber außer sich selbst und außer Himmel und Horizont weithin sah er nichts, nicht einmal einen Vogel.

Wieder wartete er einige Zeit, bis er eines Tages, als er bekümmert, starrsinnig und schwermütig dasaß, plötzlich in der Höhe über seinem Kopf ein Geräusch wie das Schlagen von Flügeln vernahm. Er hob den Kopf, und das sah er:

Ein Vogel, ein großer Vogel kreiste über seinem Kopf, schwebte rundherum und glitt dahin, als wenn er sich an einen vorgezeichneten Kreis hielt; dann ließ er sich herab, verharrte dicht über dem Boden und rief:

›Riese, sorge dich nicht und sei nicht traurig, denn deine Gefährtin ist schon für dich bereit; sie wartet schon auf dich, ist aber sehr fern von dir, und zu ihr und zu dem Ort, an dem sie sich aufhält, wird dieser Brief dich führen ...‹

Da sah der Riese von dem Vogel herab einen Brief vor seine Füße fallen; verschlossen und versiegelt glitt er zu Boden. Er bückte sich und hob ihn auf, erbrach das Siegel, begann in ihm zu lesen, und das las der Riese:

›Dem Letzten der Riesen, wo immer er sei, wo immer er sich befinde, ob auf dem Meer oder an Land, ob im Dorf oder in der Wüste: Friede, Segen und Zuneigung! Wir kommen, ihn wissen zu lassen, daß uns am Rande der Wüste, da, wo sie auf das Meer trifft, auf dem Ufer, auf den Steinen dort, ein Überbleibsel aus längst vergangenen Tagen geblieben ist. Unsere Vorfahren haben dort lange geherrscht, bis sie ausgestorben sind, bis sie sich in Kämpfen gegenseitig ausgerottet haben. So ist uns jetzt vom ganzen Stamm der Riesen nur noch eine Tochter geblieben. Sie wohnt in dem alten Turm mit den drei Fenstern: das eine blickt aufs Meer, das zweite zur Wüste hin und das dritte hoch zum Himmel empor. Und sie herrscht und hat die Macht bis heute: über das Wasser und die Fische im Wasser – in den Meeren; über die Erde und die Tiere und Lebewesen – auf der Erde; über das Land und über die Winde und Stürme und über allerlei Vögel – oben in der Luft. Und alle hören auf sie und folgen ihren Befehlen, und sie selbst gehorcht ihren Göttern und wahrt ihre Gebote.

Die Götter sprachen zu ihr: Warum sie da sitze und warte, da sie doch die Letzte ihres Stammes sei? Der kaiserliche Turm werde alt, und keiner erhalte ihn. In seinen Wänden haben sich schon Holzwürmer gezeigt, und überall seien schon Löcher... Sie sei jung, aber ihre Jugend vergehe umsonst, und ihr Leib sei kräftig und könne ein Riesengeschlecht hervorbringen. So rieten sie ihr: Wie sie sicher wüßten, sei noch ein Riese übriggeblieben; ob auf dem Meer oder auf dem Land, irgendwo finde er sich. Auch er sei in derselben Lage, auch er sei dort alleine. Er sehne sich nach einer zweiten Hälfte, suche sie und habe keine Gefährtin. Sie solle ihn suchen und zu sich in den Turm bringen...

Sie gehorchte den Göttern, wandte sich an alle Vögel, an die flinksten und erfahrensten, und fragte sie: ›Wer wird es auf sich nehmen, den Riesen zu suchen?‹ Einer, der geschickteste, meldete sich und übernahm den Auftrag. Die Kaisertochter gab ihm einen Brief mit und sandte ihn aus, auf daß er über die Welt fliege und den Riesen suche, über dem Meer und über dem Land, und keinen Ort auslasse – und hierher zu Dir, der Du jetzt diesen Brief liest, hierher zu Dir, dem er jetzt vor die Füße gefallen ist; er stammt von Deiner einzigen Gefährtin, der Riesentochter, die Dir bestimmt ist, und die Riesentochter sagt: ›Komm zu mir... Liebe und Zuneigung warten auf Dich und auf Dein Kommen, auf Dich, den Einzigen, den lange Erwarteten.‹

Nachdem er zu Ende gelesen hatte, hob der Riese den Kopf noch einmal zum Vogel empor, der wieder dort oben in der Luft schwebte. Der Riese wandte sich zu ihm und fragte ihn: ›Und wie kommt man zu der Riesentochter?‹

›Zu Fuß.‹

›Und wohin soll ich gehen?‹

›Dorthin, wohin der Vogel fliegen wird.‹

Und der Vogel erhob sich in die Höhe und kreiste noch eine Weile über dem Riesen, über seinem Kopf, schlug schließlich eine Richtung ein, auf den Horizont zu, und flog davon. Auch der Riese erhob sich von seinem Platz, wandte sich mit dem Gesicht dorthin, wohin der Vogel geflogen war, drehte sich dann vor dem ersten Schritt ein letztes Mal zum Berg um, zu seiner Höhe und zu seiner Spitze, und sprach zu ihm:

›Berg, ich verspreche und ich schwöre: So wie ich hier unten zu deinen Füßen geruht habe, so begehre ich, auch meine Götter dort oben, auf deinem Gipfel, ruhen zu lassen, und ich schwöre und gelobe, daß der erste Sohn, der mir geboren wird, das erste Kind, das aus meinen Lenden hervorgeht, dir als Eremit gegeben wird, als erster Priester und treuester Diener des Berges ...‹

Nach diesen Worten setzte der Riese den ersten Fuß vor sich auf die Erde – und er hatte die Strecke einer Tagesreise zurückgelegt, den zweiten Fuß – eine zweite Tagesreise, und noch einmal den ersten – und der Riese stieß in der Mitte der Wüste auf eine Art Zelt, aus Stangen und Stöcken, aus Laken und Lumpen ... Der ganze Verschlag war hinfällig, erhob sich kaum über die Erde und erweckte so inmitten der Wüste, inmitten der Einsamkeit der Wüste großes Mitleid. Das Zelt war sehr klein, so daß der Riese es fast nicht bemerkt hätte; aber dann trat aus der Tür, aus dem Loch des Zeltes, ein Mensch, gebückt und als wenn er aus der Erde gekommen wäre. Der Mensch war in einen dunklen Mantel eingehüllt, vom Kopf bis zu den Füßen, und kein Gesicht und keine Augen waren zu sehen. Der Riese wunderte sich, als er ihn erblickte: Wer kann das sein, was macht er da in der Wüste? Er bückte sich, rief hinab und schrie:

›Wer ist dort?‹

›Der Aussätzige‹, antwortete eine Stimme von der Erde herauf, dumpf und schwach und unter der Hülle des Mantels hervor.

›Und was macht er da in der Wüste?‹

›Im Dorf ist kein Platz für ihn.‹

›Und wie ist es geschehen, daß er aussätzig wurde?‹

›Es geschah durch die Riesentochter, die am Rande der Wüste wohnt.‹

›Was redet er da?‹

Der Riese solle sich zu ihm herunterbeugen, er selbst habe keine Kraft und könne nicht so laut schreien ...

Und der Riese bückte sich zu ihm, neigte ihm den Kopf zu, und der Aussätzige begann, und der Aussätzige erzählte:

›Am Rande der Wüste, am Ufer des Meeres steht ein Palast. Dort wohnt eine Riesentochter, die Letzte, die von dem alten Riesengeschlecht noch übriggeblieben ist, wohnt dort ganz allein und ohne einen Gefährten. Ihre Jugend vergeht in Schwermut und Einsamkeit; allein in ihren Wänden, verbringt sie die Zeit, geht umher, hat keine Freude Tag und Nacht, und sie weiß nicht, was sie mit sich tun soll ... Ihr ist aber die ererbte Macht geblieben: Bis heute gebietet sie über alle Vögel, und sie hören auf sie wie einst auf ihre Vorfahren, hören auf sie, dienen ihr und folgen ihren Befehlen. Sie rief sie zusammen und befahl dem Besten und Geschicktesten, er solle sich auf den Weg machen, solle fliegen und ihr vom Ende der Welt den ihr Bestimmten, ihren Riesen, bringen. Der Vogel flog und flog, suchte eine Zeitlang, fand keinen, und als er schließlich schon zurückkehren wollte, traf er mich auf seinem Weg. Auch ich war damals jung und ein Riese, und auch ich suchte meine Gefährtin – meine zweite Hälfte. Er fand Gefallen an mir und begann, seine Herrin zu preisen und viel von ihr zu erzählen, von ihrem Leben und von ihrer Einsamkeit im Palast. Und ich war einverstanden und folgte dem Vogel. So kam ich zu ihr, zu ihrer Jugend und in ihren Palast und wurde liebevoll von ihr aufgenommen. Ich ließ mich bei ihr nieder und verbrachte einige Zeit bei ihr, wurde bekannt mit ihr und bereitete mich darauf vor, ihr Ehemann und ihr Herr zu werden ... Und schließlich wurde ich auch ihr Mann. Es war in einer Nacht. Der Mond herrschte über Himmel und Meer, schien auch zu unserem Fenster herein, und ich war zusammen mit ihr, und außer uns war kein Wesen im ganzen

Palast. Da sah ich sie: Im Mondschein lag sie auf dem Bett, und ich erschrak. Sie schwieg und blickte starr vor sich hin. Ihre Augen waren kalt und ihr Gesicht gedankenverloren. Sie schien ganz abwesend, als ob sie mich nicht wahrnehme... Da wandte ich mich zu ihr und fragte sie, woran sie denke und worüber sie nachsinne. Sie antwortete mir nicht. Ich fragte sie noch einmal, was mit ihr sei, warum sie so aussehe, und an wen sie jetzt denke. Sie antwortete mir: ›An einen anderen und Besseren, nicht an dich, der du hier liegst...‹

›Was heißt das?‹ fragte ich sie.

›Eben das!‹ antwortete sie mir, unwillig und ohne mich anzusehen.

›Warum?‹

›Du bist klein und aussätzig.‹

Und wirklich: Als ich mich nach ihren Worten umschaute, sah ich das: Klein und nichtig, überflüssig und fremd lag ich an ihrer Seite, als habe mich jemand hier zurückgelassen. Sie aber war schön und strahlte eine ungewöhnliche Ruhe aus. Still lag sie da, ich an ihrer Seite, bedeckt mit Aussatz... Ich sprang vom Bett auf und ließ sie liegen, blickte sie noch einmal an und sah ihre Gleichgültigkeit mir gegenüber, ihr Entfremdetsein und ihren Abscheu. Ich betrachtete sie noch eine Weile, betrachtete sie und verstand bald: Eine Zauberin! Eine Zauberin hatte mich beherrscht!

Ich verließ das Zimmer und den Palast und gelangte unter den freien Himmel, lief zum Meer und blieb vor ihm und vor dem Mond, der über es herrschte, stehen. Da sah ich das Meer: Am Ufer, dort, wo das Wasser noch nicht tief ist, stand ein Kamel mit allen vieren bis an die Knie im Wasser, den Kopf hoch erhoben, schaute still, kaute nicht mit seinem Maul und war ganz mit sich selbst und mit einem Gedanken beschäftigt. Ich ging auf das Kamel zu und empfand es in meinem Elend als Freund, in meinem damaligen Schmerz als einen nahen Freund dort im Wasser. Ich wandte mich zu ihm und fragte:

›Und was meinst du, Kamel?‹

›Ich meine, es ist nicht das erste Mal; ich meine, du bist nicht ihr erster.‹

›Und was soll ich tun?‹

›In die Wüste gehen.‹

›Und dann?‹

›Anderen, solchen wie dir, abraten, hierherzukommen.‹

Ich hörte dem Kamel zu, setzte mich dann auf seinen Rücken, und es führte mich vom Meer und von der Küste fort und brachte mich in die Wüste. Dort ließ ich mich im Zelt nieder, ließ mich nieder und warne seither alle Wanderer, alle, die dorthin ziehen, davor, dorthin zu gehen. Und das ist alles.‹

Der Aussätzige beendete seine Geschichte, verharrte stumm, in seinen Mantel gehüllt, und wartete schweigend, verborgen und mit gesenktem Kopf, eine stumme Gestalt, auf den über ihm stehenden Riesen.

›Und was soll ich jetzt tun? Was meinst du?‹

›Nicht hingehen.‹

›Und der Vogel, der ruft?‹

›Er ist ihr Bote.‹

Nach einigen Minuten der Stille richtete sich der Riese wieder auf und drehte den Kopf zum Horizont, dorthin, wo zuvor der Vogel verschwunden war. Er suchte ihn und spähte mit den Augen nach ihm, aber er war nicht da und zeigte sich nirgends. Und so verging einige Zeit. Da kam er von weit her zurückgeflogen und begann, um den Riesen zu kreisen.

›Und was wolltest du, Riese?‹

›Die Wahrheit wissen.‹

›Worüber?‹

›Über die Riesentochter und über deinen Auftrag.‹

›Es ist die Wahrheit.‹

›Und was der Aussätzige sagt?‹

›Was kann schon ein Aussätziger sagen?‹

›Und der Beweis?‹

›Ist das Kamel.‹

›Wo?‹

›Dort!‹

Auf einmal stand ein Kamel neben dem Riesen mitten in der Wüste, den Hals erhoben und Kopf und Gesicht dem Rande des Himmels zugewandt. Es stand in Gedanken versunken da, als ob es zu etwas bereit sei, und schien auf den Riesen und auf seine Fragen zu warten, schien darauf zu warten, ihm zu antworten und ihm etwas zu erwidern.

›Und was, Kamel, meinst du zu dem Aussätzigen?‹

›Ich kenne ihn nicht.‹

›Und wer hat ihn hierhergebracht?‹

›Ich nicht und nicht meinesgleichen.‹

›Aussätziger!‹ schrie dann der Riese und hob seinen Fuß über ihn, über seinen Kopf und Körper, und verharrte so. ›Aussätziger!!‹ rief er noch lauter, und mit einem Mal stieß er mit Kraft seinen Fuß auf ihn herab...

Und der Aussätzige wurde ausgelöscht. Der Riese fegte sein Zelt und seinen Verschlag über ihn und warf die Lumpen und die Stangen als Grabmal auf ihn: Soll er dort liegen und nicht länger lügen. Dann setzte der Riese seinen Weg fort.

Als der Riese so einen Tag und zwei Tage in der Wüste gegangen war, niemanden auf seinem Weg getroffen hatte und die Wüste noch nicht endete und ihr Rand noch nicht zu sehen war, ließ er sich eines Abends auf dem Weg nieder, legte sich in den Sand und rief den Vogel, seinen Begleiter und Führer, der ihm vorauseilte, zu sich, und lud ihn an diesem Abend zu sich ein: ›Vogel, zeige dich!‹ Der Vogel kam vom fernen Rand des Himmels zurückgeflogen, schon in der Dunkelheit und mit matten Flügeln, hielt sich dicht über dem Boden, und im letzten Schein des Lichtes in der Wüste flog er auf den Riesen zu, flog zu ihm hin und fragte ihn:

›Was willst du, Riese?«

›Fragen, wie weit es noch bis zum Turm der Riesen ist.‹

›Nicht mehr weit, und du kannst dich schon bereitmachen.‹

›Worauf?‹

›Auf die Nacht und auf den Schlaf. Lege dich hin!‹

Der Riese legte sich hin, streckte die Beine und die Glieder in der Weite der Wüste aus, schloß die Augen, gab sich allmählich dem Schlaf und den Gedanken des Schlafes hin, schlief langsam ein und begann bald zu träumen: Der verlassene Berg der Götter war wieder zum Leben erwacht... In der Höhe, auf seinem Gipfel, erschien ein Tempel, neu, wiederaufgebaut und erneuert, und heute, wie zu einem Feiertag, geöffnet... Und jetzt ist Abend, und draußen herrscht Dunkelheit und Finsternis. Nur im Tempel ist es hell, und von dort strahlt der Feiertag durch die Fenster auch auf den Berg und in die Nacht hinaus... Noch ist der Tempel leer. Aber dann erscheint jemand auf der Schwelle, ein Diener, der das Tor öffnet, um die Ankommenden in den Tempel eintreten zu lassen. Und schon erscheinen sie vom Berg her, von allen Seiten und von seinem Fuß, über Treppen und über verschiedene Pfade, und alle tragen Kerzen in den Händen und schützen die Lichter vor dem Wind und vor dem Verlöschen. Man geht hinauf und vor den Tempel, steigt zu seinem Eingang empor und tritt still ins Innere hinein. Und es werden immer mehr, Frauen mit Kindern, Alte, von Jungen geführt, und alle treten in das Licht des Tempels, und alle strömen dort mit ihren Kerzen zusammen. Da erscheint im Tempel, auf der Höhe eines Vorlesungspodestes, an der Ostwand, gegenüber der Eingangstür, ein alter Priester, eingehüllt in weiße Gewänder. Er stellt sich still vor die Menge, stellt sich vor die Menge und spricht zu ihr:

›Im Namen des Tempels und im Namen seiner Götter erkläre ich den Tempel für wiedereröffnet und für erneuert! Dies verdanken wir einem von uns, einem Letzten, Übriggebliebenen unseres Stammes. Er hat sich nach dieser Erneuerung gesehnt, und dank seines Willens und dank seiner Sehnsucht haben wir uns jetzt versammelt, sind wir jetzt hier zusammengekommen, und ich fordere euch auf: Ehrt den Tempel...‹

Und die Versammelten hörten dem Priester zu, ließen sich mit den Kerzen in ihren Händen auf die Knie nieder, und der Priester erhob seine Hände über ihnen, und der Priester sprach still über ihnen ein Gebet. Die Menge kniete schweigend und nahm das Gebet und seine Stille auf sich und auf ihre Häupter...

›Und jetzt‹, sprach der Priester, erhebt euch und hört.‹

Die Versammelten erhoben sich von den Knien, erhoben sich von der Erde, blickten alle auf den Priester und warteten auf seine Worte. Und der Priester sprach weiter:

›Im Namen des Tempels und im Namen seiner Götter übergeben wir unserem Wohltäter jetzt ein Geschenk. Wir schenken ihm für seine Hochzeitsnacht zwei Kerzen, die noch nicht angezündet worden sind, für ihn und für seine Gefährtin, für ihn und für die Riesentochter, die von ihm auserwählt worden ist.‹

Da nahm der Priester vom Vorlesungstisch, der ganz mit brennenden Kerzen besetzt war, zwei Kerzen, die noch nicht angezündet waren und noch nicht brannten: große und lange, aus Wachs und mit noch neuen Dochten. Er nahm sie in beide Hände, streckte sie der Menge hin und sprach weiter:

›Er möge kommen und sie empfangen, unser Wohltäter und Erneuerer des Tempels, für seine Hochzeit und für seine erste Nacht. Und wenn er sich mit seiner ihm bescherten, ihm zugedachten Gefährtin vereinigen wird, dann werden sich auch die beiden Kerzen mit den Dochten berühren, sich aneinander entzünden und zu einer Flamme werden. Dann werden sie zu den Menschen gesandt werden, und wenn die Menschen die Lichter erblicken, werden sie wissen, daß ein alter Stamm erneuert worden ist und alte

Götter wieder zum Leben erweckt worden sind und daß die Riesen und das Geschlecht der Riesen ihre Macht zurückerhalten haben ...‹

Der Riese hörte all dies, denn er stand in der Menge, und er trat hervor, trat vor den alten Priester und vor das Vorlesungspodest, streckte die Hände zu ihm hin, nahm die Kerzen von ihm entgegen und ging mit ihnen wieder zurück.

Und als er mit den Kerzen zurückging, da sah er das: Das Licht im Tempel wurde dunkler und erlosch langsam. Zu Ende war der Feiertag. Etwas wie Trauer zog über die Wände, und über die ganze Menge legte sich ein dunkler Schatten und hüllte sie ein. Die Versammelten blieben in der Finsternis stehen, die Kerzen in ihren Händen erloschen, und auch die Kerzen auf dem Vorlesungstisch flackerten, und ihr Licht verging. Im Tempel wurde es still. Dort, wo der Priester vorher gestanden hatte, sah man jetzt einen gebeugten Menschen, eingehüllt in eine Art Mantel; sein Gesicht war verborgen, ebenso sein Körper, und auch der Kopf war verdeckt. Unter der Umhüllung erhob sich seine Stimme, erhob sich schwach und sagte:

›Der Riese soll nicht meinen und nicht denken, daß er das, was er gerade sieht, wirklich erblickt und daß das, was sich jetzt vor seinen Augen abspielt, wirklich und wahrhaftig geschieht... Es ist alles nur Traum, Phantasie und Einbildung, von ihm ersonnen, weil er es so begehrt, und recht hat der, der jetzt spricht, und recht hatte der Aussätzige, und er sagt: Ihn hat der Riese zertreten, aber nicht seine Wahrheit. Er will ihn nicht hören, aber es ist doch so ...‹

Da verschwand vor den Augen des Riesen der ganze Tempel und alles, was in ihm gewesen war; die Menschen waren nicht mehr da, und auf dem Berg herrschte wieder die frühere Leere. Und still in der Nacht stand hoch oben, auf dem Gipfel des Berges, das Zelt des Aussätzigen, und daneben – der Aussätzige ... Der Riese erzitterte, und der Riese erwachte.

›Vogel!‹ schrie er. ›Wo bist du?‹

Und als der Riese, während er noch schrie, die Augen öffnete und sich um sich und um sein Lager weithin nach allen Seiten umsah, fand er überall nichts als graue Dämmerung, stille Dämmerung in der Wüste. Niemand stand neben seinem Lager, und kein Wesen zeigte sich in der Ferne. Noch schlummerte alles, und alles war noch totenstill. Noch einmal rief der Riese nach dem Vogel, rief nach ihm, und der Vogel antwortete. Er kam aus der Stille und aus der Dämmerung herbeigeflogen, erschien noch ganz verschlafen vor dem Riesen und fragte ihn, was er wolle.

›Ich habe geträumt.‹

›Ich weiß.‹

›Und was hat es zu bedeuten?‹

›Gar nichts.‹

›Und die zwei Kerzen?‹

›Dort sind sie!‹

Der Vogel wies in eine Richtung, und dort stand seit der Dämmerung, als ob es schon lange dort stünde, wieder das Kamel. Auf seinen Höckern waren zwei Kerzen zu sehen, zwei große und lange, aus Wachs und noch nicht angezündet, eine der anderen gegenüber und ganz aufrecht. Das Kamel hielt sie still, trug sie auf seinen Höckern, wie ein Kamel es tut, blickte auf den Riesen und schien darauf zu warten, daß er von der Erde aufstehe und seinen Weg fortsetze.

Der Riese stand auf, schüttelte die Nacht und den Schlaf von sich ab, und der Vogel flog schon in die Ferne davon. Das Kamel verließ seinen Platz, und auch der Riese brach in den Tag hinein auf.

Und zum dritten und letzten Mal trat der Aussätzige dem Riesen in den Weg. Das geschah so: Als der Riese schon eine Zeitlang seinen Weg gegangen war, die Wüste fast durchquert und beinahe schon ihren Rand, das Ufer des Meeres und den Turm am Meer erreicht hatte, da sah er einmal im hellen Tageslicht der Wüste eine Luftspiegelung. Und das spiegelte die Sonne dem Riesen vor, und das ließ sie in der taghellen Wüste vor ihm erscheinen:

Eine große Stadt, voller Mauern und voller Straßen, voller Getümmel und mit vielen Menschen auf den Straßen; die Menschen eilten umher, liefen aufeinander zu, wichen sich aus und waren alle sehr beschäftigt. Plötzlich öffnete sich ein Platz in der Stadt, der so groß war, daß sich eine riesige Menge auf ihm versammeln konnte. Aber der Platz war leer und verlassen, und keiner war auf ihm zu sehen. Dann begannen Menschen herbeizuströmen, von allen Seiten, aus allen Straßen, die zu ihm führten, aus allen Ecken und Gassen. Zuerst kamen einzelne, die sich am Rand hielten, dann wurden es immer mehr. Jetzt traten sie auch in die Mitte, füllten allmählich den Platz, bedeckten ihn ganz und wuchsen zu einer großen Versammlung an. Er war schwarz vor Menschen, und Schwärze füllte ihn. Da erschien ein erhöhter Ort in seiner Mitte; ob er aus Holz und Brettern gezimmert oder aus Sand aufgeschüttet war, war nicht zu erkennen. Und dort, auf der Erhöhung, trat ein Mensch hervor und war über der ganzen Versammlung zu sehen. Er wartete eine Weile, eine Minute oder zwei, wartete auf die Menge und tauschte Blicke mit ihr. Und dann hob er, um die Aufmerksamkeit des Publikums auf sich zu ziehen, eine Hand in die Höhe, streckte sie aus und rief der Menge zu:

›Große Versammlung! Ein Feiertag wurde uns heute verkündet, ein großes Ereignis hat uns zusammengeführt. Hört: In der Wüste ist ein Riese erschienen. Bis jetzt hat er dort einsam gelebt, er, der Letzte, der von seinem Stamm noch übriggeblieben ist. Und nun hat er seine Gefährtin gefunden, und heute wird er sich mit ihr vereinigen. Er will ein neues Geschlecht gründen, wie das seine und das seiner Vorfahren. Gewaltige Riesen werden aus seinen Lenden hervorgehen, und sie werden in das Dorf kommen, und eine neue Macht wird über unseren Köpfen herrschen. Mächtig wird das Königreich des Riesen sein und bis zum Himmel reichen, und er wird die Sonne vom Himmel herabholen, um mit ihr sein Haupt zu krönen. Ihr werdet beschützt sein und behütet von der Krone des Riesen, und kein Feind wird euch überfallen, und keine fremde Armee wird über eure Grenze treten... Hört und vernehmt alles, hört zu und freut euch über meine Worte!‹

Und die Menge hörte zu, und die Menge schwieg und rührte sich nach der Rede des Menschen nicht von der Stelle. Niemand erhob seine Stimme, und keiner ermunterte den anderen, seine Freude zu zeigen. So standen sie still da und warteten, und plötzlich erhob sich aus der Menge eine Stimme, eine einzelne Stimme, die über den ganzen Platz tönte, und sie schrie: ›Wir wollen ihn nicht, wir brauchen ihn nicht! Wir wollen nicht, daß er die Sonne verdeckt!‹

›Wir brauchen ihn nicht! Wir wollen ihn nicht!‹ tönte es aus allen Ecken und von allen Seiten, aus der Mitte und aus allen Mündern. ›Wir brauchen ihn nicht, er ist uns fremd, der Riese; er wird über unsere Köpfe treten, unsere Häuser zu Ruinen machen, er wird uns die Sonne verdecken und Finsternis über uns bringen – wir brauchen ihn nicht!‹

Alle bückten sich zu Boden, hoben Erdbrocken, Staub und Steine auf, kehrten sich mit gefüllten Händen zu dem Menschen, der dort oben stand, kehrten sich zu ihm und riefen:

›Wo ist er?‹ Und alle schrien und tobten wie mit einer einzigen Stimme.

›Dort!‹ Der Mensch zeigte auf den Riesen, der in der Wüste stand. ›Dort ist er! Macht mit ihm, was ihr wollt! Er ist in euren Händen!‹

Die Menge begann, Steine und Staub zu schleudern, und es entstand ein großer Tumult in ihr. Einer trat auf den anderen, alle stießen und drängten einander und schoben sich immer näher und näher an den Riesen heran. Und plötzlich verschwand die Vision; von der Menge war nichts mehr zu sehen, und der Platz war wieder leer, einsam und verlassen, ohne eine Seele, und nur auf der Erhöhung stand ein einzelner Mensch, der Ausrufer von vorher, Angesicht zu Angesicht mit dem Riesen. Sie blickten sich an, schwiegen beide, und nur sie waren auf dem Platz. Jetzt war der Ausrufer allein und sah traurig und verloren aus. Nachdem er einige Zeit geschwiegen hatte, wandte er sich an den Riesen und sagte zu ihm:

›Riese, wohin gehst du? Wohin führt dich dein Weg?‹

›Wohin der Vogel ruft‹, antwortete der Riese.

›Wozu?‹

›Um die alte Kraft der Riesen wieder zu erwecken und das Dorf mit einer Macht zu beglücken.‹

›Wer braucht das?‹

›Ich will es, und ich muß es!‹

›Und die Menschen?‹

›Sie gehören dem Aussätzigen.‹

Da begann der Mensch, der vor dem Riesen stand, sich zu verhüllen und sich einzuwickeln, begann Kopf und Gesicht zu verdecken und ganz in seinem Gewand zu verschwinden. Und schon stand vor dem Riesen sein alter Bekannter, der Aussätzige von früher, gebeugt und in seinen Mantel gehüllt, und der Riese machte einen Schritt auf ihn zu und trat mit Wut und Ekel auf ihn... Der Aussätzige verschwand, und auch die ganze Vision in der Wüste verging vor dem Riesen und vor seinen Augen. Weder die Stadt blieb zurück noch ihre Straßen und Häuser; keine Spur zeigte sich mehr davon, und es war schon Abend in der Wüste. Als der Riese sich nach seinem Schritt, nach dem Tritt auf den Aussätzigen, umschaute und die Augen öffnete, sah er den Rand der Wüste vor sich... Schon spürte er den Geruch des Meeres, und bald bemerkte er das Ufer, und am Ufer stand ein uralter Turm, mit Fenstern zum Meer und zur Wüste hin... Es war schon Abend. Auf der Turmspitze flatterte eine Fahne, und die Fahne rief, und die Fahne lud in den Turm ein, und der Riese machte sich dorthin auf und lenkte seine Schritte zum Turm...

Und das sah er dann: Der Vogel flog zu einem der

Turmfenster hin und klopfte mit den müden Flügeln an die Scheibe. Das Fenster öffnete sich, und dort zeigte sich ein Kopf, ein großer und ein seltener Kopf, der Kopf einer Tochter des Turmes, die schon lange auf jemanden aus der Wüste wartete. Der Kopf erschien, frohlockte und streckte sich dem Ankömmling freudig entgegen. Der Riese erblickte ihn; das Meer war ruhig, und an seiner Küste, an seinem Ufer stand das Kamel, das aus der Wüste gekommen war, stand da mit den Kerzen auf den Höckern, mit den großen und schweigenden Kerzen, den wächsernen, die noch nie angezündet worden waren.

Der Riese ging in den Turm hinein. Und wie er und die Tochter des Turmes sich begegneten, sah niemand, und es war niemand dabei, als sie das erste Mal zusammentrafen. Denn sie besaß ein Gemach in einem Zimmer, und dieses Gemach betrat sie niemals. Es war immer abgeschlossen und stand nur für dieses Ereignis bereit. Ein Tisch und eine Lampe standen darin, und die Lampe entzündete sich nie; nur heute brannte sie, für die erste Begegnung.

Sie gingen hinein. Eine Stunde verging, und sie waren still dort drinnen, noch eine Stunde, und sie säumten noch immer... Es wurde dunkel, Sterne erschienen am Himmel, und die Nacht brach herein. Der Turm und die Lampe des Turmes verbreiteten festliches Licht... Es wurde tiefe Nacht. Und das Meer redete im Schlaf, und das Kamel stand am Ufer und hörte dem Meer zu. Es benetzte seine Füße im Wasser und wartete auf den Turm und auf die Lampe des Turmes... Schließlich erlosch die Lampe...

Dann wurde es still. Der Turm erhob sich uralt, aber die Finsternis war heute wie neu und so finster wie noch nie. Das Meer seufzte und atmete mit aller Kraft. Ruhig stand das Kamel da und wartete auf das Ende der Nacht. Und die Nacht ging auch bald zu Ende. Der Morgenstern erschien am Himmel, leuchtete über Meer und Wüste und segnete beide, mit einem Blick, mit seiner Gnade. Eines der Fenster des Turmes, das Fenster, das zum Meer hinblickte, öffnete sich, und über dem Ufer und über dem Wasser erklang eine Stimme:

›Die Nacht ist vorbei, und die Nacht hat uns Glück beschert, und auch für die Kerzen auf den Höckern des Kamels ist die Zeit schon gekommen.‹

Die Kerzen auf den Höckern des Kamels neigten sich zueinander. Sie näherten sich, und der Morgenstern sah zu, und der Morgenstern schien auf sie herab. Beide Dochte entzündeten sich, vereinten sich zu einer einzigen Flamme, und das Kamel trat aus dem Wasser und verließ das Ufer. Und so, mit den brennenden Kerzen, und so, in der Stille der Dämmerung, wandte es sich mit dem Gesicht zur Wüste und zu dem Weg, um das Licht und die Botschaft auch in das Dorf jenseits der Wüste zu bringen...

Und auf dieses Kamel warte ich, nach ihm halte ich Ausschau an der Grenze. Es wandert schon lange Zeit durch die Wüste, und es ist schon Zeit, daß es kommt.«

So erzählt das Wesen.

Deutsch von Sigrid Gaffal und Andreas Krause

IM WEINKELLER

Und wenn der Träger, der unsere Erde auf seinen Schultern trägt, müde von ihrer Last wird, übergibt er sie einem anderen, seinem Freund, einem Müßiggänger, und er selbst macht sich auf den Weg in die Schenke.

In einer finsteren und unheimlichen Nacht kommt er in eine große Stadt. Dort liegt in der Nähe einer belebten Straße, fernab von den Menschen, eine andere, kleinere. Unten in einem Ziegelbau befindet sich ein Kellergewölbe, in das etliche Stufen hinabführen. Dort kommt man in einige niedrige und alte Räume. Die Wände der Zimmer sind mit schwarzem und glänzendem Lack gestrichen, und alte Bilder in roter Farbe hängen an ihnen. In den Räumen stehen alte Tische, die noch aus früheren Zeiten stammen, aus rohem Holz und ganz weiß gescheuert. Um die Tische sieht man alte und lange Bänke, ebenfalls aus gewöhnlichem Holz, die Platz für mehrere Menschen bieten. Die Zimmer sind niedrig, und von den Wänden schauen die Bilder von Trinkern vergangener Zeiten, von großen Leuten und von Besuchern des Kellers.

Am Abend kommt der Weltträger dorthin. Die Räume sind schon alle voll von Menschen. An jedem Tisch sitzen Paare, Männer und Frauen, aber in einem Zimmer sind nur Männer. Dort findet er an einem Tisch einen Platz, setzt sich, heißt den Kellner, ihm ein Glas Wein zu bringen, und er erhält es. Die anderen Besucher sind schon betrunken; ihre Gesichter sind vom Wein schon rot, und sie können nicht mehr geradeaus sehen, sondern blicken unstet und verwirrt. Manchmal erhebt sich der eine oder der andere von seinem Platz, um mit dem, der ihm gegenübersitzt, anzustoßen oder um einfach in seiner Trunkenheit einen Schrei auszustoßen.

An einem Tisch sitzen junge Leute, junge Gelehrte, die die Schulbank noch nicht verlassen haben, unter ihnen reicher Leute Kinder und solche, die sich an die Reichen halten und sie umschwärmen, billige Träumer und Kneipengenies, die die Welt verbessern und sie von ihrem bisherigen Lauf mit Reden abbringen wollen. Sie schreien und erhitzen sich beim Trinken, brüllen und geraten immer mehr in Verwirrung, ohne daß der eine hört, was der andere sagt. Einer, der sich besonders erhitzt hat, macht sich bemerkbar, ist noch wirrer als alle anderen, schreit und erregt sich über die Welt:

»Sie hat sich verschuldet, nicht einmal ihre Haare gehören mehr ihr!«

»Ins Gefängnis mit ihr, sie ist ein Bankrotteur!« schreien andere und schlagen mit ihren Fäusten auf den Tisch.

»Man sollte sie beim Wirt des ›Blinden Mannes‹« – so heißt die Schenke – »versetzen«, fällt dann einem ein.

»Ein Loch in die Mitte bohren, Pulver hinein, und den ganzen Kram in die Luft sprengen!« schreit ein zweiter.

»Gevatter«, und ein Betrunkener wendet sich an den Weltträger, der für sich allein an seinem Tisch sitzt, »wer seid Ihr, und was tut Ihr hier?«

»Der Weltträger bin ich«, bekommt er zur Antwort.

»Wer?« Der Betrunkene versteht nicht recht und glaubt nicht, was er gehört hat.

»Der Weltträger!«

»Hahaha!« Der andere bricht in Gelächter aus und wendet sich lauthals an seine Freunde:

»Freunde, hört nur, wer hier bei uns sitzt! Es ist der Weltträger!«

Und die ganze Bande drängt sich zum Weltträger, umringt ihn spöttisch und betrunken an seinem Tisch, hält ihn für verrückt und rät ihm, die Welt behutsam zu tragen, darauf zu achten, daß er sie nicht fallen läßt oder sie – Gott behüte – womöglich zerbricht.

»Gut.« Der Weltträger ist einverstanden.

»Seine Mühe ist umsonst. Keiner wird ihm dafür etwas bezahlen!« sagt einer.

»Sicher kann man seinen Lebensunterhalt auf bessere Art verdienen«, meint ein anderer.

Schließlich wird die Bande seiner überdrüssig. Sie lassen ihn an seinem Platz in seiner Verrücktheit sitzen und kehren zu ihren Plätzen und zu ihren Gläsern zurück. So geht es lange, bis spät in die Nacht hinein, bis alle dort einschlafen, wo sie gerade sitzen: Einer dämmert auf dem Tisch, den Kopf auf die Arme gelegt, einer lehnt sich gegen die Schulter seines Nachbarn, und ein anderer döst im Sitzen. So schlafen sie ein, und keiner weckt sie, weil man aus dem ›Blinden Mann‹ niemanden hinauswirft. Der ›Blinde Mann‹ ist Tag und Nacht geöffnet, und die Menschen können sich dort so lange, wie sie wollen, amüsieren. Um Mitternacht werden die Zimmer gereinigt, aber wer noch bleiben will, der bleibt, wer noch trinken will, der trinkt, und wer nicht, der kann einfach so sitzen bleiben ... Auch der Weltträger sitzt noch da. In seinem Zimmer ist niemand mehr, außer denen, die schlafen, und auch die anderen Zimmer sind schon leer. Die Kellner an den Tischecken haben nichts zu tun und dösen vor sich hin. Die Geräusche der Stadt sind verstummt, und durch die Straße, in der sich der ›Blinde Mann‹ befindet, geht keiner mehr. Nur manchmal hört man durch die niedrigen Fenster, die nach draußen blicken, die Schritte eines verspäteten Heimkehrers ...

Da tritt der Nachtvagabund ein, geht an den schlafenden Kellnern vorbei, ohne von jemandem bemerkt zu werden, und bleibt auf der Schwelle zum Zimmer des Trägers stehen. Er ist in ein Tigerfell gekleidet, das einem Mantel ohne Ärmel ähnelt, und der Schwanz des Tigers schleppt leblos hinter ihm auf dem Boden nach. Vom ständigen Trinken sieht der Nachtvagabund aufgedunsen aus, sein Gesicht ist gerötet, und auch jetzt ist er nicht mehr nüchtern, weil er woanders schon das eine und das andere Glas getrunken hat. Er kann sich kaum auf der Schwelle halten. Aber weswegen er hierhergekommen ist, weiß er noch, und man sieht es ihm an, daß ihn hier jemand interessiert. Er bemerkt den Weltträger, der an seinem Tisch sitzt, geht zu ihm hin, wie zu einem alten Bekannten, reicht ihm grüßend die Hand und läßt sich ihm gegenüber auf einer Bank nieder.

»Wie geht es?« fragt er den Weltträger, noch während er Platz nimmt.

»Gut, und bergauf.«

»Und warum freust du dich? Weil du die Betrunkenen ohne Lohn trägst?« Und der Vagabund zeigt auf die nächtlich Schlafenden.

»Nein«, antwortet ihm der Geist. »Wie steht es bei dir?«

»Schlecht!«

»Weshalb?«

»Die Frommen sind ausgestorben, und die, die zurückgebliebenen sind, holt, wie man sagt, der Teufel.«

»Und bei wem bist du jetzt untergekommen?«

»Bei einem, mit dem ich ein wenig bekannt bin.«

»Wer ist es?«

»Er ist klein, unscheinbar und dürr, nur noch Haut und Knochen. Sein Gesicht ist gelb und runzlig, und in den Runzeln hängt Erde. Die Augen blicken verwirrt, und das Weiße darin ist über das Schwarze geflossen. Graues Wasser steht schon in seinen Augen, und wenn er sich in Gedanken verliert, sieht er aus, als wäre er nicht mehr von unserer Welt. Hier hat er nichts mehr zu tun, und das, was er besaß, hat er durchgebracht. Seine wenigen Kräfte hat er mit Wein und mit Weibern verschwendet. So ist er, und jeden Abend befallen ihn Halluzinationen...

Wenn er abends in seine Junggesellenwohnung kommt, schließt er die Tür hinter sich, löscht das Licht und bleibt so allein im Zimmer. Bald sieht er, wie sich die Wand ihm gegenüber bewegt. Dort erscheint ein schwacher Schatten, zuerst blaß und undeutlich, aber bald wächst eine Gestalt vor ihm empor: hochgewachsen und gepflegt, mit glattgekämmten, gescheitelten Haaren, mit guten Manieren und mit einem Monokel im Auge. So erscheint die Gestalt meinem Freund, nimmt ihm gegenüber am Tisch Platz, schlägt ein Bein über das andere und benimmt sich ganz frei und ungezwungen. Mein Freund hat sich schon an ihn gewöhnt, erschrickt nicht mehr vor ihm und winkt bloß mit der Hand, wenn er ungebeten erscheint...

Vor noch nicht langer Zeit hat er meinem Freund einen solchen Besuch aufgenötigt: Er erschien, setzte sich und schwieg eine Weile. Mein Freund bemerkte in seiner Hand ein seltsames Büchlein mit schwarzem Einband, schwarzen Blättern und von ungewöhnlichem Format.

›Was ist das?‹ fragte er den Besucher.

›Deinetwegen habe ich es mitgebracht, um es dir zu zeigen.‹

›Was ist es für ein Buch?‹

›Eines, das man über uns geschrieben hat.‹

›Wer über wen?‹

›In einigen tausend Jahren über unser Jahrtausend.‹

Und da reichte ihm die Gestalt das Büchlein, und mein Freund nahm es und schaute hinein. Das Büchlein war nicht wie unsere Bücher gedruckt, mit schwarzen Lettern auf weißem Papier, sondern umgekehrt, weiß auf schwarz. Mein Freund konnte diese Schrift nicht lesen und verstand nichts. Er gab das Buch dem Besucher zurück, damit der vorlese. Und jener las. Es ist für ihn dasselbe, ob er eine Schrift von vor Tausenden von Jahren oder eine Schrift von Tausenden von Jahren nach unserer Zeit vor sich hat. Er sagte, daß das Buch von einer schwarzen Menschheit käme, die die jetzige Welt erobert habe, und von der weißen sei keine Spur mehr geblieben, nur ihre Geschichte glimme noch im Gedächtnis, und zuweilen erinnere man sich an sie.

Und so stand in dem Buch geschrieben:

›Nach furchtbaren Kämpfen und Kriegen zwischen den Weißen befiel sie große Niedergeschlagenheit. Sie sahen, daß sie ihren erträumten Frieden nie erlangen, daß sie nie besser werden würden, als sie jetzt waren. Das, was sie besessen hatten, hatten sie schon verschleudert, und ihre Zeit neigte sich dem Ende zu. Ihr Geschlecht und ihre Berufung vergingen, und andere, gesündere, würden kommen, ihr Erbe anzutreten, und auch die anderen würden sicher nicht besser sein. Da versammelten sich Weise und Ausgewählte der weißen Menschheit zu einer Beratung und faßten für die übriggebliebenen Völker, für große und kleine, folgenden Beschluß: Ende! Es mag gehen, wie es will, es besser zu machen ist unmöglich, und es gibt niemanden mehr, für den man sorgen muß. Jeder soll, wie er es versteht, sein Leben beenden, und sich um fremde Regeln und um fremde Angelegenheiten zu kümmern ist verrückt...‹

Und der Geschichtsschreiber fährt fort:

›Es wurde eine gewöhnliche und alltägliche Erscheinung, und man konnte es in den Zeitschriften und Tageszeitungen lesen, daß man einmal da, einmal dort einen der Weisen, die jenen Beschluß gefaßt hatten, in seinem Haus am frühen Morgen ausgekleidet im Wasser in der Badewanne fand. Sie waren tot, und das Wasser war voll Blut: sie hatten sich die Adern geöffnet und so ihre Rechnung mit der Welt beglichen...‹

Der Besucher verstummte, klappte das Buch zu, und er und mein Freund blickten sich an.

›Was willst du damit sagen?‹ fragte mein Freund. ›Sollen wir auch dem Beispiel dieser weisen Männer folgen?‹

›Hm, ich... meine...‹, stammelte der Besucher, ›es ist Zeit... von unserer Welt ist nichts mehr zu hoffen...‹«

Und der Nachtvagabund fügt hinzu:

»Mein Freund und sein Besucher haben sich dieser Idee bereits verschrieben, und auch ich habe mich ihnen angeschlossen.«

»Und was willst du?« fragte der Weltträger den Vagabunden.

»Wir halten dich nicht für verrückter als uns, und daher bin ich gekommen, dir dasselbe vorzuschlagen.«

»In den Verein ›Mitleid mit den Kreaturen‹ einzutreten?«

»Nenn es, wie du willst, wie es heißt, ist egal.«

»Nein«, antwortete der Weltträger.

»Und deine Freude, dein Gerede, daß es bergauf gehe?«

Darauf schweigt der Träger. Er hält das Glas mit beiden Händen umfaßt und blickt nachdenklich auf sie. Im ›Blinden Mann‹ herrscht nächtliche Stille, und die jungen Leute, die im Zimmer des Trägers an ihren Tischen eingeschlafen sind, schlafen jetzt schon tief und fest. Die Kellner, die in dieser Nacht bedienen, dösen und sind dem Schlaf nahe, und dort, an den Tischecken, wo sie sich nur für eine Weile ausruhen wollten, sind sie sitzen geblieben. Der Nachtvagabund sitzt dem Träger gegenüber, sitzt und wartet.

»Ha!« Und der Träger erwacht aus seiner Versunkenheit und sagt, mehr zu sich selbst als zu seinem Gegenüber:

»Meine Freude? Ja... Vor nicht allzu langer Zeit habe ich aus den Weiten der Weltenräume etwas wie einen leisen Knall gehört. Ob dort eine Welt untergegangen ist, oder ob sich zwei Welten begegneten und zusammengestoßen sind, habe ich nicht gesehen. Ich sah nur, wie auf der Erde das Fenster eines Stübchens auf jenen Knall mit einem leichten Zittern antwortete. Ein Mensch wachte dort auf, erhob sich von seinem Lager, wusch sich die Hände, schaute hinaus in die von Gott geschaffene Welt und sagte:

›Irgend etwas ist jetzt auf der Welt geschehen. Man muß beten und sich bedenken.‹

Und er stand da und fuhr fort:

›Was dort oben geschehen ist, ist mir nicht klar; ob ein Himmelskörper geborsten oder ob eine neue Sternensphäre geboren wurde, weiß ich nicht. Aber was auch immer es sein mag, es ist geschehen, und es ist mit ewigem Leben und mit göttlichem Tod verbunden. Vielleicht hat es noch keinen Mund, oder keinen mehr, und jemand muß es doch verkünden. Ich wurde dazu ausersehen; ich habe es im Schlaf gehört und stehe schon vor Gott, vor seiner Welt draußen vor dem Fenster, und der Weltträger, der auch wach ist, ist jetzt damit beschäftigt, mit Mühe seine große Last zu tragen, und wer soll denn das Geschehene verkünden?‹

Ich war da der Träger auf dem ausgetretenen Weg der

Welt, hörte seltene Gesänge von fernen Himmelssphären und ging mit meiner heiligen und schweren Last beladen dahin. Als ich die Worte jenes Menschen hörte, beugte ich meine Schultern noch tiefer und nahm mein Joch fester auf mich, mein Joch und meine Mühe, meine Liebe und meine Freude.«

»Ähnliches haben wir schon öfter von dir gehört«, unterbricht der Nachtvagabund den Träger. »Weißt du nicht etwas Neues?«

»Das Alte ist dir zuwenig?« fragt ihn der Träger ärgerlich.

»Nein, langweilig ist es. Dein Mensch ist ein Narr, und er redet dummes Zeug.«

»Und was hättest du gesagt?«

»Ich hätte ausgespien und wäre schlafen gegangen.«

Und beide schweigen eine Weile. Der Träger blickt wieder auf sein Glas, und der Nachtvagabund schaut ihn an, wie wenn er seine verrückte Unschuld bedaure. Da erscheint auf der Schwelle, ebenfalls von niemandem bemerkt, der Nachtwächter. Er tritt, pelzvermummt und in viele Kleidungsstücke gehüllt, von der stillen Straße in den ›Blinden Mann‹. Auf seiner Brust hängt eine Pfeife, damit er, wenn etwas passiert, wenn es auf der Straße Unruhe gibt, pfeifen und die Wächter ringsum benachrichtigen kann. Er ist schweigsam und mit dem Träger und mit dem Vagabunden schon lange bekannt. An ihrem Tisch läßt er sich nieder und nimmt dort mit seinem Pelz viel Platz ein. Der Träger und der Vagabund sind froh, daß er gekommen ist, und beide wenden ihm ihren Blick und ihre Aufmerksamkeit zu.

»Und was sagst du, Wächter?« fragt ihn der Vagabund scherzhaft.

»Sag, sag, sag, was du willst«, antwortet der Wächter, »man hört dir schon lange zu und schläft deshalb ein.«

Und der Wächter verstummt und schweigt, wie es ein Wächter tut. Der Vagabund wendet sich von ihm ab und sagt zum Träger:

»Erzähle uns etwas, Träger. Es ist noch zu früh, um

heimzugehen; die Nacht ist noch lang, und du triffst doch immer jemanden.«

Der Geist denkt eine Weile nach, erinnert sich an etwas und sagt:

»Höre zu, Vagabund, und versteh.«

Und der Weltträger erzählt:

»Vor nicht langer Zeit begegnete ich dem Wassermann. Quer über seine Schultern trug er die Stange, an der die beiden Eimer baumelten, und ohne Last, ohne Wasser kam er mir entgegen. Ich schaute in die Eimer und sah, daß sie trocken und undicht waren. Da fragte ich ihn, was es damit auf sich habe; die Eimer seien so trocken, als ob sie schon lange nicht mehr den Brunnen gesehen hätten. Er antwortete mir:

›Die Sternenjungfrau hat Hochzeit, und ich will mit leeren Eimern an ihr vorübergehen... Mir verdankt sie es, daß sie in den Himmel aufgenommen wurde, daß ihr ein Platz unter den Sternbildern zuteil wurde, und jetzt wird sie zu einem anderen gehen und ihm gehören.‹

›Was bedeutet das?‹

›Ihr Vater war einer von den gefallenen Engeln, der mit einer Erdenfrau lebte und mit ihr ein Kind hatte. Er stillte seine Begierden und meinte, daß ihm Himmel und Erde gehörten. Aber später traf solche Engel ihre Strafe. Der Himmel mußte sich ihnen verschließen, und es war ihnen nicht mehr vergönnt, wieder hinaufzukommen. Man gab ihnen nur einen kleinen Augenblick Zeit, und wer wollte, konnte ihn nutzen. Aber viele Engel waren so mit ihrem Erdenleben und mit ihren Weibern beschäftigt, daß sie den Moment versäumten und klagend und den Menschen gleich unten blieben. Nur wenige erkannten ihre Lage, besannen sich rechtzeitig und eilten schnell in den Himmel zurück. Unter ihnen war auch der Vater der Sternenjungfrau. Er wollte aber nicht nur selbst hinauf in den Himmel, sondern wollte auch seine Frau und seine Tochter mitnehmen. Zuerst hob er schnell das Kind hinauf. Ich stand gerade, als dies geschah, dort im Himmel und nahm es ihm aus den Händen. Er wollte auch die Frau hinaufreichen und dann selbst folgen, aber in diesem Moment schloß sich der Himmel, und der Engel stand mit seiner Frau auf den Armen vor dem verriegelten und versperrten Himmel in der Luft. Das Kind befand sich nun in meiner Obhut, und in der ersten Zeit wußte ich nicht, was ich mit ihm tun sollte. Dann aber gewöhnte es sich an mich, der ich ihm Vater und Mutter ersetzte. Ich zog es auf, und es wurde mir lieb. Es war stets bei mir, wenn ich arbeitete, wenn ich aus dem Sternenbrunnen schöpfte und der Welt unten Regen und Überfluß brachte. Immer war es an meiner Seite, und ich verließ es nie.

Als es größer wurde, und als es die anderen Sterne bei mir sahen, betrachteten und lobten sie es alle, und einige von ihnen wurden auf das Kind eifersüchtig, und dann auch auf mich, da ich es stets nahe bei mir hatte.

In jenen Zeiten waren die Himmelssphären und die Sternzeichen noch nicht völlig fest und unveränderlich. Von Zeit zu Zeit geschah es, daß ein Sternzeichen ausglitt, fiel und in dem Sternenkreis fehlte. So geschah es tatsächlich eines Tages: ein Zeichen kam in seinem Lauf vom Weg ab und verirrte sich, vielleicht in einen Abgrund. Jetzt fehlte uns in unserem Kreis jemand, und ein Platz war leer. Die Sterne versammelten sich und beschlossen, den Platz dem Kind, das ich erzog, zu geben. Es war nicht unrecht: Man mußte sich seiner nicht schämen. Es leuchtete nicht weniger als die anderen und war liebenswürdiger als alle anderen. Das Kind nahm diesen Platz ein, und es wurde gleich unter Gleichen.

Das Kind war mir teuer, und es stand mir doch näher als allen anderen. Nichts tat es ohne mich, und bei jedem geringsten Anlaß kam es zu mir, weil es, wie gesagt, den Vater und die Mutter nur noch schwach in Erinnerung hatte, und ich ersetzte ihm beide.

Ich zeigte ihm, wie man hinabschaut, wie man sich auf

dem Sternenkreis verhalten soll, ohne daß der Kopf verdreht wird. Manchmal bat es mich um meine Eimer und darum, daß ich ihm sage, was und wo etwas zu gießen sei. Ich schlug ihm seine Bitte nicht ab und gab ihm die Eimer. Das Kind kannte schon die Welt, konnte Sommer und Winter unterscheiden und wußte, was im Sommer und was im Winter geschieht. Und oft, wenn es den Eimer hielt, verlor es sich in Gedanken und goß manchmal überhaupt nichts, manchmal zuviel aus, wie es eben ein Kind tut. Ich lächelte und verzieh ihm, was es mir da angerichtet hatte.

Das Mädchen wuchs heran, und ich begann, mich in es zu verlieben. Seine Gestalt entwickelte sich so, wie es bei einer bestimmten Art von Kindern geschieht. Es begann, mich sehr anzuziehen, und oft schaute ich ihm heimlich nach. Das Kind wußte von nichts und nahm sich, auch als es schon größer geworden war, nicht vor mir in acht. Aber ich hütete mich wegen der anderen und hütete das Mädchen vor den anderen: Wie verhält man sich ihm gegenüber, wie blickt man es an, wer hat ein Auge auf es geworfen, und wen beachtet es mehr als alle anderen?

Aber ich bemerkte nichts, außer daß sie an mir hing und mir zugetan war. Ich war sehr zufrieden, freute mich und wartete innerlich schon auf die Zeit, wenn sie erwachsen sei und ich mich ihr nähern könnte. Das, was jetzt noch unmöglich war, würde ich ihr später darlegen, und unterdessen hütete ich sie und ließ kein fremdes Auge auf ihr ruhen. So verging einige Zeit, und ich schaute ihr beständig nach. Oft blickte sie auf die Erde hinab, doch sie gefiel ihr nicht, und oft rief sie mich, deutete nach unten und sagte:

›Onkel Wassermann, warum wächst bei dir nichts?‹

›Was wächst nicht?‹

›Das, was du immer begießt: dein Gras und deine Bäume.‹

›Die Bäume sind doch hoch.‹

›Das nennst du hoch? Und warum reichen sie dann nicht bis an den Himmel heran?‹

›Es ist ihnen nicht vergönnt, höher zu wachsen.‹

Dann wandte sie sich von der Erde ab und ging verletzt und enttäuscht von mir weg, zu anderen Sternen, um sich mit anderen, nicht mit mir, über die Dinge, die sie interessierten, zu unterhalten... Die anderen erzählten ihr vieles und verbrachten viel Zeit mit ihr. Jeder berichtete ihr alles, was er wußte, und suchte für sie das Schönste, was er hatte. Sie erzählten ihr Dinge, die früher geschehen waren, und solche, die nicht geschehen waren, erfanden sie für sie. Sie hörte zu, hing allen an den Lippen und war sehr leichtgläubig. Das Unglaublichste glaubte sie am ehesten, und die anderen dachten sich Dinge für sie aus, wovon sie auf der Erde und zwischen den Sternen noch nie irgendeine Spur gefunden hatte. Sie verliebte sich in die Geschichten von den höheren Sternen, und die Sterne versorgten sie damit und dachten sich unablässig neue aus.

Sie wurde mir nun fremd, kam selten zu mir und nahm an meiner Arbeit für die Erde keinen Anteil mehr. Oft sonderte sie sich ab und war nur schwer aus ihrer Einsamkeit wieder herauszulocken. Am Abend, nach Sonnenuntergang, saß sie auf ihrem Sternenbett und blickte vor dem Einschlafen lange Stunden auf den hohen Himmel und auf die fernen Sterne...

Da glaubte ich, daß es schon an der Zeit sei, ihr meine Wünsche zu offenbaren, weil ich sah, daß sich die Sterne nicht umsonst mit ihr beschäftigten und ihr nicht umsonst soviel Aufmerksamkeit widmeten. Sie schenkte allen viel Freude, und in ihrer Nähe fühlte sich jeder glücklich. Eines Abends, als sich alle zur Ruhe legten, flüsterte ich ihr zu, daß sie, wenn alle schliefen, und wenn in unserem Sternenkreis alles still geworden sei, zu mir kommen solle; ich würde am Brunnen auf sie warten...

Sie verstand nicht und sah mich an, verwunderte sich und betrachtete mich, nicht wie gewöhnlich. Doch ohne im geringsten Verdacht zu schöpfen, sagte sie es mir zu und hielt ihr Versprechen... Ich wartete auf sie am Brunnen. Der Mond ging auf, auf der Erde war es eine Sommernacht, und von dort stieg viel Gutes, Irdisches herauf, verborgene Düfte von verborgenen Wäldern und Flüssen.

Sie kam zu mir und fragte mich:

›Was ist, Onkel? Warum sollte ich so verstohlen zu dir kommen?‹

›Wegen nichts‹, antwortete ich, als ich hörte, wie befremdet ihre Frage war, betrachtete sie im Mondlicht und sagte:

›Setz dich.‹

Und sie setzte sich neben mich auf den Rand des Brunnens. Ich streckte eine Hand nach ihr aus und wollte sie umfassen.

›Du bist naß und riechst nach Wasser, Onkel.‹

Sie wehrte meine Hand ab und schob sie von sich weg. Ich konnte ihr nicht erklären, was in mir vorging, sondern sagte ihr nur, daß ich in letzter Zeit nicht einschlafen könne, und da sie mir sehr lieb sei, solle sie mir an diesem Abend eine Weile Gesellschaft leisten ... Das tat sie, und sie saß bei mir, bis sie müde wurde und ich sie zu Bett schickte. Ich sah ihr noch nach, als sie schon gegangen war, dachte an diesem Abend lange nach, und nichts war mir geblieben.

Die Sternzeichen erzählten ihr weiter Geschichten und betrachteten sie verstohlen. Sie bemerkte es nicht und war überglücklich in ihrer Unwissenheit um sich selbst. Sie war glücklich, und in ihr jubelte die Schönheit. Doch ihre Schönheit war einem anderen bestimmt, nicht mir, und auch keinem anderen Sternbild: Der ihr Zugedachte war einer der hohen Sterne.

Einmal, an einem Abend, als ich nicht einschlafen konnte, sah ich, als ich auf den Himmel schaute, neben einem Stern eine verschleierte Frau, die ein dünnes Gewebe über das Gesicht gezogen hatte. Sie war völlig eingehüllt, stand da und schaute auf uns Sternzeichen. Ich sah, daß ihr heimlicher Blick auf die Sternenjungfrau gerichtet war und sie ihren Schlaf bewachte, auf ihr Bett blickte und ihr jetzt im Traum erschien ... Ich verstand nichts, weil die Erscheinung ungewöhnlich war und so etwas auch im Himmel selten geschieht. Bis das Bild verging und von jenem Ort verschwand, schaute ich auf die Frau und wendete den Blick nicht von ihr ab.

Am Morgen kam sie, die ich begehrte, zu mir an den Brunnen, und da ich mit meinen Gedanken beschäftigt und ganz versunken war, als sie sich näherte, rief sie:

›Onkel, he, Onkel!‹

›Was ist?‹ Ich fuhr auf und erblickte sie.

›Ich habe einen Traum gehabt.‹

›Was für einen?‹

›Meine Mutter kam zu mir, völlig eingehüllt und verschleiert. Ihr Gesicht konnte ich nicht sehen, aber sie stand über meinem Bett und sagte zu mir:

›Meine Tochter, dein Vater wollte mich in den Himmel hinaufheben, und meinetwegen mußte er selbst auf der Erde bleiben. Doch du hast das Glück gehabt, unter die Sternzeichen aufgenommen zu werden. Bitte, tu etwas für uns und erhebe uns.‹

›Und was soll ich tun, Mutter?‹ fragte ich.

›Liebe das Hohe!‹ gab sie mir zur Antwort. ›Was hat sie damit gemeint, Onkel?‹

›Ich weiß es nicht‹, antwortete ich und wurde ernst.

Sie verließ mich wieder und ging, andere Sterne zu fragen, und jene erklärten ihr den Traum, so wie es jeder verstand. Alle brachten sie auf den Gedanken, daß sich ihre Zeit nähere, daß für sie bald die Zeit der Liebe komme, und sie sagten, daß aller Augen sich mit ihr freuten und jeder ihre Gestalt liebe. Ihre Mutter sei gekommen, um ihr diese Zeit anzukündigen, und sie habe gesagt, daß sie, die Tochter, ihre Liebe unter Hohen suchen solle.

Die Sternenjungfrau verlor sich in ihren Gedanken, schaute nach oben und suchte zwischen den Sternen die Antwort auf die Frage ihrer Jugend...

Nach einiger Zeit sah ich neben jenem Stern, wieder in der Nacht, ihren Vater stehen. Er war ein Mensch wie alle anderen, aber mit dem Gesicht eines ehemaligen Engels.

Flügel hatte er keine, doch dort, wo sie hätten sein sollen, hing ein Sack. Er sah wie ein irdischer Büßer aus, stand da und blickte auf seine Tochter. Am Morgen kam sie mit einem neuen Traum zu mir:

›Onkel, mein Vater ist mir erschienen!‹

›Und was hat er gesagt?‹

›Liebe ist in der Höhe, wie in der Tiefe; es ist nicht nötig, in große Liebe zu fallen. Ich verstehe es nicht, Onkel!‹

›Ich auch nicht.‹

Und sie ging wieder zu den anderen Sternbildern, und sie sagten ihr, wie sie es verstanden. Jetzt war sie schon sehr verständig, und jenes Bewußtsein erwachte langsam in ihr. Sie begann, um sich zu schauen, und sah sich in der Zeit der blühenden Jugend. Von diesen Dingen hatte sie schon gehört, und sie verstand schon mehr, als sie gehört hatte. Ich glaubte, daß es höchste Zeit sei: wenn nicht jetzt, dann nie mehr. Bei der ersten Gelegenheit, die sich ihr zeige, würde sie mich verlassen und dem ersten Ruf eines Fremden gewiß folgen. Ich sah, daß die Sterne meine Absicht bemerkt hatten und insgeheim über mich spotteten. Es war ihnen nicht gelungen, die Liebe der Sternenjungfrau zu erlangen, und sie waren deshalb eifersüchtig auf mich und wollten auch mir alles vereiteln. Ich fand einen günstigen Augenblick, als ich sie einmal sah, während ich mit vollen Eimern dahinging, bat sie stehenzubleiben, trat zu ihr und eröffnete ihr mein ganzes Herz. So und so verhalte es sich: Seit sie in den Himmel gekommen sei, ruhten meine Augen auf ihr, und seit sie heranwachse, habe ich sie unablässig behütet und vor den Blicken anderer bewacht. Die lang ersehnte Zeit sei nun gekommen, und mein Brunnen gehöre ihr, und der ganze Überfluß der Erde hänge von ihrem Wort ab. Werde sie die Meine, so würde ich die Welt mit allen meinen Gaben überschütten und aus ihr wieder einen Garten Eden machen, und sie sei meine Welt und mir lieber als die ganze Welt...

Sie hörte mir zu und blieb gedankenverloren vor mir stehen. Ich faßte ihre Versunkenheit als Zustimmung, als

Zeichen ihrer Zuneigung zu mir auf und glaubte, daß sie mir das, was ich für sie getan und wie ich für sie gesorgt hatte, nicht vergessen habe. Schnell wollte ich die Eimer beiseite stellen und einen Schritt auf sie zu machen. Aber ich warf die Eimer um und schüttete das Wasser aus, und sie lachte über mich und ernüchterte mich in meiner Übereilung:

›Hahaha, Onkel, jetzt hast du die Eimer umgeworfen... Hahaha, Onkel, was hast du gesagt?‹

Ich blieb, ohne auf sie zuzutreten, stehen, und sie lief weg und verschwand von mir. Von da an gingen wir uns aus dem Weg. Wir mieden uns, trafen uns nicht und redeten nicht mehr über diese Sache...

Die Sternbilder bemerkten es und reimten sich alles zusammen. Die Sternenjungfrau hatte ihnen nichts gesagt, aber man brauchte es ihnen nicht zu erzählen, und immer, wenn ich an ihnen vorbeiging, zeigten sie mit den Fingern auf mich, lächelten und wiesen einander mit Blicken auf mich hin...

Sie blieb noch eine Zeitlang frei und band sich an keinen, bis sie eines Tages ihn sah, sah und sich verliebte, mit Leib und Leben, so wie nur junge Menschen, solche wie sie, lieben können...

Es war der Stern, neben dem ihr Vater und ihre Mutter erschienen waren. Wieder an einem Abend schlenderte ich nach der Tagesarbeit am Zaun unseres Sternengartens entlang und schaute immer wieder hinein. Ich wollte den Garten aber nicht betreten, weil sie drinnen war, dort allein den Abend verbrachte und wie immer lange nicht schlafen ging. Im Garten waren die Bäume abendlich still, wie es selten geschieht. Noch mehr als in den Bäumen lag die Stille auf den weißen Sandpfaden. Der Garten roch nach Himmelsglück und nach dem Guten der Erde, dessen Duft aus der Tiefe emporstieg. Ich sah, wie neben jenem Stern ein Kind als kleiner Bote erschien. Es trug eine brennende Laterne und hielt sie so in der Hand, als wolle es sich gerade auf den Weg machen. Da wurde der Stern größer als die anderen Sterne, und seine Kugelgestalt wuchs und wuchs. Aber er war ganz dunkel, und nur an einer Seite, ganz am Rand, bildete sich eine dünne und gebogene Lichtschneide, die aussah wie die Sichelrundung des Mondes, wenn er gerade wieder neu geboren worden ist. Das Licht beleuchtete den Stern, und in ihm kam ein Gesicht zum Vorschein, das wir beide, ich auf meiner Seite des Zaunes und sie auf ihrer, im gleichen Augenblick bemerkten. Sie hob ihre Hände zum Kopf, ordnete ihre Haare und schlug verschämt die Augen nieder. Aber der Stern schaute sie weiter an. Auch mich sah er und schämte sich ein bißchen.

Da verließ das Kind mit der Laterne seinen Platz, um bald herabzuschweben und in den Garten, zu ihr, die verlegen dastand, herabzukommen. So bewegte es sich heran und beleuchtete seinen Weg, und sie warf immer wieder einen verstohlenen Blick nach oben und beobachtete das Kind, das sich näherte. Sie war unruhig und konnte kaum still stehenbleiben, bis es von dort oben, aus der Luft, zu ihr in den Garten gekommen war. Es rief sie zu einem verborgenen Ort zwischen den Bäumen. Sie zögerte und ging zuerst noch unschlüssig mit ihm, aber dann sah man, wie es sie dem Kind nachzog, aber weniger ihm selbst als dem Stern, der dort oben stand und auf sie schaute. Sie gingen hinter die Bäume, aber was dort genau geschah, weiß ich nicht. Der Bote sagte etwas zu ihr und übergab ihr etwas; was es war, konnte ich nicht erkennen. Und dann, als das Kind sich wieder in die Lüfte erhoben und sich mit seiner Laterne auf den Rückweg gemacht hatte, sah ich, wie sie hinter den Bäumen hervortrat, schnell und in Eile den Garten verließ, durch die Pforte schlüpfte und sie hinter sich schloß. Dabei hob sie noch ein letztes Mal still den Kopf und schaute nach oben – ein Blick, und sie lief heim, lief hin zu ihrem Lager...

Von da an wurde sie eine andere, und ich wußte, was geschehen war. Auch die anderen Sterne, die es nicht wußten, bemerkten es. Beständig ordnete sie ihre Haare, und dann errötete sie plötzlich wieder, als ob sie sich vor sich selbst schämte. Mir fiel auf, daß sie oft zum Brunnen lief, wenn ich nicht dort war, sich über den Rand beugte und sich still und hastig in ihm, in seiner Tiefe spiegelte... Auch den Garten besuchte sie häufig. Oft ging sie zu jenem Ort zwischen den Bäumen und tat so, als würde sie etwas, das sie dort vergessen hatte, suchen. Dort verbarg sie sich mit dem Bild des Sterns, das das Kind ihr gebracht hatte und das sie vor allen versteckt hielt. Nur ich allein wußte davon, weil ich ihr nachspähte und es sah...

Ich wurde traurig und vernachlässigte meine Arbeit. Meine Eimer warteten auf mich, doch ich dachte eine Zeitlang überhaupt nicht an sie. Auf der Erde begann eine große Hitze zu herrschen. Gras und Bäume lechzten nach Regen, die Erde der Felder trocknete aus, Wälder gingen in Flammen auf, Flüsse wurden zu einem kleinen Rinnsal, und kleine Bäche versiegten. Doch das bemerkte ich nicht. Die anderen Sternzeichen wiesen mich darauf hin, und auch dann arbeitete ich lustlos und ohne Eifer...

Die Sternenjungfrau lebte auf, und große Freude leuchtete aus ihren Augen. Die Sternzeichen freuten sich über sie, und ihr Glück machte auch sie glücklich. Sie wußten nicht, weswegen, aber sie ahnten, daß sich ihre Zeit schon nähere...

Nach einiger Zeit, wieder an einem Abend, brachte ihr der Bote des Sterns Geschenke: Halsketten und Perlenschmuck, Ohr- und Fingerringe. Sie konnte diese Geschenke nicht verbergen. Alle sahen sie an ihr, umringten sie, nahmen die Schmuckstücke in die Hand und schätzten ihren Wert. Die Sternenjungfrau wußte nicht, was sie tun, was sie sagen und antworten sollte. Alle fragten und bestürmten sie, und sie lief vom Brunnen zum Garten, und wieder vom Garten zum Brunnen, hin und her, und ihre jungen Beine trugen sie...

Ich verlor den Kopf und wurde eifersüchtig auf den Stern. Mit ihr redete ich nichts mehr, und sie ging mir aus dem

Weg. Sie wollte nicht, daß ich sah, wie sehr sie sich freute, und ich konnte ihr Glück nicht ertragen. So sonderte ich mich ab und mied sie und auch die anderen Sternbilder.

An einem Abend kam dann der Himmelsbettler, rief alle zusammen und sagte:

›Seid bereit, Sternbilder, die Sternenjungfrau wird von euch genommen werden.‹

›Was wird geschehen?‹

›Sie wird erhöht und einem großen Stern gegeben werden. Seid bereit, ihr werdet alle zu der Hochzeit geladen.‹

Und seitdem bereiten sich die Sternbilder vor. Sie umgeben die Braut mit Zuneigung, und jeder versorgt sie liebevoll mit allen möglichen Dingen. Sie ist sehr still und überläßt sich ganz ihrer Fürsorge. Die Sternbilder belehren und beraten sie, wie man sich benehmen und verhalten soll, und haben alle Hände voll zu tun, um für sich und für die Braut Vorbereitungen zu treffen. Sie sehnen sich schon jetzt nach ihr, können sich nicht von ihr trennen und geben ihr unterdessen von allem das Beste, was Sternbilder nur vermögen. Nur ich allein kann nicht zu der Hochzeit kommen, nur ich allein kann mich von der Eifersucht nicht befreien, und in der Stille (aber das sage ich nur dir) habe ich beschlossen, mit leeren Eimern an ihr vorüberzugehen...

Und das, was du auf der Erde jetzt siehst, ist meiner Nachlässigkeit zu verdanken. Ich habe die Tore meines Überflusses verschlossen, und deshalb sieht es jetzt auf der Welt so aus. Die Erde muß trinken – sie trinkt Blut statt Wasser; die Menschen müssen essen – sie essen Menschen statt Brot, und der Geist geht in die Häuser und nährt sich von Abfall und von trockenen Brocken. Die Seher sind mit Augenkrankheiten geschlagen, und manche von denen, die die Welt versorgen sollen, betrinken sich in Schenken. Die Poeten spotten, und gewisse Dichter halten es für einen Donnerschlag und für ein großes Ereignis, wenn sie Sterne die Nase schneuzen hören. Pfui! Und der Gipfel von allem ist, daß der Nachtvagabund, wie man sagt, schon durch die

Schenken zieht und unter seinesgleichen, unter den verrückten Alten und unter den Siechen, Mitglieder für seine Bande, für den Verein ›Mitleid mit den Kreaturen‹, wirbt.‹

Da hast du die Geschichte, Vagabund; das hat mir der Wassermann erzählt.«

»Das ist ein ordentlicher Stein in meinem Garten«, sagt der Vagabund.

»Ja, nicht schlecht.« Und der Weltträger lächelt.

»Und was ist mit dir und mit der Hochzeit?«

»Ich bin auch eingeladen und gehe hin.«

»Und was ist mit den leeren Eimern?«

»Ich habe keine Angst.«

»Was wird geschehen?«

»Der Himmelsbettler hat uns einen Weg gezeigt. Und so kam es: Wenn ich in der letzten Zeit mit der Last der Welt auf meinen Schultern dahinging, war ich in Gedanken versunken, dachte nach und suchte den Zweck meines Tuns. Bitter kam es mich an, und schwer lag es mir auf dem Herzen, wenn ich über diese Zeiten nachdachte; ich war bedrückt, und ein Berg von Fragen lastete auf mir. Ich dachte daran, wie man mir ständig widerspricht, und alle, die spotten und mich auslachen, standen mir vor Augen. Und die eine Frage konnte ich nicht loswerden: ›Es liegt in deinen Händen... Ein unaufmerksamer Moment, und die Last fällt dir von den Schultern, und – du bist frei. Das, was war, ist vorbei, und das, was sein wird, wird nicht geschehen. Warum gibst du dich mit so etwas ab? Wohin wirst du sie bringen, da der Weg vorgezeichnet, dein Lauf dir vorbestimmt und es unmöglich ist, die Bahn zu verlassen?‹

›Es ist doch möglich!‹ rief mir plötzlich jemand ins Ohr. Als ich mich umdrehte, um zu sehen, wessen Stimme das war, sah ich den Himmelsbettler, wohlgemut und mit freudigem Gesicht. Er sagte in aller Eile zu mir:

›Weltträger, du bist in den Himmel eingeladen worden, um bei der Hochzeit des Sterns mit der Sternenjungfrau dabeizusein. Laß dich nicht lange bitten!‹

Aber ich sagte zu ihm: ›Wie kann ich denn dorthin gehen, und wie kann ich Hochzeiten im Sinn haben, wenn uns der Wassermann seinen Überfluß entzieht, wenn er seinen Brunnen austrocknen läßt und seine Arbeit nicht mehr tut? Seine Eimer sind undicht geworden, und bald werden wir nichts mehr haben ...‹

Der Bettler antwortete mir: ›Du mußt keine Angst haben. Bei der Hochzeit wird etwas geschehen. Dort werden die sieben Wandelsterne und die sieben Bettler zugegen sein. Das ist ein günstiger Moment, und alle, die etwas brauchen, werden zu jener Stunde dorthin eingeladen. Was dir und deiner Last zusteht, wird nicht länger mehr von deinem Stern abhängen, und wonach du dich all die Jahre gesehnt hast, das wird dir zuteil: Du wirst erhoben werden und höher als alle Sternzeichen stehen ...‹

›Was soll das heißen?‹

›Es ist möglich, und komme nur ... Hier ist der Weg, der bergauf führt, und wenn du ihm folgst, wirst du dem Wassermann mit seinen Eimern nicht begegnen.‹

Ich schlug den Weg ein, stieg bald höher hinauf und hörte den sich entfernt drehenden, fremden Wind der Himmelssphären. Noch nie hatte ich so etwas wahrgenommen. Gesänge von fremden Sonnen, deren Feuerkreise mir vor den Augen schwindelten, vernahm ich, und auch ich sang und begegnete auf dem Weg anderen, die, wie ich, eingeladen waren. Sie gingen in freudiger Stimmung dahin, und allen voran schritt der Himmelselefant. Er wiegte seinen schweren Kopf und war mit Bergen von Hochzeitsgeschenken beladen, um das Brautpaar zu erfreuen ... Und das ist meine Freude, darum geht es bergauf, Vagabund, und jetzt gehe ich.«

Dann erhebt sich der Weltträger, nachdem er lange dort gesessen und erzählt hatte, und auch der in seinen Pelz gehüllte Nachtwächter steht auf. Keine Regung ist auf seinem Gesicht zu sehen. So war er gekommen, so hatte er vor der Erzählung ausgesehen, und so schaut er auch jetzt, nachdem er die Geschichte gehört hat, drein. Er zieht seinen Pelz, wie es ein Wächter tut, zurecht. Auf seiner Brust hängt noch die Pfeife, und er wendet sich zum Fenster des Zimmers und sieht, daß es draußen schon bald tagen wird. Dann wirft er dem Vagabunden einen bösen Blick zu, und dieser verschwindet, als habe ihn die Erde verschluckt. Der Weltträger schickt sich an, das Zimmer zu verlassen, schaut schnell noch einmal auf die Betrunkenen, die an den Tischen schlafen, und geht dann still aus dem Zimmer, und so macht es auch der Nachtwächter. Draußen nähert sich schon der Tag, und einzelne Hausmeister kommen mit den Besen in den Händen aus den Höfen, um die Straße zu reinigen und zu kehren. Der Weltträger wünscht dem Wächter einen guten Tag und verläßt ihn, und der Wächter geht heim, um sich den Tag über für die Nacht auszuruhen ...

Am Morgen, als es in der Stadt schon heller Tag ist, als die Sonne schon hoch am Himmel steht und großer Lärm auf den Straßen herrscht, die schon gereinigt sind, um wieder vom Tag und vom Getöse beschmutzt zu werden, da ist der Träger mit seiner Welt schon weit gegangen, mit seiner schweren Last, die er bergauf trägt und mit der er sich müht.

Und dann wachen erst die Gäste auf, die die Nacht im ›Blinden Mann‹ verbracht haben, wachen auf und reiben sich die Augen. Sie sind blaß, und ein mattes und übernächtigtes Lächeln liegt auf ihren Lippen. Dann verlassen sie das Zimmer im ›Blinden Mann‹, gehen hinaus auf die Straße, suchen einen unreinen Ort auf, stellen sich mit dem Gesicht zur Wand hin, stellen sich hin und geben das, was sie in der Nacht getrunken haben, wieder von sich ...

Deutsch von Martina Eicheldinger und Armin Schlechter

DER NARR UND DER WALDGEIST

Ein Beginn

Jahrelang lebte der Narr in dem wilden Wald und diente dem Waldgeist: Er hackte für ihn Holz, trug ihm Wasser herbei, begleitete ihn auf allen seinen Wegen, befolgte alle seine Befehle, arbeitete und erledigte alles für ihn, lächelte immer nur und schwieg. Nur manchmal, an einem heißen Sommertag im Wald, wenn es nichts mehr zu tun gab, wenn schon alle Arbeit beendet, wenn der Tag noch lang und der Wald von der Sonne, vom Tag und vom langen Stehen schon ermattet war – wenn der Waldgeist sich nichtig und schäbig vorkam und müde am hellen Sommertag in seinen alten Lindenbaum kroch, um sich auszuruhen – dann, wenn die Schatten der aufrechtstehenden Bäume im Wald lagen, im Wald, der mit stillen Vögeln und noch stilleren Nestern ruhte – dann machte sich der Narr zu einem fernen, stillen und nur ihm bekannten Ort im Wald auf, der von niedrigen Bäumen und dichten Blättern verborgen wurde. Dort lag ein uralter, mit Moos bewachsener Stein. Der Narr kam zu ihm, setzte sich nieder, mit dem Rücken zu dem Stein, und blickte in die Richtung, aus der er gekommen war. Und so verharrte er den Rest des Tages und überließ sich seinen Gedanken des Waldes.

Allein sitzt er so da: Die Ruhe des Tages liegt über ihm, und niemand ist in seiner Nähe. Manchmal gleitet ein Lächeln über sein Gesicht, spielt auf seinen Lippen, klar und heiter, rein und tief aus seinem Innern. Er lächelt von Herzen, allein mit sich selbst, glücklich und überglücklich, und lange dauert seine heitere, närrische und gute Stimmung an.

Aber am Abend, als die Sonne untergeht, als ringsum Schatten hervorzukriechen beginnen und sich auf alles, auf den Wald und auf die Bäume legen, da erhebt sich der Narr, dreht sich zum Stein um, bleibt vor ihm stehen, blickt lange auf ihn, und bevor er weggeht, sagt er zu ihm:

»Ich habe bei dir gesessen, Stein: Wieder habe ich einen Tag lang an dich geglaubt und, wie jedesmal, gemeint, daß du dich heute endlich, bevor die Sonne untergeht, auftun und aus deinem Innern eine Sonne hervorbringen wirst, um sie dem Abend zu reichen – dann würde es keine Nacht mehr geben. Darauf habe ich heute gehofft, und mehr als einmal schien mir, daß die Kraft in dir arbeite, die dich schließlich öffnen würde, und ich begann still für mich zu lachen. Doch jetzt muß ich zurückgehen, weiter dem Wald und dem Geist dienen, weiter auf dich warten, Stein, und ich, der Narr, ich gehe...«

Und der Narr wendet sich von dem Stein ab, läßt ihn allein im Wald, in dem Dickicht, das ihn verbirgt, zurück, macht sich in der Dämmerung, mit Sonnenuntergang, auf den Rückweg und kommt spät am Abend, als es schon dunkel geworden ist, still zu dem Waldgeist in seiner Linde und findet ihn noch dort liegen und schlafen.

»Wie spät ist es?« tönt nach einiger Zeit aus dem Stamm des Baumes eine heisere Stimme.

»Schon spät und Zeit aufzustehen.«

Zuerst streckt der Waldgeist dort die Hörner und den Kopf hervor, kommt dann mit Fell und Füßen zum Vorschein, reckt sich und gähnt, läßt seine Knochen knacken und stützt sich auf die Schultern des Narren. Der Narr hält ihn und seinen schweren Körper, bis er wieder munter ist und sich wieder wie ein rechter Geist fühlt. Er beginnt sich gutgelaunt in der Dunkelheit umzublicken, überlegt, wo, in welcher Gegend des Waldes er heute in der Nacht etwas unternehmen wird, was ihm heute nacht bevorstehe, und wo... Er denkt nach, bis ihm ein Gedanke kommt, und schließlich gibt er mit befehlendem Zeigefinger dem Narren einen Wink: Er solle die Töpfe für das Abendessen zusammenpacken, er solle mit ihm gehen, dorthin, in jene Richtung...

Und so war es immer, lange, schon jahrelang – der Wald steht, die Zeit vergeht, der Geist ist der Herr, der Knecht ist der Narr, und nichts änderte sich daran. Aber einmal, nachdem er den Mittag über geschlafen hatte und erst am Abend aufgestanden war, brach der Geist mit dem Narren in den weiten Wald auf. Es war eine sommerliche und mondhelle Nacht, und sie gingen und gingen, bis sie zu einem Platz mitten im Wald kamen. Sie bemerkten, daß sie nie zuvor an diesem Ort gewesen waren. Noch nie waren sie auf einen Platz gestoßen, der am Boden so mit Gras überwuchert und hoch oben so mit Baumwipfeln zugewachsen war; noch nie hatten sie einen so wilden und fremden, so abendlichen und hellen Platz gesehen. Hohe und riesige Bäume von kräftigem Wuchs erhoben sich dort. Ihre Stämme standen in vollem Saft, und ihre Wurzeln krallten sich selbstsicher in die Erde. Ihre Wipfel ragten in das Licht, ihre Zweige schwebten hoch oben, und mächtig und erhaben, wie sie waren, bemerkten sie den Geist und den Narren zu ihren Füßen überhaupt nicht: Klein und unbedeutend schritten beide unten zwischen den Bäumen umher, schauten mit erhobenem Kopf in die Wipfel der Bäume, konnten die Augen nicht davon abwenden und wunderten sich ohne Ende.

»Wo sind wir hier?«

»Ich weiß es nicht«, antwortete der Narr.

»Ich kenne diesen Teil des Waldes nicht.«

Und dann befahl der Geist dem Narren, ihre Sachen auszupacken und Holz für ein Feuer aufzuschichten, da sie die ganze Nacht über hierbleiben und den Ort genauer besehen müßten. Der Narr gehorchte. Bald hatte er im Gras ein Feuer angezündet, stellte die abendliche Mahlzeit darauf und begann, sie zu kochen. Er saß da, schaute in die Flammen, legte ab und zu etwas Holz nach und ließ das Feuer nicht ausgehen. Es brannte und flackerte. Der Narr starrte hinein, und der Geist schritt unterdessen in einiger Entfernung umher, schaute sich den Ort genau an, ging aber vorerst noch nicht fort und hielt sich in der Nähe des Feuers. Dann, als der Rauch schon hoch hinauf in den Himmel stieg, trat der Geist zu dem Narren und sagte zu ihm:

»Narr, ich lasse dich hier allein zurück. Du sollst beim Feuer sitzen und es am Brennen halten. Aber schlafe nicht ein. Sieh zu, daß der Rauch immer aufsteigt... Ich gehe weg, ich muß fortgehen und den Ort erkunden: Es ist für einen Geist nicht schön, wenn es in dem Wald, in seinem Revier, einen Platz gibt, den er selbst nicht kennt...« Nach diesen Worten ging er weg.

Der Narr blieb allein bei dem Feuer zurück. Er saß da, still, wie es seine Art war, saß im Wald und im Gras, im Licht des Waldes, und verlor sich in seinen Gedanken. Leise begann er zu lachen, lang und länger, wie ein Narr, still und voll Freude, wie er es immer tat. Er lachte nur für sich, zu seiner eigenen Freude, hielt schließlich inne, wandte sich noch einmal dem Feuer zu, und während er ein letztes Mal lächelte, schürte er es. Der Rauch stieg gerade und wie eine Säule empor, über die Bäume hinaus, still und lange, abendlich und unbemerkt. Der Abend verging, es wurde Mitternacht, und der Geist kam noch immer nicht zurück. Da wurde der Narr schläfrig. Er begann zu dösen, rückte näher an das Feuer heran, kauerte sich ganz zusammen, und so blieb er sitzen, ließ den Kopf auf die Brust sinken und schlief ein.

Und als der Narr unten zu schlafen begann, da bewegte sich hoch oben, im Wipfel eines kräftigen Baumes, ein Zweig. Auf dem Baum erschien ein junges weibliches Wesen, ein Geschöpf des Waldes, und sah hinab auf den Narren, der beim Feuer schlief. Sie blickte nach unten und schaukelte, leicht, wie eine Waldnymphe, und kaum mit dem Auge wahrnehmbar. Lange bewegte sie sich auf und ab, bis sie dort oben innehielt und den Zweig, auf dem sie saß, zur Ruhe brachte. Nachdem sie lange nach unten geschaut hatte, rief sie dann, wie schwerelos und ohne Atem, hinab:

»Narr, warum schläfst du? Ich komme von dem Stein. Der Stein ist nicht allein, der Stein ist aufgesprungen...«

So rief sie und wartete darauf, daß der Narr erwache. Nichts geschah. Da rief sie noch einmal:

»Warum schläfst du, Narr? Es ist die letzte Nacht, in der du noch dem Geist dienen mußt. Geh, man wartet schon beim Stein auf dich, man erwartet dich...«

Doch der Narr wachte noch immer nicht auf. Da riß sie neben sich eine große, harte und trockene Nuß ab, zielte auf den schlafenden Narren, traf ihn am Kopf und rief:

»Steh auf!«

Als der Narr aufgewacht war, sah er neben sich schon den zurückgekehrten Waldgeist stehen, der den Blick in die Höhe richtete, nach der Spitze eines nahen Baumes spähte, sich wunderte und nach oben gewandt fragte:

»Wer ist da?«

»Ich!« bekam er zur Antwort.

»Wer ist das?«

»Das Waldwesen.«

»Und was will es da?«

»Den Herren von der Knechtschaft auslösen.«

»Wen meint es?«

»Ihn!« sagte sie und wies auf den Narren.

Als der Geist sich zu ihm umdrehte und ihm ins Gesicht blicken wollte, fand er den Narren so, wie es immer seine Art gewesen war: mit gesenktem Kopf stand er unterwürfig und beschämt vor ihm und lächelte still, gutmütig und verlegen, als ob er sich etwas hätte zuschulden kommen lassen. Der Geist blickte ihn schon ernster an, riß ihn aus seiner Erstarrung und fuhr den Verlegenen an:

»He, Narr!«

»Ja«, antwortete ihm der Narr, hob seinen Kopf, konnte ihm aber kaum in die Augen blicken, »wir nehmen Abschied.«

Und der Geist verstummte.

Der Narr reichte dem Geist sein Mahl, hielt sich nach Art eines Knechtes in einiger Entfernung und wartete, bis er gegessen hatte. Dann packte er das Geschirr zusammen und machte sich zusammen mit dem Geist in jener Nacht von jenem Ort aus auf den Rückweg. Als sie zurückgekommen waren, trat der Narr zu dem Baum und stellte sich still, nach allem, was in der Stille geschehen war, vor ihn hin und blieb eine Weile schweigend vor seinem Stamm stehen. Dann fiel er auf die Knie nieder, beugte das Gesicht zur Erde und lag so lange stumm vor ihm. Gebeugt und kniend verharrte der Narr vor der Erde, in der der Baum stand, bis er sich schließlich vor dem hohen Stamm erhob, zum Geist hinüberging, ihm in die Augen blickte und dann kurz und bündig zu ihm sagte:

»Der Narr ist dir dankbar.«

»Für was?«

»Für die langen Jahre, für mein Hiersein, für alles, was gewesen ist.«

Und ohne auf eine Antwort zu warten, drehte sich der Narr um, ging still fort von dem Geist, dem er gedient hatte, und verließ den Ort und den Baum.

Deutsch von Martina Eichelдinger und Armin Schlechter

UNTERM ZAUN
Eine Revue

Ich bin zu Tode betrübt...

Und nur du, meine Tochter, kannst es nachfühlen und mich verstehen. Denn heute abend hat man deinen geachteten und angesehenen Vater im Zirkus antreffen können, doch nicht als Clown unter Clowns, auch nicht als Zuschauer auf den Zuschauerbänken, sondern auf den schmalen, gewundenen Treppen, die gleich einem finsteren Labyrinth zu den Garderoben führen. Mit einem Bouquet der letzten Blumen aus seinem Garten, mit seinem letzten Geld und mit dem, was ihm noch an Liebe geblieben ist, ist dein Vater zu einem kleinen Zimmer hingegangen, und leise, scheu und mit zitterndem Herzen hat er angeklopft und gelauscht: »Darf man eintreten?«

»Komm herein!« war von innen zu hören.

Dein Vater trat hinein zu der Zirkusreiterin, die schon im hautfarbenen Trikot auf ihren Auftritt wartete. Sie hielt eine Peitsche in der Hand und ließ sie gegen ihre Reitstiefel knallen. Dabei betrachtete sie mich und meine Geschenke – mich selbst, wie jemand Überflüssigen und Lästigen. Mein Bouquet nahm sie und sagte, daß es für den Kopf ihres Pferdes schön wäre, meine Süßigkeiten kaute sie mit vollem Mund, von meiner Liebe aber wollte sie nichts hören, und unablässig schlug sie mit der Peitsche gegen ihre Stiefel.

»Lili...«, sagte ich leise und verlegen.

Ihre Augen sahen mich bedauernd an, und schon die Haltung ihres Körpers war abweisend. Ich spürte, daß sie mich nie in ihre Nähe lassen würde, niemals und in keinem Fall.

Da öffnete sich die Tür, und aus einer anderen Garderobe kam ein Artist herein. Es war ein Athlet mit riesenhaften Füßen und Waden, mit einer Brust, breit wie zwei Ambosse, und mit Orden behängt. Seine Arme und Beine waren nackt, der Kopf glich einem Faß und das Gesicht einem Mond. Er sah mich vor Lili stehen und fragte sie: »Wer ist das?« Und Lili antwortete ihm mit vollem Mund: »Das ist ein Gelehrter aus der Stadt, er ist ein berühmter Mann und einer meiner Verehrer... Haha...« Sie zeigte ihm meine Geschenke, mein Bouquet und alles, was ich ihr gebracht hatte, und er betrachtete eins nach dem andern, auch mich, Tochter, deinen Vater.

In seinem Blick stand Hohn; in seinen Augen war ich ein lächerlicher Niemand. Er tat so, als wäre er böse auf Lili. Zum Spaß ging sie darauf ein, gab vor, sich vor ihm zu fürchten und ihn für meinen Besuch um Verzeihung zu bitten. Der Athlet verzieh ihr, mir aber nicht. Er kam auf mich zu, zog mir den Hut über die Ohren, nahm Lili die Peitsche aus der Hand, ließ sie neben mir auf den Boden knallen und rief: »Hinaus, verschwinde! Ich will deine gelehrten Knochen hier nicht mehr sehen!«

Und ich ging hinaus und zurück durch das finstere Labyrinth gewundener Gänge, auf denen es nach Pferden, Stall und Zirkus roch. Das war meine Belohnung für den Abend, für die Geschenke und die Liebe zu Lili.

Als ich heimgekommen war, mich umgezogen und in meinen Sessel gesetzt hatte, klopfte ein Schüler an meine Tür und fragte mich sehr respektvoll und überaus höflich:

»Darf man eintreten, Lehrer?«

»Komm herein«, antwortete ich.

Er trat ein und setzte sich mit großer Ehrerbietung zu mir. Ich führte ein Gespräch mit ihm, keines über Dinge, die ich seiner Meinung nach mit ihm hätte besprechen sollen, sondern über etwas anderes, etwas, das uns beide nicht betraf, über Liebe...

Verwundert richtete der Schüler seine Augen auf mich und hörte mir nur aus Respekt zu, ohne meine Rede zu unterbrechen. Ich erhitzte mich und redete, wie gesagt, über Liebe, wozu sie verführt, wie sie die Köpfe verdreht, wie sie verrückt macht und auf welche kindischen und gefährlichen Wege und Abwege sie die Menschen führt. »Und doch«, schränkte ich ein, »wie bitter auch immer ihre Frucht sein mag, so ist doch der glücklich, der von ihr genießen kann...«

Und der Schüler starrte mich an, hörte mir weiter zu und meinte, ich würde ein Gleichnis erzählen, es auslegen und dann zu meinem eigentlichen Thema, zu dem, was uns beide interessierte, übergehen.

Aber ich sprach weiter, jetzt davon, wie Liebe zuweilen schlecht belohnt, zurückgestoßen und verlacht wird und wie weh es dem Abgewiesenen tut, wenn er mit Taschen voll guter Dinge kommt und ihm seine Gaben ins Gesicht geworfen werden. Man steht da und lacht ihn aus, während der Abgewiesene erniedrigt auf dem Boden kriecht und seine Sachen wieder aufliest.

Der Schüler hörte mich zu Ende an und schien interessiert. Er wollte mir etwas Tröstliches sagen und bemerkte, so als ob er einverstanden wäre und mir zustimmen wollte:

»Nun ja, so etwas kommt tatsächlich vor, und gewiß sind diejenigen, die einen Menschen so zurückweisen, nicht wert, daß man sich um sie bemüht.«

So denke er, erwiderte ich, so denke er, der Schüler, also, und damit sollten sich die Abgewiesenen wohl trösten... »Nur, was ist, wenn sie sich nicht trösten können, wenn sie weiter lieben und wieder abgewiesen werden?«

Und der Schüler antwortete mir in seiner Unbefangenheit:

»In diesem Fall sind auch die Abgewiesenen nicht viel wert. Wenn sie nicht stolz genug sind, um auf ihre unwürdige Geliebte herabsehen zu können, verdienen sie nichts Besseres.«

Arglos wie er war, ließ sich mein Schüler nicht überzeugen und beharrte auf seiner Meinung. Aber im Grunde war ihm mein ganzes Gerede gleichgültig, und nur aus Scheu und Höflichkeit führte er das Gespräch fort. Wie ich ihm ansah, wartete er nur darauf, daß ich möglichst schnell zum Ende und auf das Thema zu sprechen käme, das ihn eigentlich interessierte und weswegen er zu mir gekommen war.

Aber davon sprach ich nicht. Ich hielt weiterhin an meinem Thema fest, erhitzte mich noch mehr, sprang aus meinem Sessel auf und ging im Zimmer hin und her. Ich sprach von Wert und Unwert der Liebe, verteidigte erregt meinen Standpunkt und redete wie zu mir selbst:

»Was bedeutet denn Wert, und was hat das Wort ›Wert‹ überhaupt mit Liebe zu tun? Legen wir der Liebe nicht alle Werte zu Füßen? Beschenken wir sie nicht mit allem, was wir nur vermögen? Stellen wir denn Rechnungen auf, und führen wir etwa Kontobücher über die Liebe?«

Der Schüler wollte mir antworten, nur, wie gesagt, im Grunde interessierte ihn die ganze Sache doch nicht. Die ganze Zeit über war in seinen Augen eine einzige Frage zu lesen: Was meint Ihr, Lehrer, warum sagt Ihr das? Gewiß habt Ihr doch etwas ganz anderes im Sinn ...

Aber ich meinte damit sonst gar nichts und dachte in diesem Augenblick an nichts anderes. Doch die erlittene Beleidigung lag mir auf dem Herzen und brannte in meinem Innern. Die Geschichte mit dem Zirkus, und was mir dort geschehen war, stand mir vor Augen, und vor allem Lili. Ich sah sie in verschiedenen Posen, einmal auf ihrem Pferd beim Reiten, einmal, wie sie zwischen ihren Clowns und Artisten sitzt, sie in der Mitte, und alle anderen umringen sie. Ihre Lippen sind verführerisch, ihr Mund ist aufreizend, und die Artisten packen sie, heben sie hoch, und für einen Kuß von ihr würde ein jeder von ihnen Hab und Gut, Leib und Leben opfern.

Ich weiß nicht, wie es dazu kam, aber ich muß meinen Schüler hinausbegleitet haben. Und über andere Dinge, über Dinge, die ihn interessierten, sprach ich nicht mehr mit ihm. Ich wollte nur, daß er ginge, und ich erinnere mich nicht einmal, ob er mir eine gute Nacht wünschte oder nicht. Und ich blieb allein zurück.

An diesem Abend konnte ich mich mit überhaupt nichts mehr beschäftigen, auch nicht mit meiner Arbeit, und kaum hatte ich eins meiner Bücher aufgeschlagen, legte ich es wieder beiseite, mit einem zweiten war es dasselbe, und so ging es weiter. Ich konnte mich auf nichts konzentrieren und keinen Gedanken zu Ende verfolgen.

Und plötzlich vergaß ich, wo ich war, vergaß meine Stellung und die Gesellschaft, zu der ich gehörte. Mit einem Mal sah ich mich selber als Artisten in einem hautfarbenen Trikot, mit einer Peitsche in der Hand, wie ein Zirkusreiter, und sah eine große Manege vor mir. Man bringt mir ein schönes Pferd, und ich steige auf. Vor mir läuft ein noch schöneres, es trägt Lili. Mit einem Bein steht sie auf seinem Rücken, das zweite hat sie in die Luft gestreckt. Sie fliegt, und ich fliege ihr nach. Vor meinen Augen verschwimmt das dichtgedrängte Zirkuspublikum, wir reiten immer im Kreis, vor uns die vielen Menschen, ihre Augen, ihre Begeisterung. Jede Bewegung von Lili verschlägt dem Publikum den Atem, jedes ›Hopp, hopp‹, jeder Laut von ihr ruft Jubel und Entzücken hervor, und auch ich bin begeistert. Ich reite hinter ihr her, und auch ich stelle mich auf den Rücken meines Pferdes, sie ist vor mir in ihrem leichten Kleid und mit ihrem Körper, leicht wie Luft...

Auf einmal dreht sie sich während des Reitens um und wendet mir das Gesicht zu. Ihr Pferd galoppiert weiter. Das Publikum applaudiert, Lili streckt ihre Hand nach mir aus, während sie so dasteht, und ich die meine nach ihr. Wir können uns nicht berühren, weil die Pferde im Weg sind, aber wir fühlen uns gerade so, als ob wir uns an den Händen hielten. Ihr Erfolg ist auch der meine, und ich teile die Begeisterung des Publikums. Da dreht sich Lili wieder um und steht nun wieder mit dem Rücken zu mir. Sie reitet stürmisch und läßt die Peitsche knallen – eine Runde, eine zweite und noch eine dritte. Und als wir die Stelle erreichen, von der die Pferde nach der Vorstellung hinausgetrieben werden, springe ich als erster ab, und als Lili herangekommen ist, reiche ich ihr meine Hand und helfe ihr auf den Boden. Die Pferde werden von Helfern hinausgeführt, und wir wollen ihnen folgen, doch das Publikum läßt uns nicht fort, man ruft nach uns, wir kehren um und verbeugen uns. Das ist unsere erste Nummer.

Als wir zum zweiten Mal in die Manege hinausritten, bist auch du, meine Tochter – ich weiß nicht, wie es geschah und woher du gekommen bist – plötzlich im Zirkus erschienen, dort, wo die Vorstellungen, wo alle Kunststücke mit Pferden und mit anderen Tieren stattfinden, dort, wo die Clowns und Artisten arbeiten.

Und plötzlich, als Lili und ich im Kreis ritten, standest du in unserem Weg und hast gewartet, bis wir herbeikamen. Du solltest dich, so war es vereinbart, während des Reitens auf eines unserer Pferde schwingen...

Und so geschah es tatsächlich: als erste kam Lili auf dich zu, und du sprangst zu ihr aufs Pferd. Du warst graziös, jung und geschickt, und das Publikum mußte dich bewundern... Du standest auf dem Pferd, und so seid ihr beide geritten; du hieltest dich an Lili fest, und ich folgte euch. Plötzlich, wie vereinbart, hast du dich, meine Tochter, auf einmal auf Lilis Hände gestützt, hast deinen Körper in die Luft geschwungen und bist dann im Handstand geblieben, während ihr weitergeritten seid...

Ich mußte zusehen und durfte meine Augen nicht von dem Pferd abwenden, mußte darauf achten, wie es läuft und daß es nicht schneller wird. Ich beobachtete, ob Lili das Gleichgewicht wahrte und wie sie sich auf dem Pferd hielt. Alles behielt ich im Auge, nicht die geringste Bewegung von Lili oder von ihrem Pferd durfte mir entgehen, denn sonst würde es einen Skandal im Zirkus geben, und noch etwas Schlimmeres, ein Unglück, könnte sich ereignen, und Lili könnte ausrutschen, und eine von euch beiden, sie oder du, herunterstürzen... Und so geschah es tatsächlich: Als Lili mit dir gerade eine halbe Runde in dieser Haltung geritten war, da – ich weiß nicht, warum, vielleicht weil das Publikum plötzlich zu applaudieren begann oder aus einem anderen Grund und durch die Schuld eines anderen – beugte auf einmal das Pferd den Kopf, und Lili rutschte aus. Ihr seid in diesem Augenblick gerade an der Barriere vorbeigeritten, die das Publikum von der Manege trennt; und du, Tochter, bist gestürzt. Ich hörte, wie dein Schädel gegen die hölzerne Trennwand geschmettert wurde...

Die Zuschauer erschraken, und alle schrien auf. Lili sprang ab, das Pferd blieb stehen; ich lief zu dir hin und wollte dir helfen.

Plötzlich, ich weiß nicht, wie es kam, fand ich mich in meinem Zimmer wieder, und von dem Zirkus, der Manege, dem Publikum und der großen Aufregung um deinen Sturz sah und hörte ich nichts mehr. Wir beide waren allein im Zimmer, du lagst verletzt und mit verbundenem Kopf auf meinem Bett, und ich legte dir Eis und feuchte Tücher auf. Du warst bewußtlos, und ich sah dich an und fühlte meine Schuld dir gegenüber, fühlte deinen Schmerz, meine Schande, dein Fieber und meine Angst, meine große Angst.

Ich saß über dich gebeugt; du hast oft die Lippen bewegt, im Fieber geredet und immer wieder gesagt: »Ich und der Vater, der Vater im Zirkus, der Vater als Artist im Zirkus...« Es tat mir weh, und ich schämte mich, obwohl du die Augen geschlossen hieltest und mich nicht anblicken konntest.

Es war schon spät am Abend; mir schien, als habe es an meiner Tür geklopft, und jemand fragte: »Darf man eintreten?« Ich antwortete: »Komm herein.« Die Tür ging auf, und wieder trat mein Schüler ein, derselbe, der mich schon vorher besucht hatte und nach dem Gespräch mit mir fortgegangen war. Er begrüßte mich:

»Guten Abend, Lehrer!«

»Was ist geschehen, was führt dich zu so später Stunde her?« fragte ich ihn.

Und er antwortete:

»Ich habe gehört, was im Zirkus vorgefallen ist und daß Eure Tochter, Lehrer, verletzt sei... Nun bin ich hergekommen, um es selbst zu sehen und herauszufinden, was geschehen ist, und um zu schauen, ob Ihr vielleicht Hilfe benötigt.«

»So ist das«, und ich sprang auf, »bedeutet das, daß man schon alles weiß?«

»Ja, die ganze Stadt redet schon davon, wundert sich und kann nicht begreifen, wie Ihr auf ein Pferd kommt und sogar darauf reitet. Man kann es nicht verstehen und meint, daß der Zirkusdirektor gewiß einen seiner Artisten verkleidet hatte, so daß er Euch ähnlich sah. Aber was er damit erreichen wollte, weiß man nicht, vielleicht will er damit Reklame machen oder Euch und Euren guten Ruf ruinieren. Möglicherweise ist er verärgert über Euch oder hat von früher her noch eine Rechnung mit Euch zu begleichen. Wie dem auch sei, wir, Eure Schüler, und auch ein großer Teil der Zuschauer glauben, daß Ihr es nicht gewesen seid. Um uns davon zu überzeugen und um es mit eigenen Augen zu sehen, haben mich meine Kameraden gebeten, daß ich ungeachtet der späten Stunde zu Euch gehe, selbst schaue und den Schwindel entlarve...«

Dann blickte sich der Schüler im Zimmer um und sah dich, meine Tochter, auf dem Bett liegen. Er wurde verlegen und begann zu stammeln:

»Aber... wie ich sehe, Lehrer, ist das, was man sich vom Zirkus erzählt, doch wahr, und die Zirkusbesucher haben sich nicht getäuscht. Was soll das heißen... was soll das bedeuten... was soll ich meinen Kameraden, Euren Schülern, sagen?«

So hat mein Schüler gefragt, und ich habe ihn angeschaut und nicht gewußt, was ich ihm antworten sollte, und ich konnte nur stammeln: »Sagen...? Ja, sage, daß es wahr ist, hier ist der Beweis, hier im Bett liegt meine Tochter.«

Der Schüler sah auf dein Bett, Tochter, und er wandte den Blick nicht ab. Sein Gesicht war bekümmert. Dann schaute er mich vorwurfsvoll an, doch auch voll Mitleid mit meinem tiefen Fall. Er stand noch eine Weile im Zimmer, kehrte sich dann zur Tür, um zu gehen, wandte sich noch einmal um, bevor er das Zimmer verließ, ging endlich hinaus und schloß die Tür hinter sich.

Und ich, Tochter, blieb allein mit dir zurück. Du lagst immer noch im Bett, ich saß neben dir, sah dich in deinem Fieber, in deiner Bewußtlosigkeit und mit deinem verbundenen Kopf.

Und plötzlich begannen die Wände unseres Zimmers sich zu öffnen. Löcher und Spalte taten sich auf, aus jeder Öffnung wuchs ein Kopf, in jedem Riß sah ich Augen und in den Wänden viele Menschengesichter. Einige knirschten mit den Zähnen, andere schleuderten mir böse Blicke zu und wieder andere streckten sogar ihre Hände aus den Löchern, und auf einmal ergoß sich ein Hagel von Steinen über dein Bett, aber er galt nicht dir, sondern mir, wie man sich denken kann, und unter den Steinwürfen hörte ich sie schreien:

›Alter Lüstling... die Tochter als Zirkushure verkauft... die Tochter als Hure...‹

Und wehe, Tochter, die Steine flogen wie Hagel, die Wandmenschen warfen sie mit großer Wut, und es fehlte nicht mehr viel, und die Brocken hätten endgültig deinen Kopf zerschmettert. Wenn ich mich nicht im Augenblick gefaßt hätte, wärest du aus deinem Fieber und deiner Ohnmacht nicht mehr aufgewacht... Doch ich warf mich rasch über dich und hielt, um dich zu schützen, meinen Kopf und Rücken hin und bot mit dem ganzen Körper den Steinen ein Ziel. Die Steine trafen, und einer, ein sehr kantiger, schlug gegen meinen Kopf, verletzte und betäubte mich. Ich fiel in Ohnmacht und spürte nichts mehr, nur daß mir Blut vom Kopf rann und es mir mit dem Blutverlust auch leichter wurde. Ein Gefühl der Leere breitete sich in mir aus.

Und auf einmal war ich nicht mehr in unserem Zimmer, sondern in einem fremden Gerichtssaal. An einem Tisch, der mit Tuch bedeckt war, standen Stühle und Bänke, auf denen alle meine Schüler saßen. Sie waren die Richter, und ich stand vor dem Tisch und vor Gericht. In der Mitte saß der älteste Richter, den ich zuerst nicht erkannte, aber als ich genau hinsah, wußte ich wieder, es war mein Lehrer, in dessen Eremitenschule ich gelernt hatte; ich hatte ihn lange nicht mehr gesehen und hatte auch nichts mehr von ihm gehört – es war Medardus.

Er sah mich mit Bedauern an, ebenso meine Schüler. Ich stand vor dem Tisch, außer mir und den Richtern war niemand im Saal, kein Zeuge und keine Zuschauer. Man hieß mich an den Tisch treten, und ich tat es.

Ich war froh, daß meinesgleichen über mich zu Gericht sitzen würde und daß ich vor meinen Schülern und meinem Lehrer stand; ich erwartete von ihnen Verständnis und ein gerechtes, mich nicht schonendes Urteil.

Medardus machte eine Handbewegung: Eine Wand öffnete sich, und du, meine Tochter, wurdest auf deinem Bett als Beweis meiner Schuld hereingetragen. Deinetwegen, Tochter, sollte im Gericht verhandelt werden, und wegen deines Sturzes und deiner Verletzung würde ich mich verantworten müssen.

Medardus gab mir ein Zeichen, und ich fühlte mich wieder wie früher als sein Schüler, als Eremit unter Eremiten, und ich war ja wirklich einer der Ihren gewesen... Meine Schüler waren Eremiten, alle wie Eremiten gekleidet, nur ich trug wie im Zirkus ein hautfarbenes Trikot. Ich schämte mich, ergriff aber dennoch das Wort und sagte:

»Ihr habt mir das Wort erteilt, und ich muß mich rechtfertigen, doch ich habe nichts, womit ich mich verteidigen könnte. Ich stehe hier vor Euch und fühle mich wie eine Schnecke ohne Haus: nackt und schutzlos... Ja, mein Lehrer Medardus, ich habe meinen Turm, unsere Eremitenschule, verlassen... mir war kalt... und wenn man friert, schmiegt man sich an alles Warme, selbst Mist und Unrat sind recht, wenn man sich damit zudecken kann... selbst Fetzen ein Hemd und ein Zirkustrikot ein Kleid... und wenn man hungrig ist und keine Arbeit hat, dann arbeitet man auch als Clown... und wenn man kein Heim und kein Dach über dem Kopf hat, ist doch auch der Zirkus ein Zuhause. Und dort ist es so, wie es im Zirkus eben ist: dein

Leben ist nicht viel wert, du mußt es riskieren, um die Schaulust Fremder zu stillen; deine Seele hängt am Seil, und du zählst nichts mehr, und wen wundert es dann, wenn auch dein Kind nichts mehr zählt, wenn du es für nichts, für ein Stück Brot als Seiltänzer verkaufst...

Sei nicht erstaunt, mein Lehrer Medardus, und wundere dich nicht, daß ich unser Haus verlassen habe, denn wer außer dir weiß besser, wie unsere Schule zu deiner Zeit blühte, zu meiner Zeit aber verdorrt ist. Damals verbreitete unser Turm weithin sein goldenes Licht, jetzt ist das Licht erloschen und das ganze Haus verfallen, kein Mensch kommt mehr hin, nur Hunde, die sich an den Wänden reiben und dagegenpissen... Und während du zu deiner Zeit noch fest und mit Würde auf deinem Stuhl gesessen bist, sind jetzt die Stühle aus dem Leim gegangen, und die Beine drohen ihnen abzufallen...

Du, mein Lehrer Medardus, hättest es voraussehen und uns auffordern müssen, das Haus zu verlassen. Als du uns zurückgelassen hast, hättest du in deinem Testament schreiben müssen, daß wir nicht zwischen kahlen Mauern, in einer Ruine, mit rostigen Schlüsseln zurückbleiben sollten... Wir sind geblieben... Aus großer Achtung vor dir haben wir noch eine Zeitlang dein Erbe im Haus bewahrt und uns an die Ordnung gehalten, die du an uns weitergegeben hast. Doch niemand hat uns unterstützt, keiner kam zu uns, um bei uns zu lernen, und niemandem waren wir wie du ein Vorbild...

Wir hüteten unsere armseligen Geheimnisse allein; traurig war es an unserem Tisch, keine Gäste und Besucher kamen, wie zu deiner Zeit, zu uns, um uns um Rat zu fragen... Keiner brachte uns Geschenke, unsere Keller und Speicher standen leer, unser Brot war trocken, und es gab nichts im Haus, um es einzutunken. Ohne Freude wuschen wir uns die Hände vor der Mahlzeit, und voller Trauer sprachen wir am Ende den Segen. Nach und nach verließen uns die Diener und nach den Dienern auch die schwächeren unter den

Schülern. Jene, die blieben, konnten den anderen keine Vorwürfe machen und sie nicht beschuldigen, weil alle, auch die, die noch ausharrten, das Bleiben als sinnlos erkannt hatten und verstehen konnten, daß die Schwächeren aufgaben... Und als wir am Ende nur noch sehr wenige waren, war auch ich schließlich an der Reihe. Was sich damals mit mir zutrug, will ich Euch berichten, und Ihr sollt mir zuhören.

Eines Tages war ich allein im Turm zurückgeblieben. Mein Herz war schwer, denn nicht weit von hier ging es laut auf den Straßen zu, während unser Haus öde und verlassen war. Niemand kommt. Nur selten läßt sich ein Lehrer aus der Stadt mit seinen Schulkindern sehen. Er führt sie herum, damit sie unsere Armut und Gebrochenheit betrachten können, und die Kinder fragen nach unserem Turm und seiner Geschichte: ›Wozu wird er gebraucht?‹ Der Lehrer antwortet ihnen: ›Zu gar nichts, man könnte ihn abreißen, man hat ihn nur wegen seines Alters und zur Erinnerung stehenlassen, um an seinen Überresten zu lernen, was man von der alten Zeit wissen muß.‹ Wenn die Kinder mich, einen Schüler oder einen Diener im Hof sehen und fragen, wer wir seien, was wir täten und was für einen Nutzen wir brächten, antwortet der Lehrer wieder: ›Sie haben keinen Nutzen mehr und sind auch nur Überreste der Vergangenheit. Wenn man sie betrachtet, kann man auch etwas lernen...‹

An einem solchen Tag war ich allein in unserem Haus, alle waren weggegangen, die Schüler ebenso wie die Diener, und auch im Hof ließ sich keiner sehen. Ich war in meiner Kammer und starrte, in Gedanken versunken, in einen Winkel. Plötzlich schwindelte es mir vor meinen Augen, und ich sah aus dem Winkel eine Gestalt heraustreten, einen Staubmenschen von schäbigem Aussehen und mit verstaubten Augenbrauen. Seine Kleidung war abgetragen und ihre Farbe nicht mehr zu erkennen; er hatte nur wenige Haare auf dem Kopf und keinen Bart. Auf den ersten Blick wirkten seine Augen leblos und verschleiert, doch irgendwo in einem

Winkel zeigten sie ein heimtückisches, verborgenes und verstohlenes Lächeln.

Der Staubmensch versetzte mich in Erstaunen, und ich ihn scheinbar noch mehr. Als er den Staub und den Kalk der Wand von sich abgeschüttelt hatte, schaute er sich nach allen Seiten um, sah mich an und fragte, wer ich sei und wie ich hierherkäme. ›Was heißt ›wie‹?‹ fragte ich zurück. ›Ich gehöre doch hierher, mein Platz war schon immer hier.‹ Doch wer sei er, der Mensch aus Staub und Schimmel, und wie komme er hierher.

Er, so antwortete er mir, und dabei zeigte sich wieder das verstohlene Lächeln, er komme aus dem Winkel, wo er sich aufhalte, dort sei sein Platz seit jeher und schon immer.

Wieso man ihn bis jetzt nie gesehen habe, und warum er sich noch nie habe blicken lassen, fragte ich ihn.

Weil, so antwortete er, es bisher niemanden gab, dem er sich hätte zeigen können.

›Was soll das heißen? Und die Bewohner und die Eremiten, die hier lebten?‹

›Nein‹, sagte der Staubmensch. Wenn er zu ihnen gekommen wäre, hätten sie ihn sicher für ein Trugbild und für eine Sinnestäuschung gehalten, hätten ausgespuckt und sich abgewandt.

›So, aber warum kommt du jetzt, und warum zu mir?‹ fragte ich nochmals.

›Jetzt ist nicht damals‹, antwortete er mir, ›und du bist nicht wie die anderen, du bist für mich kein Eremit, und ich bin für dich kein Gespenst mehr. Und sieh: so wie du hier der Letzte bist – deine Lehrer sind tot, deine Schüler gehen einer nach dem anderen fort, und heute oder morgen werden sich die restlichen davonmachen – so habe auch ich in meinem Winkel nichts mehr zu schaffen. Bald werde ich meinen Lebensunterhalt dort nicht mehr finden; deshalb bin ich herausgekommen, um mich dir vorzustellen: ich der Letzte und du der Letzte. Wir wollen uns miteinander bekannt machen ... Ich kenne dich und deine tägliche Arbeit, weil ich dich beständig durch die Wand beobachte, du mich aber nicht. Du hast nie zu mir hereingeschaut, deshalb lade ich dich ein, du darfst eintreten... Wie ich sehe, hast du hier nichts mehr zu verlieren, und ich auch nicht. Wir sind also beide in derselben Lage. Vielleicht sollten wir zusammen weggehen, wenn wir uns kennengelernt haben, uns zusammen einen neuen Platz, einen neuen Lebensunterhalt und ein neues Auskommen suchen, was denkst du?‹

›Und deine Arbeit?‹

›Komm herein und sieh dich um.‹

Der Staubmensch rief mich, und ich folgte ihm in die Wand hinein. Er führte mich in eine kleine und enge Kammer. Am hellichten Tag brannte dort ein Dochtlicht, ein kleines Bett stand da und eine rostige Schöpfkelle lag neben einem der Bettpfosten.

Es dauerte lange, bis ich in dem Zimmer noch mehr erkennen konnte. Außer einer Bank, einem Tisch und einigen wertlosen Dingen gab es nichts zu sehen. Aber als ich genauer hinblickte, bemerkte ich auf dem kleinen Bett zu meiner Überraschung drei Menschen: Vater, Mutter und ein Kind. Der Vater lag in der Mitte, die Mutter an der Wand und das Kind zum Raum hin. Alle drei waren aus Stroh, lagen schon lange hier und rochen modrig und alt. Die Mutter war abgezehrt, dürr und hatte keine Brüste für das Kind. Der Vater war kräftiger und von breiterer Gestalt. Ungewöhnlich an ihm war, daß er Brüste hatte. An seiner einen Brust lag das Kind und saugte. Auch das Kind war, wie gesagt, aus Stroh. Mit seinem kleinen, strohenen Mund biß es den Vater, wie man sehen konnte, beim Trinken und tat ihm weh. Er ächzte, drehte und krümmte sich, während er das Kind säugte.

Der Staubmensch zeigte auf das Bett und hieß mich hinsehen. Ich sah, daß auch der Vater dem Kind nichts mehr geben konnte. Das Strohkind saugte ihm das Mark aus, und der Vater wand sich wie eine Schlange, stöhnte und schrie.

Und je länger ich ihn anstarrte, desto mehr wurde sein

Schmerz zu meinem Schmerz, und je mehr er sich wand und krümmte, desto mehr begann auch ich mich zu winden und zu krümmen.

Und plötzlich fand ich mich an der Stelle des Vaters mitten auf dem Bett wieder, die Mutter an meiner einen, das Kind an der anderen Seite, und der Staubmensch stand da und schaute mich an. Als ich ihn fragte: ›Was bedeutet das? Was geht hier vor?‹, sagte er: ›Das ist meine Arbeit, damit bin ich stets beschäftigt. Der Vater ist aus Stroh und hat nichts mehr, um das Kind zu säugen, die Mutter ist eine Mutter ohne Brüste, und das Kind will trinken, saugt und quält sich. Ich muß für sie sorgen und alle drei ernähren. Da liegt, wie du siehst, eine rostige Schöpfkelle. Mit ihr kratze ich Feuchtigkeit und Schimmel von den Wänden und reiche es ihnen, und damit sie Licht haben, während sie im Bett liegen, sammle ich Haare von den Bärten und den Köpfen der Eremiten, drehe Dochte daraus und zünde sie an.‹

›Was habe ich damit zu schaffen?‹ fragte ich den Staubmenschen nochmals. ›Wie komme ich hierher auf das Bett, und was habe ich mit Mutter, Kind und Stroh zu tun?‹

›Du mit ihnen?‹ erwiderte er mir. ›Das ist doch dein Stroh und deine strohene Arbeit. Bei allen deinen Brüdern, den anderen Eremiten, ist es ebenso. Euer Strohleben hat solche Kinder hervorgebracht. Ihr säugt sie und habt doch nichts, um ihren Hunger zu stillen, und ihr krümmt und windet euch ...‹

Da setzte ich mich mit einem Ruck auf, rückte von der Frau ab, schob das Kind zur Mitte des Bettes, stellte die Füße auf den Boden und blieb so sitzen, den Kopf gesenkt und die Augen auf den Boden gerichtet. Meine Augen wurden feucht, und Tränen begannen zu fließen.

Ich weinte. Anfangs fielen mir die Tränen auf die Hände, danach auf die Knie und auf den Boden. Sie tropften wie Regen von einem Dach herab, benetzten zuerst den Boden und wuchsen dann zu einem Rinnsal an. Der Staubmensch stand die ganze Zeit über mich gebeugt und schaute zu. Als ich schon ziemlich lange geweint hatte und das Rinnsal größer geworden war, hieß mich der Staubmensch meine Füße hineintauchen, und ich gehorchte ihm.

Und bald sah ich an der Wand mir gegenüber etwas wie einen kleinen Lichtkreis, so wie ihn das Glas einer Lampe auf eine Wand wirft. Der Schein wurde heller, der Lichtkreis erweiterte sich mehr und mehr und nahm bald die ganze Wand ein. Ein wenig später schien sich die Wand zu öffnen, und ich sah, während ich auf dem Bett saß und die Füße in den Strom meiner Tränen hielt, in einen freien Raum. Nach der engen Stube, die von einer kleinen Öllampe erhellt wurde, blendete mich das gleißende Licht von draußen, und es schien mir, als sähe ich ein Meer...

Es war wirklich ein Meer. Nicht weit von meiner Kammer und von meinem Bett sah man das Ufer. Dort standen Gruppen von Menschen, und sie sahen aus, als seien sie zu einem Begräbnis zusammengekommen. In ihrer Mitte war ein mir wohlbekannter Mensch, größer, blasser und vornehmer als die anderen, doch er sah aus wie ein Verurteilter. Und wirklich hatten sich die Menschen um seinetwillen versammelt, als ob sie ihn vom hohen Ufer ins Meer hinabstürzen oder ihm dort oben an Land ein Grab schaufeln wollten...

Auf einmal hoben die Menschen ihn in die Höhe und hielten ihn eine Weile der Sonne entgegen. Da, mein Lehrer Medardus, erkannte ich dich, und auch ich half dich tragen. Plötzlich warfen dich die Menschen hinab, und auch ich war unter ihnen. Du fielst hinab, und im Flug hast du dich in einen Vogel verwandelt, hast gekrächzt und gelacht, mit den Flügeln geschlagen und wieder gelacht. Als ich den Vogel genauer betrachtete, erkannte ich das Gesicht des Staubmenschen. Bei jedem Krächzen und jedem Lachen schnaubte und nieste er Staub. Der Vogel flog zu jeder der Menschengruppen hin, umkreiste sie, lachte und verbreitete Staub um sich herum. Dann kam mein Staubmensch zu mir ans Bett, lachte und sagte:

›Lach doch auch, dann wird der Staub auch von dir abfallen.‹

Ich lachte, und ein Vogel flog aus meinem Mund, ich lachte noch einmal – noch ein Vogel – eine Menge Vögel aus Ohren, Augen, Nase und Kopf, und dann lachten wir alle zusammen. Ich fühlte mich leer, erleichtert, war guter Dinge und wie von einer Last befreit und wollte nun alles tun, was der Staubmensch oder die Vögel von mir verlangen würden.

Und wieder erschien der Staubmensch, machte eine Handbewegung, und das Meer und die Menschengruppen verschwanden, eine zweite, und auch die Vögel waren fort, eine dritte, und die Wand unserer Kammer schloß sich vor meinen Augen. Zurück blieb nur das Bett mit der Frau und dem Kind auf ihm und die Öllampe, die beide beleuchtete.

Der Staubmensch zeigte auf die Lampe. Ich sollte sie nehmen, das Öl über die Frau gießen und sie dort liegenlassen. Das Kind sollte ich in meinen Mantel stecken, und da es aus Stroh sei, würde es dort auch Platz haben. Ich tat, was er gesagt hatte, nahm das Kind an mich und goß das Öl über die Frau. Was weiter geschah, sah ich nicht mehr, weil der Staubmensch mich gleich darauf aus seinem Zimmer führte. Ich weiß nicht, wie es kam, doch er und ich fanden uns plötzlich mit dem Strohkind außerhalb unseres Hauses, vor der Tür, wieder. Ich hatte den Schlüsselbund in der Hand, drehte einen rostigen Schlüssel im Schloß um und verschloß so die Tür.«

Und so, meine Tochter, fuhr ich fort, mich vor meinen Richtern und vor Medardus zu rechtfertigen, »und so verließ ich mit dem Staubmenschen den Hof unseres Hauses. Wir traten auf die Straße hinaus, und als uns die ersten Passanten erblickten, bemerkte ich, daß sie uns alle sehr erstaunt und verwundert ansahen. Ich wußte nicht, wer von uns diese Verwunderung weckte, ob ich es war oder der Staubmensch oder etwa das Kind, das aus meinem Mantel herausblickte. Vielleicht staunten sie auch über uns drei zusammen.

Da betrachtete ich zuerst mich selbst und fand, daß ich nicht ungewöhnlich aussah. Ich trug die gleichen Kleider, die ich auch immer bei uns im Haus getragen hatte. Als ich aber den Staubmenschen anschaute, erschien er mir ganz verändert, nicht mehr so, wie er sich mir gezeigt hatte, als er aus der Wand getreten war, und auch nicht mehr so, wie ich ihn in seiner Kammer gesehen hatte. Er war prächtiger und vornehmer gekleidet als die reichsten und vornehmsten Passanten, trug einen neuen, glänzenden Hut, einen gut sitzenden schwarzen Frack, Lackschuhe, ein gestärktes Hemd und eine tief ausgeschnittene Weste. In der Hand hielt er einen Stock, keinen Spazierstock, sondern so einen, wie ihn Dirigenten und Kapellmeister oder Zauberkünstler tragen...

Die Leute wunderten sich, als sie uns zusammen sahen, er so gut gekleidet und ich so eremitenhaft, meine Kleider schon so abgenutzt, vor Alter glänzend und bereits ein wenig ausgefranst, und mit dem Strohkind, das aus meinem Mantel heraussah. Einige Leute blieben stehen, andere, die schon an uns vorübergegangen waren, drehten sich um. Einige schmunzelten, andere glaubten, es handle sich um Reklame für den Zirkus oder um dergleichen. Doch da wir keine Plakate trugen, wußten sie nicht, was das bedeuten sollte und wozu wir sie einladen wollten.

Der Staubmensch bemerkte die Neugier der Passanten, fühlte sich jedoch weder unbehaglich noch beklommen, anders als ich, denn ich fühlte mich unbehaglich und beklommen und fehl am Platz. Man sah ihm an, daß er in der Tat beabsichtigte, das Interesse der Zuschauer zu wecken.

Als wir dann weiter die Straße entlanggingen und in belebtere und lautere Viertel gelangten, drängten sich viele Menschen um uns. Bald waren wir von ihnen umringt, und der Staubmensch hieß mich anhalten. Auch dort, wo wir stehenblieben, wunderten sich die Leute und fragten uns zuerst mit Blicken und dann auch mit Worten: ›Was wollt ihr, wer seid ihr und wofür macht ihr Reklame?‹ Der

Staubmensch hob seinen Stock, um zu zeigen, daß er etwas zu sagen habe.

Die Zuschauer warteten, und der Staubmensch ließ sie noch ein wenig länger warten, um die Spannung zu steigern. Schweigend stand er da, und schließlich sagte er:

›Ja, verehrtes Publikum, wir machen Reklame. Der Eremit, der da vor euch steht, hat seinen Lebensunterhalt verloren. Er hat nichts mehr zu tun, und, wie ihr wißt, ist sein Laden schon verschlossen und verriegelt, wie es jetzt bei seinesgleichen der Fall ist. Seine Schule war auch sein Zuhause, und mit dem einen hat er auch das andere verloren. Und er hat mit denen gebrochen, die mit ihm gelebt haben. Er hatte eine Frau, ein Strohbündel, und als er sein Haus verließ, hat er sie mit Öl übergossen. Wenn Sie zusehen wollen, meine Damen und Herren, müssen Sie sich nur zum Turm und zum Haus umwenden. Schauen Sie auf den Kamin und auf das Dach, und Sie werden dort Rauch und Flammen aufsteigen sehen.‹

Das Publikum wollte zusehen. Alle wandten ihre Blicke zu dem Haus, dorthin, wohin der Staubmensch mit dem Finger zeigte, und tatsächlich: aus dem Kamin, der schon lange nicht mehr benutzt worden war, stieg auf einmal Rauch und dann auch Feuer auf. In den Flammen erschien plötzlich, allen sichtbar, eine Frau, doch es dauerte nicht lange, bis sie verschwand...

Das Publikum starrte auf die Stichflamme, die aus dem Kamin herausschlug. Als es nichts mehr zu sehen gab, wandten sich die Zuschauer wieder dem Staubmenschen zu und fragten: ›Was weiter?‹ und ›Was gibt es noch?‹ Und er sagte darauf:

›Das also ist der Eremit – ich stehe ihm bei und führe ihn in die Welt hinaus. Als er ein großer Mann war und auf der Höhe seines Ruhmes stand, bin ich nicht von seiner Seite gewichen und habe von seinem hohen Ansehen und von seinem Reichtum gelebt, und jetzt, da er nicht mehr oben steht, sondern heruntergekommen und schon tief gesunken ist, kann man ihn doch nicht verlassen, denn er ist allein und hilflos. Die langen Jahre, die er abgesondert und abgeschieden in seinem Haus verbracht hat, haben ihm die Sinne verwirrt. Wie ihr seht, ist er weltfremd und närrisch. Er hat keine Kraft mehr, und das bißchen, was ihm noch geblieben ist, hat gerade noch dazu gereicht, von seinem Haus wegzugehen und mit schweren Füßen die Schwelle zum Leben zu überschreiten. Hier steht er vor euch, heruntergekommen und zu nichts nütze. Man muß doch etwas für ihn tun, ihm irgendein Auskommen suchen, und wer soll das machen, wenn nicht ich, wenn nicht derjenige, der mit ihm lebte, mit ihm aß und sich jahrelang neben ihm aufhielt …?‹

›Sicher, sicher‹, meinten einige der Zuschauer und nickten zustimmend, ›gewiß, das ist nur recht und billig …‹

Der Staubmensch unterbrach den Beifall und das Kopfnicken der Zuhörer und fuhr fort: ›Schon lange habe ich mir über ihn Gedanken gemacht und überlegt, was man mit ihm anfangen soll, da er doch keinen Beruf hat: Solche wie er haben zwei linke Hände, und er besaß nichts, was er aus seinem Haus hätte mitnehmen können, außer dem, was aus seinem Mantel herausschaut; er hat es von seiner Frau, die in den Flammen verschwunden ist. Schon bevor ich beschlossen hatte, ihn hinauszuführen und unter Menschen zu bringen, schon bevor ich mit ihm aus seinem Turm auf die Straße hinaustrat – schon damals, als mir klargeworden war, daß er schließlich doch fortgehen und das Haus verlassen müßte –, da begann ich Vorbereitungen für seinen Aufbruch zu treffen. Denn von ihm selber war in seiner Unfähigkeit nichts zu erhoffen, wenn ihm nicht gerade ein Wunder oder ein Zufall oder das Glück zu Hilfe kommen würde – und es geschehen ja keine Wunder, und Zufall und Glück kommen einem nicht zu Hilfe. Ich habe in allen Winkeln des Hauses herumgestöbert und alle Schränke, Kästen und Nischen durchsucht, um vielleicht etwas Wertvolles, vielleicht Gold, zu finden – aber ich fand überhaupt nichts. Alles, was einmal im Haus war, ist schon vor uns, vor meiner und seiner Zeit, von anderen fortgeschleppt worden, und uns ist außer Staub, alten Fetzen und zerrissenen Blättern von Büchern, die mit Mäusekot bedeckt waren, nichts mehr geblieben. Da ich keine andere Wahl hatte, durchsuchte und durchwühlte ich die Fetzen. Aber sie waren ohne Wert und nutzlos, kein Händler wollte sie in die Hände nehmen, weil sie nicht mehr gebraucht werden, und kein Händler wollte mir auch nur einen Heller dafür geben. Zwischen den losen Blättern stieß ich aber doch noch auf etwas Brauchbares; eines Tages fand ich unter ihnen ein Wahrsagebüchlein, ohne Einband und mit vergilbten Blättern. Ich begann darin zu lesen und alle Prophezeiungen zu studieren. Eine Weissagung kann ich Ihnen vorlesen, meine Damen und Herren, wenn Sie sie hören wollen ...‹

›Wir wollen, wir wollen!‹ riefen einige Zuschauer aus und bekundeten so ihre Neugierde.

Der Staubmensch tat ihnen den Gefallen; rasch fuhr er mit der Hand in seine Brusttasche und zog das versprochene Büchlein, vergilbt und ohne Einband, hervor. Er blätterte darin, schlug die gesuchte Stelle auf und las vor, ohne das Publikum anzublicken:

›Und so lautet die Weissagung:

Zum ersten sagt sie: Er wird arm sein und zu nichts mehr fähig, und seinen Lebensunterhalt wird er aus einem Korb voll Spott ziehen, den er herumtragen wird: Spott und Hohn über sich selbst und über die Lehren und Lehrer seiner früheren Tage – ein Korb voll Lästerung zu verkaufen.

Zum zweiten sagte sie: Alle Wege sind ihm versperrt, alle Türen verschlossen, und nur ein Weg wird ihm noch bleiben – in den Zirkus zu gehen und auf dem Seil zu tanzen.

Zum dritten sagt die Prophezeiung: Er soll beizeiten damit anfangen, sich zu Seiltänzern und Zauberkünstlern gesellen und von ihnen ihr Gewerbe lernen, weil er nur durch sie sein letztes bißchen Glück finden wird.

Zum vierten lautet die Weissagung: Er soll bereit sein, mit allem, was er hat, zu bezahlen – mit dem Hemd, das er auf dem Leib trägt, mit den Haaren und Augen seines Kopfes und mit dem Teuersten, was ihm noch geblieben ist. Denn andernfalls wäre es besser für ihn, sich gleich, noch an der Schwelle, noch bevor er sein Haus verläßt, sein Grab zu schaufeln.

Wer? Der letzte Eremit!‹

Bis hierher las der Staubmensch aus seinem Büchlein vor, klappte es dann zu und steckte es zurück in seine Brusttasche. Er hob den Blick zum Publikum, wandte sich wieder an die Zuhörer und fügte hinzu:

›Gleich nachdem ich diese Prophezeiung gelesen hatte, wußte ich, um was es geht. Das Eremitenhaus würde verfallen, und schließlich würde der Mensch, der vor euch steht, den Schlüssel im Schloß der Haustür umdrehen und nicht mehr zurückkehren. Von ihm ist im Buch die Rede, und die Prophezeiung will ihn in schlechten Zeiten mit Arbeit und Verdienst versorgen. Da ich ihm nahe stand, und da auch er mit mir, wie gesagt, verbunden war, pflegte ich zu ihm zu kommen und ihm zuzureden, doch er war träge und gedankenlos, wie alle, die ihrem Untergang nahe sind und die nicht wissen, in welcher Welt sie leben – dicht an einer Grube, sehen sie nicht, wo sie stehen.

Ich setzte keine Hoffnung mehr in ihn und nahm mich selbst seiner Sache an; aus Dankbarkeit dem Haus gegenüber, dessen Brot ich jahrelang gegessen hatte, erbarmte ich mich und unternahm selbst etwas: ich suchte Artisten auf, trank Bruderschaft mit Clowns, Seiltänzern und Zauberkünstlern, befragte sie alle und lernte von ihnen.

Und das hier‹, und der Staubmensch hob seine Hand und zeigte auf mich und auf meinen Mantel, ›und das ist unsere erste Nummer. Ich hoffe, daß sie Ihnen gefallen wird, daß Sie auch weiterhin unsere Vorstellungen sehen wollen und uns, wenn wir Sie einladen, gerne besuchen. Achtung, es geht los!‹

Da zog der Staubmensch das Strohkind aus meinem Mantel, und – seht nur – auf einmal erblickten wir, das ganze

Publikum, das um uns herumstand, und auch ich selbst, vor uns ein lebendiges Kind. Wir sahen, wie du, meine Tochter, auf dem Boden vor uns einen Sprung machtest: angezogen wie eine Artistin für ihren Auftritt im Zirkus, im kurzen Kleid, mit nackten Armen und Beinen.

Mit einer schwungvollen Bewegung breitete sie die Arme aus, und ihre Beine bewegten sich im Tanz.

Das Publikum war zunächst starr vor Überraschung über den Trick, doch danach hingerissen von ihr, von meiner Tochter, von ihrer Schönheit, von ihren Verbeugungen und ihren freien und gewandten Bewegungen ... Nachdem sich die Zuschauer wieder ein wenig gefaßt hatten, gafften die einen, andere waren voll des Lobes und konnten nicht mehr aufhören, sie zu rühmen. Da nahm der Staubmensch seinen Hut ab, hielt ihn mit ausgestrecktem Arm vor sich, ging mit ihm zwischen den Zuschauern umher, und das Publikum warf bereitwillig Münzen hinein. Er bedankte sich und lud die Zuschauer ein, uns bald wieder zu besuchen, und die Leute versprachen zu kommen. Dann verabschiedeten sich der Staubmensch, meine Tochter und ich von dem Publikum. Wir drängten uns durch die Menge, die uns umringte, und gelangten in ein Gasthaus. Und schon an demselben Tag, an dem ich mein Haus verlassen hatte, aß ich die erste Mahlzeit, die ich mit Taschenspielertricks und durch Zurschaustellen meiner Tochter verdient hatte.

Ja, meine Richter und mein Lehrer«, fuhr ich fort, Medardus und meinen Schülern zu erzählen, »während des Essens mußte ich auf einmal heftig weinen, als ich meine Tochter ansah, und ich tränkte mein Brot mit Tränen. Sie rannen mir über die Wangen und fielen in die Schüssel. Ich wollte sie abwischen, suchte in den Taschen nach einem Tuch und fand keines; aber beim Suchen stieß ich auf die Hausschlüssel. Ich weiß nicht, wie es geschah und wie es dazu kam, aber während ich noch aß, fand ich mich plötzlich an unserem Haus wieder, vor der Tür, die ich heute verschlossen hatte. Ich öffnete sie und ging in meine Kammer, wo jetzt die eine

Ecke, aus der der Staubmensch herausgekommen war, aufgebrochen und eingestürzt war; ein kalter Luftzug drang aus ihr, als wenn er von draußen käme. Es roch nach versengtem und verbranntem Stroh. Ich fühlte mich wie in einer Ruine nach einem Brand. Mir war traurig zumute, und wie immer, wenn ich traurig bin, drehte ich mich zur Wand, lehnte den Kopf dagegen, weinte und konnte nicht mehr damit aufhören.

Auf einmal stieß mich jemand in die Seite. Ich fühlte eine Hand auf meiner Schulter, und als ich den Kopf hob, um zu sehen, wem die Hand gehörte, fand ich mich am Tisch beim Essen wieder. Der Staubmensch hatte mich gestoßen und geweckt. Was mit mir sei, und warum ich nicht esse, fragte er. Ich sei eingeschlafen und sollte mich nun beeilen, da wir nach dem Essen noch weiter müßten.

›Wohin?‹ fragte ich.

›In den Zirkus‹, antwortete er mir. ›Wir haben doch Reklame gemacht und die Leute eingeladen, unsere Vorstellungen zu besuchen ...‹

Ich gehorchte dem Staubmenschen und aß auf; wir erhoben uns vom Tisch und verließen das Gasthaus. Nachdem wir eine Weile durch die Straßen gelaufen waren, kamen wir schließlich zum Zirkus ...

Dort stellte der Staubmensch zuerst sich selbst dem Zirkusdirektor vor, danach auch uns, mich und meine Tochter. Wir standen hinter seinen Schultern, und er redete für uns. Er erzählte, daß unsere Tochter auf der Straße großen Eindruck gemacht habe, und er hoffe, fügte er hinzu, daß ihr im Zirkus mit Tanzen, Reiten oder mit anderen Dingen, die der Direktor für sinnvoll halte, dasselbe gelingen werde ...

Der Direktor forderte meine Tochter auf näherzutreten; er begann sie zu betrachten, und sie gefiel ihm sichtlich. Danach ließ er seinen Blick über mich gleiten, doch ich gefiel ihm offenkundig nicht; er erklärte sich bereit, meine Tochter zu engagieren, aber ich sei für ihn überflüssig, für mich habe er keinen Platz und keine Arbeit, denn wozu würde ich schon taugen?

Der Staubmensch setzte sich für mich ein und überredete den Direktor; es werde schon gehen, wenn er, der Direktor, es nur versuchen wolle. Es bedürfe nur einer kleinen Anstrengung, man müsse mich nur ein wenig anlernen, dann würde ich schon zu irgend etwas nütze sein und gewiß zu etwas taugen. Und vor allem, fügte der Staubmensch hinzu und zwinkerte dabei dem Direktor schlau zu, vor allem kann man mit ihm (das heißt mit mir) Reklame machen. Wenn man bekannt gibt und auf die Plakate schreibt, daß er, der berühmte Gelehrte aus diesem oder jenem Eremitenhaus, heute abend im Zirkus auftritt, wird der Zirkus gewiß voll sein, und an der Kasse werden die Eintrittskarten ausgehen. Dann beugte sich der Staubmensch ein wenig an das Ohr des Direktors und flüsterte ihm mit ein paar Worten meine Geschichte zu: ›Wenn ein Eremit, Ihr versteht doch, wenn er frei und sein eigener Herr ist... lassen wir ihn erstmal mit dem Zirkuspersonal Bekanntschaft schließen, vielleicht ein Mädchen oder eine Frau... er ist ganz ausgehungert... und er wird sich bestimmt verlieben... Eremiten sind Hitzköpfe und schrecken vor nichts zurück... die Frau oder das Mädchen wird ihn fest in der Hand haben, er wird sich an sie binden, alles für sie tun und ihr zuliebe alles riskieren... der Zirkus wird an ihm einen getreuen Diener haben und vielleicht auch einen Zauberer, einen Seiltänzer oder Kunstreiter, wer weiß, vielleicht...‹

Der Direktor hörte sich an, was der Staubmensch sagte, und es gefiel ihm. Er dachte über den Vorschlag nach und war schließlich damit einverstanden, meine Tochter und auch mich anzustellen, und natürlich auch den Staubmenschen, der uns hierhergebracht, uns angeboten und an den Zirkus vermittelt hatte.

Und es kam wirklich so, wie es der Staubmensch dem Direktor vorausgesagt hatte. Bald, schon am zweiten Tage, sah ich Lili während der Übungsstunde auf einem Pferd reiten, und ich wich nicht mehr von ihrer Seite. Sie ließ mich an sich heran und gab vor, mit mir als Partner auftreten zu wollen. Dazu hatte sie offensichtlich der Direktor überredet, damit ich beim Unterricht schneller vorankommen und alle Schwierigkeiten überwinden sollte. Denn er wußte, daß ich mich anstrengen würde, wenn ich Lili vor mir hätte, und er, der Zirkusdirektor, werde der Gewinner sein. Der Zirkus hätte eine zugkräftige Nummer mehr, und mit meinem Auftritt könnte man auf den Plakaten werben, und er wäre gewiß eine Sensation.

Ich lernte, ritt immer Lili hinterher, weil ich sie liebte, und auch meine Tochter ritt mit uns, und wir drei blieben zusammen. Der Staubmensch mußte ebenfalls im Zirkus arbeiten, damit er das Brot, das er aß, verdiente und der Zirkusdirektor die Ausgaben, die er seinetwegen hatte, wieder hereinbekam.

Der Staubmensch war voller Ideen, und einen seiner Pläne legte er dem Zirkusdirektor vor. Da ihre letzte Schule geschlossen und der letzte der Eremiten im Zirkus als Helfer untergekommen sei, könnte es das Publikum vielleicht interessieren, wenn man folgende Nummer aufführen würde:

Die Eremiten vor Gericht

Als oberster Richter sollte in der Tat ich auftreten, der ehemalige Eremit, der jetzt im Zirkus arbeitete. Zirkushelfer, Clowns, Komödianten und Taschenspieler sollten mich am Richtertisch unterstützen. Öffentlich, vor dem ganzen Publikum, sollte das Urteil verkündet werden. Einige Artisten müßten als Verurteilte auftreten, unter ihnen ein Ältester, aus der alten Generation, als ihr Lehrer und andere, jüngere, als seine Schüler. Nach der Urteilsverkündung sollte ein Scheiterhaufen errichtet werden, und gleich, an Ort und Stelle, sollten die Verurteilten verbrannt werden.

Der Staubmensch überredete den Zirkusdirektor und gewann ihn für seinen Plan. Es würde eine Menge Anlässe für Witz und Humor und für den Spott der Clowns geben. Das Thema ist aktuell, das Volk liebt so etwas, weil es die

Eremiten nicht mag. Es wird sich freuen, wenn sie lächerlich gemacht werden, und der Erfolg ist sicher.

Der Direktor hörte dem Staubmenschen zu, der Plan gefiel ihm, und bald machten wir uns an die Arbeit. Der größte Teil davon fiel mir zu, denn ich sollte, wie gesagt, die Hauptrolle spielen und oberster Richter sein.

Als schon alles fertig war, alle Rollen verteilt und alle Texte gelernt waren, ließ der Direktor große Plakate drukken, auf denen die erste Nummer mit den größten Lettern angekündigt wurde: Der letzte Eremit wird über seine Vorgänger und Lehrer, über seine Nachfolger und Schüler zu Gericht sitzen. Dann war zu lesen, daß als Beisitzer und stellvertretende Richter die weltbekannten Clowns Jack, Mac und Schlimm-Schlimmassel auftreten würden. Und ferner hieß es, das Publikum werde großen Spaß haben, weil sicher alle Angeklagten zum Tod durch Verbrennen verurteilt werden würden. An Ort und Stelle werde ein Scheiterhaufen errichtet, und Lili, die Reiterin, werde das erste Zündholz an die trockenen Scheite halten.

Und so ist es wirklich gewesen, wie es der Staubmensch vorausgesehen, und wie der Zirkusdirektor spekuliert hatte. Schon gleich als die Plakate ausgehängt wurden, drängten sich die Menschen in langen Reihen an der Zirkuskasse. Die Hand des Kassierers ermüdete von den vielen Eintrittskarten, die sie ausgeben mußte, und keine einzige blieb übrig.

Und als ich, der oberste Richter, mit meinen Begleitern, den Clowns Jack, Mac und Schlimm-Schlimmassel, die Manege betrat, jubelten die Zuschauer und blickten uns gebannt an, weil wir wie echte Richter aussahen und wie echte Richter gekleidet waren. Nachdem wir unsere Plätze eingenommen hatten, führte man die Angeklagten herein, zuerst einen Alten, der aussah wie du, mein Lehrer Medardus. Schließlich kannte ich dich gut, und ich hatte ihn nach deinem Vorbild herrichten lassen, mit langem Haar und mit einem so langen Gewand, daß er darüber stolperte. Nach ihm wurden die jungen Eremiten hereingebracht, solche wie ihr, meine Schüler, mit langen Gewändern und mit den spitz zulaufenden Samtkäppchen der Kleriker. Als man eure Zerrbilder hereinführte, kreischte das Publikum vor Vergnügen auf. Es lachte aus vollem Hals, und alle wälzten sich fast auf dem Bauch. Die einfachen Leute im Parterre wie die Zuschauer auf der Galerie brüllten vor Lachen und wieherten wie Pferde ... Denn die Clowns und vorgeblichen Eremiten taten ernst und würdig, wandten sich aber gleichzeitig heimlich zum Publikum, schnitten Grimassen und winkten. Die Zuschauer riefen ihnen von ihren Plätzen Scherze und Späße zu.

Der Prozeß dauerte nicht lange, nicht länger, als eine Zirkusnummer dauern darf. Die ganze Zeit erfüllte schallendes Lachen den Zirkus bis hinauf zur Kuppel, Lachen über die Angeklagten, wie sie auftraten und sich verteidigten, über die Beisitzer, wie sie jene verhörten, und über mich, den obersten Richter. Ich weiß nicht, weshalb ich mich zu so vielen Gemeinheiten und schändlichen Reden hinreißen ließ. Offenbar haben mich die Clowns beeinflußt und auch die Zirkusluft und das große Publikum. Auch ich wurde zu einem Komödianten und stürzte mich in den Tumult. Mehr als alle anderen verspottete ich die Angeklagten, und schlagfertiger als alle anderen machte ich sie lächerlich. Schließlich wurde das Urteil verkündet:

Ein Haufen Schmutz und Unrat, auf einem Haufen Unrat zu verbrennen.

Dann kamen Clowns, die wie Henker gekleidet waren, errichteten einen Scheiterhaufen, brachten Strohpuppen anstelle der Verurteilten, legten sie auf einen Holzstoß, und dann wurde er angezündet. Die Flammen leckten an dem Holz, und die Strohpuppen brannten lichterloh. Lili hatte das Feuer entfacht und schlug dem Publikum nun vor, Zigaretten daran anzuzünden. Die Zuschauer lachten darüber, und sie lachten noch lange nach diesem Auftritt, wenn sie an ihn dachten, und amüsierten sich so, wie man es nur im Zirkus kann.

Und das«, so erzählte ich Medardus und meinen Schülern, »und das war meine erste Nummer. Auch danach übte ich noch und lernte von dem Reitlehrer. Manchmal ritt ich allein, manchmal mit Lili oder mit meiner Tochter, und manchmal ritten wir auch zu dritt.

Lili war eifersüchtig, wie ich sah, und konnte es nicht verwinden, daß ihr Name auf einem Zirkusplakat zusammen mit einem anderen Namen erwähnt wurde. Auch sonst konnte sie keine andere Frau neben sich ertragen, und meine Tochter war ihr ein Dorn im Auge, obwohl sie wußte, daß meine Tochter eben meine Tochter war. Lili ärgerte sich über sie und blickte sie stets feindselig an. Bei jeder Gelegenheit, beim Reiten und auch sonst, ließ sie das Mädchen ihre Bosheit spüren. Sie hetzte vor dem Zirkusdirektor gegen meine Tochter und machte sich bei den anderen Artisten über ihre Reitkünste lustig. Ich spürte, daß sie zu noch Schlimmerem, zu noch größeren Gemeinheiten fähig war, und daß sie nur noch auf eine günstige Gelegenheit wartete. Lili war eine Frau, die vor nichts zurückschreckte. Wenn sie nur die Möglichkeit dazu hätte und sie der Artistenneid und die Eifersucht überkäme, würde sie meine Tochter auch verletzen und zum Krüppel machen.

Ich liebte Lili und hing deshalb sehr am Zirkus. Die Jahre waren für mich vergangen, ohne Blüten zu tragen, denn ich hatte ja so viel Zeit in unserem Haus mit der strohenen Frau verbracht. Und als ich Lili erblickte, verliebte ich mich gefährlich in sie und war bald ganz verrückt nach ihr. Aber von mir nahm sie keine Notiz. Sie liebte alle anderen, Helfer und Athleten, Clowns und Komödianten, die im Zirkus arbeiteten, nur mich nicht. Was sollte sie an mir finden, und was hatte ich ihr schon zu bieten, außer dem verstaubten Eremitentum meiner Vergangenheit? Ja, sicher war es so: Sie hätte mich bestimmt schon beim ersten Annäherungsversuch weggejagt und mich nicht unter ihre Augen kommen lassen, wenn nicht der Zirkusdirektor und der Staubmensch gewesen wären. Der eine hatte nur die Interessen des Zirkus im Sinn, weil er wußte, daß sich ein Gelehrter als Kunstreiter bezahlt machen würde, der andere aber dachte an mich, wollte nur mein Bestes und versuchte mich wirklich dazu zu bringen, selbständig und lebenstüchtig zu werden. Sie erreichten ihr Ziel bei Lili: Der eine redete ihr zu, sie solle mich doch in ihre Nähe lassen und mich nicht abweisen, der andere meinte, daß sie mich wirklich und wahrhaft lieben solle, denn ich sei wert, geliebt zu werden, und er erzählte ihr viel von meinen Vorzügen.

Lili duldete mich in ihrer Nähe, aber sie hielt mich zum Narren, obwohl sie mir oft, dem Zirkusdirektor zuliebe, kleine Freiheiten in irgendeinem Winkel erlaubte. Aber ich fühlte, daß sie mich verhöhnte, denn sie lächelte dabei kalt und spöttisch über mich. Sie ließ mich ihre Verachtung spüren und warf mir oft vor, während ich sie liebte, daß ich sie, wie sie sehen könne, nicht mit ganzem Herzen liebe, denn meine größte Zuneigung würde ich meiner Tochter schenken.

Und in der Tat liebte ich meine Tochter sehr, obwohl sie aus Stroh geschaffen war und von einer ungeliebten Frau stammte. Aber mit meiner Tochter war meine ganze Vergangenheit verknüpft. Wie sollte ich mich von ihr lossagen, wenn ich in ihr mein ganzes Leben verkörpert sah? Sie führte mir die Vergangenheit, und wie sehr ich jetzt mein früheres Leben bereute, stets vor Augen...

Ich trennte mich nicht von ihr, und das konnte Lili nicht ertragen. Sie scherzte nicht mit ihrer Eifersucht, zumal meine Tochter gleich auf Anhieb eine große Begabung zeigte. Der Reitlehrer und der Zirkusdirektor lobten sie, und die Artisten, die gewöhnlich bei ihren Reitstunden dabei waren, konnten die Augen nicht mehr von ihr abwenden und waren gebannt von ihrem Körper, ihrer Geschicklichkeit, ihrer Flinkheit und ihrer großen Meisterschaft im Reiten.

Lili mußte das mit ansehen und war neidisch auf das Lob, das meiner Tochter von allen zuteil wurde. Meine Tochter war ihr ein Dorn im Auge, und Lili betrachtete sie, wie eine schöne Frau eine Rivalin anschaut. Ich sah, daß der Erfolg meiner Tochter sie nicht ruhen ließ und daß sie eines Tages, wie ich schon prophezeit habe, etwas Böses gegen sie planen würde.

Und jetzt«, erzählte ich weiter meinen Richtern und zeigte auf das Bett, wo du, meine Tochter, lagst, »jetzt ist es geschehen, heute abend hat Lili ihren Plan ausgeführt. Sicher war das Pferd nicht schuld, und sicher mangelte es meiner Tochter auch nicht an Erfahrung. Lili allein ist schuld. Wahrscheinlich hat sie ihr zum vereinbarten Zeitpunkt die Hand nicht hingestreckt. Meine Tochter verlor das Gleichgewicht, stürzte und verletzte sich.

Das ist meine Schuld, Richter, das alles ist mir widerfahren, nachdem ich unser Haus verlassen habe. Meine Lehrer habe ich verraten und meine einzige Tochter zum Krüppel gemacht. All das hat die Zeit mit sich gebracht, sie hat es soweit kommen lassen, weil die Ecken unseres Hauses geborsten sind und Staubmenschen Gewalt über uns bekommen haben. Die, die von unserem Schimmel gelebt hatten, wurden nun unsere Wohltäter und Gönner. Wir taugten zu gar nichts und waren für ein Leben außerhalb des Hauses in keiner Weise vorbereitet. Jene wurden unsere Führer und brachten uns dahin, wohin Staubmenschen führen müssen, auf die Straße und auf den Markt, zu Gauklern und in den Zirkus, brachten uns dazu, das Hemd vom Leib, die Augen aus dem Kopf und die Töchter unserer Lenden für einen Bissen Brot zu verkaufen ... Klagt mich an und tut mit mir, was Ihr wollt. Bringt Schande über mich, so wie ich Euch in Schande gebracht habe, tut mir das an, was ich meiner Tochter angetan habe, und vollstreckt an mir Euer Urteil.«

So beendete ich meine Rechtfertigung. Das Gericht hatte mir zugehört. In Medardus' Augen las ich ›schuldig‹. Meine Schüler blickten mich mit Bedauern und Mitleid an, doch auch in ihren Augen konnte ich das Urteil ›schuldig‹ lesen.

Und plötzlich begann der Saal, in dem die Gerichtsverhandlung stattgefunden und in dem ich meine Tochter als

Beweis meiner Schuld während der ganzen Verhandlung vor Augen gehabt hatte, größer und höher, höher und größer zu werden. Die Wände verschwanden, die Decke hob sich, und ich sah einen sehr hohen Raum vor mir; ich erkannte bald den Zirkus und roch die Zirkusluft.

Und tatsächlich: schon stand vor mir das ganze Zirkusgebäude mit den Bänken und Sitzplätzen ringsum, mit der Manege in der Mitte und mit den leeren Galerien. Niemand saß auf den Plätzen, und von den Bänken war keine besetzt. Aber in der Mitte stand der Richtertisch, genau an derselben Stelle wie bei der Zirkusvorstellung, bei der ich der oberste Richter gewesen und Medardus mit seinen Schülern angeklagt war. Nur war es jetzt umgekehrt, jetzt saßen Medardus und die Schüler als Richter am Tisch, und ich stand als Angeklagter vor ihnen...

Das Gebäude war finster und leer, nur der Tisch, an dem die Richter saßen, wurde ein wenig erhellt. Ich stand mit gesenktem Kopf in dem schwachen Lichtschein, und Medardus begann mich zu verhören.

Er sagte zu mir:

»Weißt du nicht, daß der Letzte bis zuletzt ausharren muß? Weißt du nicht, daß bis zuletzt bedeutet, solange sich das Schiff über Wasser hält, bis es untergeht und der Kapitän mit ihm?«

Ich antwortete: »Ja, ich weiß.«

Und Medardus fragte weiter:

»Weißt du nicht, daß Staubmenschen und dergleichen keine lebendigen Wesen sind, sondern nur Ausgeburten kranker Eremitengehirne? Sich von ihnen führen zu lassen ist eine Schande, und ihnen auf ihren Wegen zu folgen ist schmählich.«

Ich antwortete: »Ja, offenbar bin ich krank und habe Erscheinungen und Trugbilder für etwas Wirkliches gehalten.«

Medardus fragte mich weiter:

»Weißt du denn nicht, daß wir Eremiten keine Frauen und

natürlich auch keine Kinder haben, und daß dein Kind, das zuerst aus Stroh war und dann von dem Staubmenschen zum Leben erweckt wurde, Blendwerk und Zauber ist? Weißt du nicht, daß alles, was mit Zauberei zu tun hat, verbrannt werden muß und derjenige, der Zauberei gebraucht oder mit ihr auch nur in die geringste Berührung gekommen ist, ebenso?«

»Ja, ich weiß«, antwortete ich.

Da hörte ich plötzlich aus einem finsteren Winkel des Zirkus Gelächter; ich blickte mich um und sah Lili von dort herabkommen. Sie war blutrot gekleidet, wie ein Henker, und trat zu mir an den Richtertisch. Als ich mich wieder zum Tisch umdrehte, waren die Richter nicht mehr da. Dort, wo der Tisch gestanden hatte, war nun ein Scheiterhaufen; Medardus und meine Schüler standen daneben. Lili wartete auf keinen Befehl und auf keinen Wink von Medardus, sondern nahm meine Tochter, die leicht wie Stroh war, und legte sie auf den Scheiterhaufen. Danach kam sie zu mir und befahl mir, allein hinaufzusteigen, und ich tat es.

Bald sah ich, wie Lili Feuer anzündete und den Scheiterhaufen in Brand setzte. Die Flammen fraßen sich ins Holz und erfaßten meine Tochter. Bald war der ganze Zirkus hell erleuchtet. Es herrschte Stille im Raum. Meine Tochter war schon verbrannt, als ich erst Feuer fing, zuerst die Kleider, dann der Körper, die Haare, die Hände, die Füße und das Gesicht, und ich loderte auf.

Ich brannte und erleuchtete lange den Zirkus, bis das Feuer zu verlöschen begann, bis es dunkler wurde und das verkohlte Holz zur Erde fiel. Ich wurde zu Asche, und das Licht, das vom Scheiterhaufen ausging, wurde immer schwächer und schwächer.

Dann bemerkte ich, wie Medardus die Schuhe auszog, und meine Schüler taten dasselbe. Als es im Zirkus wieder finster geworden war, und nur an der Stelle, an der sich der Scheiterhaufen befunden hatte, noch ein Haufen Kohle und Asche lag, ließen sich Medardus und meine Schüler auf die

Erde nieder und trauerten um mich. Nur Lili stand noch neben dem Scheiterhaufen und zündete an der Glut eine Zigarette an. Als Medardus mit den Schülern schon eine Weile in Trauer dagesessen und ich schon ganz verbrannt war, erhob ich meine Stimme aus der Asche und sprach:

›Steht auf, mein Lehrer und meine Schüler, denn das, was mit mir geschehen ist, habe ich verdient. Ich habe Schande über euch gebracht, und ihr habt mich zu Asche verbrannt; wir sind quitt, wir sind alle zunichte. Auch der Zirkus soll nicht trauern, denn was bin ich in Wahrheit schon für ein Zirkusartist? Wenn ihr mich nicht jetzt von meinem Weg abgebracht hättet, hätte mir später der Zirkusdirektor selber die Tür gewiesen, denn er hat mich doch nur meiner Tochter wegen behalten, und wozu kann er mich noch gebrauchen, wenn sie verletzt ist, zu welchem Unglück hat er mich nötig... Auch Lili wird meinetwegen gewiß keine Tränen vergießen, weil ich ihr nie auch nur das geringste bedeutet habe; und jetzt, da sie sich meiner Tochter entledigt hat, was für einen Nutzen habe ich jetzt für sie, wozu sollte sie noch lange Umstände machen...? Steht auf, Lehrer und Schüler!‹

Bei diesen Worten wachte ich auf wie aus einem Traum. Es war mir kalt, und ich lag irgendwo, jemand stand über mich gebeugt und stieß mich an... Eine Zeitlang wehrte ich mich gegen diesen Menschen und wollte den Kopf nicht heben. Er sollte verschwinden und mich in Ruhe lassen... Aber er war hartnäckig, versuchte mich zuerst sachte und vorsichtig zu wecken, allmählich aber immer rauher. Ich spürte seine starke Hand, die mich hin und her rüttelte. Schließlich konnte ich mich nicht von ihr befreien und war gezwungen, meine Augen zu öffnen.

Als ich sie öffnete, war ich zuerst völlig verwirrt, da es mir so schien, als ob ich im Freien wäre und auf der Erde läge. Als ich den Kopf hob, sah ich, daß ich mich wirklich im Freien befand, und über mir, dicht an meinem Kopf, war ein Zaun. Dort, wo ich lag, war der Boden schmutzig, wie an einem Ort, wo Betrunkene hingehen, um sich zu erbrechen...

Und richtig, es war auch ein solcher Platz, voller Schmutz; neben mir lag ein wenig Stroh, und meine Hände waren beschmiert. Als ich den Kopf noch ein wenig höher hob, wußte ich wieder, wo ich war. Nicht weit von mir sah ich den Zirkus und die hölzernen Treppen, die zu den Galerien hinaufführen. Ich erinnerte mich wieder: Tatsächlich ging ich gestern abend gedemütigt von Lili und von dem Athleten weg, konnte meinen Schmerz nicht ertragen, ging in die nächste Schenke und muß mich betrunken haben. Dann machte ich mich auf den Heimweg, aber ich war nicht mehr dazu fähig, lehnte mich an einen Zaun, sank zu Boden und schlief ein, und bis dahin hatte mir alles nur geträumt. Nun ist es früh am Morgen, ein Mann steht über mir und weckt mich auf, ich solle aufstehen, nach Hause gehen und mich schlafen legen...

Ich gehorchte, und der Polizist half mir beim Aufstehen, stützte mich und begleitete mich einige Schritte, bis ich wieder sicher stehen konnte. Dann ließ er mich los, und ich ging allein weiter.

Ich kam heim, schleppte mich zu meiner Wohnungstür und läutete. Das Dienstmädchen öffnete mir, und ich ging in mein Schlafzimmer, warf mich in meinen schmutzigen Kleidern aufs Bett, und so, ohne mich auszuziehen, schlief ich bis lange in den Tag hinein. Als ich die Augen wieder aufmachte, stand meine Tochter über mein Bett gebeugt, schaute mich an und weinte über mich. Den ganzen Tag und den ganzen Abend über waren ihre Augen rot von Tränen, und ich, betrunken und beschämt, wie ich war, wußte nicht, wie ich sie trösten sollte, und konnte nicht einmal meinen Kopf zu ihr hinwenden...

Deutsch von Esther Kolar, Martina Eicheldinger, Sigrid Gaffal und Armin Schlechter

NACHWORT

Pinchas Kahanowitsch – die bürgerliche Identität des jiddisch-sowjetischen Schriftstellers Der Nister – wurde am 1. November 1884 in Berditschew (Ukraine) geboren. Er wird von seinen Eltern traditionell erzogen. Sein Vater, Menachem Mendel Kahanowitsch, ein frommer Chassid, war Fischhändler in Astrakan an der Wolga. Er stammte aus einer Familie, die enge Verbindungen zu der chassidischen Korschewer Sekte pflegte. Durch seinen Vater und später durch seinen älteren Bruder Aaron, einem Anhänger des Bratzlawer Chassidismus, nimmt Pinchas die Tradition der jüdischen Mystik auf. Die Mutter Lea ist das fortschrittliche Element der Familie; sie ermutigt ihre Kinder zum Schritt in die säkulare Welt.

Pinchas Kahanowitsch versucht in seinem Leben, diese beiden verschiedenen Weltanschauungen zu vereinen: Einerseits will er die Realität verändern; ein Wunsch, der sich in seiner Jugend in seinem Interesse für zionistische und sozialistische Kreise, seiner Teilnahme am Po'alei Zion-Kongreß (1905), seinem Pädagogikstudium und nicht zuletzt in seiner Auffassung von den Aufgaben eines Schriftstellers ausdrückt, dessen Wirken er für notwendig für jeden Fortschritt hält.

Andererseits entwickelt Pinchas Kahanowitsch seinen literarischen Stil in der Richtung eines immer weniger entzifferbaren und immer komplexeren Symbolismus: Die moralische und religiöse Spannung, die seine Werke bestimmt, überschreitet die engen Grenzen der Orthodoxie; sie wirkt eher als ein exemplarischer Versuch, einen rationalen Materialismus aufklärerischen Schlages in Einklang zu bringen mit seinem im chassidischen Spiritualismus verwurzelten ethischen Streben.

Pinchas Kahanowitsch fängt als Zwanzigjähriger an, als Lehrer zu arbeiten. Er wird diese Tätigkeit lange Jahre hindurch parallel zu seiner literarischen Arbeit ausüben. Im Jahre 1907 veröffentlicht er in Wilna sein erstes Buch *Gedanken un Motivn – Lider in Prose*, das unter dem Pseudonym Der Nister (der Verborgene) erscheint. Pinchas Kahanowitsch behält dieses Pseudonym für sein ganzes literarisches Werk bei.

Im vergangenen Jahrhundert war es unter den jiddischen Schriftstellern, Literaten und Literaturkritikern keine Seltenheit, sich eines Pseudonyms zu bedienen; eher war es die Regel. Bis zum Ende des 19. Jahrhunderts gab es ernsthafte Gründe für die Entscheidung, die eigene Identität zu verbergen: Auf jiddisch zu schreiben bedeutete damals nach landläufiger Meinung, ›sich auf die Stufe eines derben, vulgären Jargons zu erniedrigen‹. Mendele Mocher Sforim (Scholem Abramowitsch, 1835–1917), einer der bekanntesten jiddischen Schriftsteller, schrieb noch 1862: »Unsere Schriftsteller, die *Bale-ha-loschn* (Herren der Sprache), haben nur die heilige Sprache im Sinn, sie interessieren sich nicht für das Volk. Sie haben Jiddisch verachtet und verspottet. Und wenn einer von zehn sich an die ›farscholtene‹ erinnert und etwas geschrieben hat, haben sie es unter sieben Schlössern gehalten. Sie halten es unter ihren heiligen Gebetsmänteln, damit ihre Schande nicht entdeckt wird und ihr Ruf keinen Schaden nimmt.«

Pseudonyme sind in der jiddischen Literatur in einem Ausmaß verbreitet, das in der übrigen europäischen Literatur des 19. Jahrhunderts undenkbar gewesen wäre. Es genügt, an I. L. Perez zu erinnern, dem 17 Pseudonyme zugeschrieben werden, oder an Scholem Aleichem (Scholem Rabinowitsch), der nicht weniger als 23 Pseudonyme benutzt hat.

Der Gebrauch eines Pseudonyms, jahrhundertelang ein Zeichen der Geschichts- und Traditionslosigkeit von jiddischen Schriftstellern, wird bei Dem Nister im 20. Jahrhundert paradoxerweise zu einem Mittel, sich in die Tradition jener Literatur zu stellen, die nunmehr Geschichte geworden war. Der Nister allerdings benutzt das Pseudonym nicht nur als ›historisches Material‹, sondern hauptsächlich wegen seiner suggestiven und symbolischen Wirkung.

Nistar (der Verborgene) ist ein Begriff, der aus der Kabbala stammt; über die Gestalt des *Nistar* berichtet Gershom Scholem: »In jeder Generation, so ging eine alte Überlieferung aus talmudischer Zeit, gibt es sechsunddreißig Gerechte, auf denen der Bestand der Welt beruht. In der mystischen Wendung dieses Satzes werden sie nun zu ›verborgenen Gerechten‹, das heißt zu solchen, die wesensmäßig ihren Mitmenschen (und vielleicht manchmal auch sich selbst) verborgen sind. Niemand weiß, niemand kann wissen, wer diese eigentlichen Heiligen sind, auf denen die Welt steht. Wäre ihre Anonymität gesprengt, die zu ihren Wesen gehört, so wären sie nichts mehr.«

Gewiß hat Der Nister auf jene esoterische und traditionsreiche Deutung des Wortes *Nistar* anspielen wollen; es ist allerdings in diesem Zusammenhang auch zu erwähnen, daß Der Nister tatsächlich etwa zwölf Jahre unter falschem Namen gelebt hat. Er verläßt 1905 seine Geburtsstadt Berditschew, um dem Militärdienst in der zaristischen Armee zu entgehen, in der jüdische Rekruten noch über das Maß der antisemitischen Unterdrückung unter Zar Nikolaus II. hinaus zu leiden hatten. Er zieht nach Zitomir, wo er bis zum 1. Weltkrieg wohnt. Wohl ab dieser Zeit läßt er sich als *nelem* (der sich versteckt hält) oder – um eine gängige Terminologie zu benutzen – als »gesetzwidriger Anwohner« beschreiben. Dieses bisher wenig beachtete biographische Detail, nur kurz bei S. Reisen im *Lexikon der jiddischen Literatur* erwähnt, erweitert die Vielfalt der Deutungsversuche dieses seltsamen Pseudonyms.

Der Nister überlebt in diesen Jahren, indem er Privatunterricht in Hebräisch gibt; gleichzeitig setzt er seine literarische Arbeit fort. 1908 veröffentlicht er sein Gedicht *Friling*; kurz darauf erscheint eine Kurzgeschichte *A togbichl fun a farfirer* (mit den Worten N. Meisels: »eine scharf realistische

Geschichte«). 1910 lernt Der Nister I. L. Perez, den er sehr verehrt, kennen. Perez, der Nisters literarisches Talent erkennt, fördert die Publikation von *Hecher fun der erd*, einer literarischen Prosa, durchdrungen von kabbalistischen Elementen (erschienen im selben Jahr in Warschau).

Der Nister heiratet 1912 Rochl Silberberg, eine junge Lehrerin aus Zitomir; zwei Jahre später wird eine Tochter, Hodel, geboren. In dieser Zeit findet er eine Arbeit, die ihn von seiner Verpflichtung zum Militärdienst befreit. Dies löst seine langandauernde rechtlose Lage. Mit der Oktoberrevolution geraten auch die Gesetze außer Kraft, die vorher das Wohnrecht jüdischer Bürger in den Städten eingeschränkt hatten. Der Nister zieht mit seiner Familie nach Kiew.

Seine literarische Tätigkeit entwickelt sich in den folgenden Jahren in verschiedene Richtungen. Noch von 1912 datiert eine Lyriksammlung *Gezang un Gebet*, die mit der Unterstützung von Dovid Bergelson und Nachman Meisel veröffentlicht wurde. Zwischen 1918 und 1920 trägt Der Nister zu den Sammlungen *Eigens* und *Oifgang* bei, die Schriften der bekanntesten Kiewer Intellektuellen enthalten.

Der Nister beginnt für Kinder zu schreiben; seine erste Sammlung kleiner gereimter Geschichten *Meiselech in fersn* erscheint 1918/19, und einige der Geschichten werden einzeln mit Illustrationen von Marc Chagall veröffentlicht. Der Nister wird noch bis 1939 weiter Kindergeschichten schreiben und veröffentlichen; die letzte Sammlung dieser Art ist *Sechs meiselech*. Er übersetzt Hans Christian Andersens Märchen ins Jiddische (Kiew 1918) und bearbeitet einige klassische Werke der jiddischen Literatur für Kinder.

1920 zieht Der Nister für einige Monate in ein jüdisches Waisenhaus nach Malakowka in der Nähe von Moskau. In Malakowka wurden in jener Zeit Konzepte moderner Kindererziehung entwickelt; gleichzeitig wurde in Literatur, Poesie und Malerei experimentiert. Unter den Künstlern und Intellektuellen, die zu jener fruchtbaren literarischen

Saison beigetragen haben, finden wir Dovid Hofstein, Marc Chagall und Leib Kwitko.

Der Nister verläßt Malakowka wahrscheinlich Anfang 1921 und zieht zunächst nach Kovno (dem heutigen Kaunas) in Litauen, wo er aber nur mit großen Schwierigkeiten überleben kann. Er entscheidet sich, die Sowjetunion zu verlassen, und zieht, wie viele andere russische Intellektuelle in jener Zeit, nach Berlin. In Deutschland ist das kulturelle Leben in jenen Jahren besonders rege. Von 1922 bis 1924 arbeitet Der Nister als Mitarbeiter der Zeitschrift *Milgroim* (Granatapfel), einem anspruchsvollen Forum für jiddische und jüdisch-deutsche Intellektuelle. Er unterhält aber auch fortwährend Beziehungen zur Sowjetunion, u.a. durch seine Mitarbeit an der Moskauer literarischen Zeitschrift *Schtrom*. Nachdem *Milgroim* 1924 sein Erscheinen einstellen mußte, zieht Der Nister mit seiner Familie nach Hamburg, wo er zwei Jahre lang für die sowjetische Handelsmission arbeitet.

Im Jahr 1926 kehrt Der Nister in die Sowjetunion zurück und läßt sich in Karkow nieder. Seine Abreise aus Deutschland fällt mit jener Rückkehrwelle zusammen, die einen großen Teil der jüdischen Intellektuellen aus dem Exil in die Sowjetunion zurückbringt (u.a. Dovid Bergelson, Perez Markisch, Leib Kwitko). Noch begünstigt eine offene, lebendige Auseinandersetzung die Entwicklung der jiddischen Literatur; diese blühende Phase ist aber bald zu Ende.

1929 veröffentlicht Der Nister eine Sammlung von Kurzgeschichten *Fun meine giter*; im selben Jahr erscheint in der Zeitung *Di roite velt* eine Geschichte *Unter a ploit*, die die Kiewer Ausgabe der Sammlung *Gedacht* (1929) beschließen wird. Der Nister gerät zunehmend unter Beschuß von Literaturkritikern, die als Wärter und Hüter einer marxistischen Observanz auftreten. Symbolismus ist eine ›Währung außer Kurs‹ in der Sowjetunion der Stalinzeit. Der Nister wird geächtet. Er bringt sich in dieser schwierigen Zeit mit journalistischen Arbeiten durch; er schreibt ›Reportagen‹ (očerki).

Diese distanzierte Art der Beschreibung wurde lange Zeit von Schriftstellern verwendet, die bei den sowjetischen Zensoren in Ungnade gefallen waren. Das traf in besonderem Maße auf symbolistische Schriftsteller zu; L. Tsart stellt 1931 in einem Artikel der Minsker Zeitschrift *Der Stern* eine Liste solcher jüdischer und nichtjüdischer Autoren zusammen, die unter anderen die Namen Der Nister und Andrej Belyj enthält. Nisters ›očerki‹ (jiddisch *Zeichenungen*) *Zum schnit* und *A nacht mit a tog* über jüdische Bauern auf der Krim, die zuerst 1931 in der Zeitschrift *Di roite velt* erscheinen, werden gesammelt 1934 in dem Buch *Hoiptstet* herausgegeben.

Hoiptstet ist für Den Nister mehr als eine Sammlung von ›Reportagen‹, es ist eher der Versuch, eine neue Art des Schreibens zu entwickeln. In diesem Buch sucht Der Nister die Städte Karkow, Leningrad und Moskau wieder auf; die realistische Darstellung der nachrevolutionären Jahre ist häufig von poetischen oder ironischen Abschnitten unterbrochen, wie etwa, wenn Der Nister seine ›Begegnung‹ mit Heinrich Heine in Moskau oder mit Dostojewski in Leningrad beschreibt. Das phantastische Element, ein noch wichtiger Bestandteil seines Stils, erscheint im Text eher verstohlen; an einigen Stellen aber, wo das Unrealistische besonders sichtbar ist, wie in den obengenannten Begegnungen, sieht Der Nister sich jetzt dazu veranlaßt, die Gründe und die Verknüpfungen von Assoziationen, die zu solchen Bildern geführt haben, anzugeben. Die nicht gebannte Phantasie muß gerechtfertigt werden, um zugelassen zu werden.

Zweifellos war es für Den Nister notwendig, seinen literarischen Stil zu ändern, wenn er weiter in der Sowjetunion als Schriftsteller leben wollte. Er äußert sich dazu 1934 in einem Brief an seinen Bruder Motl, einem Bildhauer in Paris:

»... wie Du weißt, bin ich immer ein Symbolist gewesen. Vom Symbolismus zum Realismus überzugehen ist für einen

Menschen wie mich, der so viel Mühe darauf verwandt hat, seine Methode und seine Weise zu schreiben zu vervollkommnen, sehr schwer. Es ist keine Frage der Technik; da muß man aufs neue geboren werden; da muß man seine Seele von innen nach außen wenden ...«

In diesem Brief erwähnt Der Nister auch das Buch, an dem er seit einiger Zeit arbeitet, *Di Mischpoche Maschber*; er betont insbesondere sein Bedürfnis, weiter schreiben zu können: »... und mein Buch muß ich schreiben, sonst bin ich kein Mensch mehr, sonst werde ich aus der Literatur und aus dem lebendigen Leben ausgelöscht; denn ich brauche Dir nicht zu sagen, was es bedeutet, ein Schriftsteller zu sein, der nicht schreibt. Es bedeutet, daß er gar nicht existiert; er ist gar nicht auf der Welt ...«

Der Nister legt den ersten Band von *Di Mischpoche Maschber* im Jahr 1939 vor. Dieser ›realistische‹ Roman, ein historisches Fresko der Stadt Berditschew im 19. Jahrhundert, zugleich eine Familien-Saga in der besten Tradition des Genres, wird von den sowjetischen Literaturkritikern überaus günstig aufgenommen; Der Nister scheint rehabilitiert zu sein. Während des 2. Weltkriegs wird Der Nister nach Taschkent evakuiert; 1943 zieht er mit seiner zweiten Frau Lena Singalowska, einer Schauspielerin des damaligen jiddischen Kiewer Theaters, nach Moskau. In den Kriegsjahren schreibt Der Nister weiter; 1943 erscheinen in Moskau einige Kurzgeschichten, gesammelt unter dem Titel *Karbones*, die Zeugnis über die nazistische Besetzung Polens ablegen. Sie wurden in den fünfziger Jahren zusammen mit anderen, die etwas später geschrieben wurden, erneut in New York unter dem Titel *Derzeilungen und eseien* herausgegeben. Der Herausgeber der amerikanischen Ausgabe, N. Meisel, berichtet in seinem Vorwort, welches Entsetzen die Erzählungen bei der Redaktion einer jiddischen Zeitung hervorriefen, als es klar wurde, daß es sich nicht um literarische Fiktion handelte, sondern um wahrheitsgetreue Darstellungen von grauenhaften Geschehnissen, deren Opfer den Redakteuren zum Teil persönlich bekannt waren.

Die chronikartigen Erzählungen der Vorfälle im besetzten Polen sind eher historische und psychologische Dokumente als literarische Texte. Der Nister hatte schon in einer seiner frühen symbolistischen Geschichten auf die Sprachrohr-Funktion von Literatur hingewiesen als »das Sprechen für das, was keine Stimme hat«; diese Aufgabe, Zeugnis zu geben, hat er auf sich genommen und in jener tragischen Zeit in aller Deutlichkeit erfüllt. Von Nisters politischem Engagement zeugt auch ein Hinweis von Chone Schmeruk auf Nisters Mitarbeit in der Antifaschistischen Bewegung in der Sowjetunion.

Ebenfalls in New York erscheint 1948 der zweite Band von *Di Mischpoche Maschber*, den Der Nister seiner Tochter Hodel, die während der Belagerung Leningrads 1942 verhungert ist, gewidmet hat. Der dritte Band von Nisters epischem Werk, das allem Anschein nach eine Trilogie sein sollte, ist bis auf den heutigen Tag verschollen.

Der Nister wurde Ende 1948 verhaftet, als schon die Mehrzahl der jiddischen Schriftsteller in den Gefängnissen verschwunden war. Er starb – unter den letzten Opfern der Stalinzeit – nach einer sowjetischen Quelle am 4. Juni 1950 in einem Gefängnisspital.

Das weitere Schicksal seines literarischen Werkes in der Sowjetunion sei noch kurz zusammengefaßt: Nachdem die jiddische Literatur in der Sowjetunion der Stalinzeit physisch liquidiert wurde, gab es dort lange Zeit keinerlei Indiz jener Literatur und jener Literaten, als ob sie aus der Geschichte ausgelöscht wären. Erst in den sechziger Jahren läßt die sowjetische Führung jiddische Literatur in der Öffentlichkeit wieder zu. 1960 wird Nisters Tod offiziell bestätigt. Nach und nach erscheinen Fragmente von Nisters Werken in der 1961 neugegründeten jiddischen Zeitschrift *Sowetisch Heimland*. 1964 wird eine bisher unbekannte Erzählung veröffentlicht, *Fun finftn jor*, die allem Anschein nach in den dreißiger Jahren geschrieben wurde und offensichtlich einen der nicht gelungenen Versuche Nisters darstellt, seinen Stil an die Richtung des sozialistischen Realismus anzupassen. Die Erzählung, ein Generationenkonflikt in den nachrevolutionären Jahren, wurde zu Nisters Lebzeiten nie gedruckt, ein Zeichen von Nisters eigener Einschätzung dieses Ansatzes. Noch 1964 werden Fragmente des Romans *Di Mischpoche Maschber* veröffentlicht, ebenso ein bis dahin unbekanntes Kapitel desselben Romans, *Nochwort un forwort,* das wahrscheinlich als Bindeglied zwischen Band II und Band III der *Mischpoche Maschber* fungieren sollte. 1969 erscheint die Sammlung *Widerwuks,* die die Erzählungen enthält, die Der Nister unmittelbar nach dem zweiten Weltkrieg geschrieben hatte. 1974 werden die beiden Bände des Romans *Di Mischpoche Maschber* erneut aufgelegt.

Der Nister wurde schrittweise rehabilitiert, ohne daß dies je offiziell ausgesprochen worden wäre. Der Nachdruck seiner Werke ist darüber hinaus bis zum heutigen Tag auf die ›realistischen‹ Schriften begrenzt.

Die Biographie Des Nister, die auf diesen Seiten zusammengetragen ist, enthält nahezu alle über ihn auffindbaren Informationen. Die Mängel und das Fragmentarische der Dokumentation über einen modernen, beinahe zeitgenössischen Autor wie Der Nister ist gewiß überraschend; eine mögliche Erklarung können Berichte, Artikel und Schriften von seinen Freunden und Bekannten liefern, die ein einigermaßen übereinstimmendes Bild von Dem Nister zeichnen: Er wird immer als schweigsam, leise, kurz angebunden und verschlossen beschrieben; häufig wird auch betont, wie sehr Der Nister sein persönliches und familiäres Leben verschweigt. N. Meisel erzählt zum Beispiel, daß man lange Zeit – obwohl Der Nister regelmäßig zu den literarischen Abenden der Kiewer jiddischen Schriftsteller erschien – nicht wußte, wo genau Der Nister wohnte, daß er verheiratet war, daß er eine Tochter hatte; es war, als ob er von einer Aura der Heimlichkeit umgeben sei. Derartige Zeugnisse scheinen im nachhinein jene geheimnisvolle Stimmung zu schaffen, die gewiß im Pseudonym Der Nister steckt, ohne daß man allerdings vergessen darf, daß auch die ungesetzliche Lage von ihm ein hohes Maß an Verschwiegenheit erforderte.

Der Nister besaß zweifelsohne eine bemerkenswerte Ausstrahlung. Dovid Bergelson erzählte gerne diese kleine, erfundene Anekdote: »Hinter Nister gehen ständig seine kleinen Kobolde her; sie begleiten ihn auch zu der Marinskeblagoweschtschenskestraße 36 zu den Meisels. Er steigt ins zweite Stockwerk hinauf und klingelt. Erst dann dreht er sich zurück und befiehlt leise und geheimnisvoll: weg, weg von hier ...« (Bei den Meisels fanden häufig die literarischen Abende der Kiewer jiddischen Schriftsteller statt.)

Die für diesen Band ausgewählten Erzählungen entstammen der Sammlung von Kurzgeschichten *Gedacht*, die zuerst 1922/23 in Berlin und unter demselben Titel 1929 in Kiew erschienen sind. Die zweite Ausgabe weicht, wenn auch nur geringfügig, in der Auswahl der Geschichten von der ersten ab. Im vorliegenden Band sind die bedeutendsten Erzählungen der Berliner Ausgabe enthalten; hinzu kommt die Geschichte *Unter a ploit*, die letzte symbolistische Geschichte von Nister, die zuerst in der Zeitschrift *Di roite velt* (Karkow 1929) und dann in der Kiewer Ausgabe von *Gedacht* veröffentlicht wurde.

Es ist die Absicht der vorliegenden Auswahl, vor dem Leser das breite Spektrum der symbolistischen literarischen Kunst Des Nister auszubreiten, wenn auch, wie gesagt, auf der Basis einer einzigen Sammlung – *Gedacht*. *Gedacht* ist nicht nur das umfangreichste und bedeutendste symbolistische Werk Nisters, sondern auch die wichtigste Sammlung für den Autor selbst. Er hat sie – einmalig in Nisters Werk – ein zweites Mal herausgebracht, nachdem er sie überarbeitet und mit *Unter a ploit* die letzte dramatische Phase seines symbolistischen Werks einbezogen hatte.

Nisters symbolistische literarische Kunst ist tief im chassidischen Mystizismus verwurzelt, insbesondere in jenem der Bratzlawer Chassidim. Nachman von Bratzlaw (1772–1810), bekannt durch seine symbolischen, oft schwer entzifferbaren Geschichten, bereitet den Weg für Nisters Kunst, und tatsächlich ist sowohl die verschachtelte kreisförmige Struktur von Nisters Geschichten als auch ihre äußerlich fabelartige Stimmung den *Sippurei Maassijot* von Nachman von Bratzlaw sehr nah.

Wenn auch der Einfluß von Nachman auf Nisters Erzählweise unbestreitbar ist, möchte ich doch auf andere, nicht weniger wichtige Querverbindungen hinweisen, die sich in verschiedene, oft unvorhersehbare Richtungen verzweigen.

Kabbalistische Bilder sind als einzelne esoterische Züge überall in den Geschichten zu finden, wohl am klarsten in der Erzählung *An der Grenze* in dem Bild des Kamels, das auf dem Rücken zwei Kerzen trägt. Die Kerzen beugen sich zueinander hin, und in jenem Moment entzündet sich eine Flamme. Dieses Bild – in der Erzählung Symbol der Vereinigung des Riesen mit der Riesentochter und der Wiedererstehung des Riesenstammes – ist gleichzeitig eine Allegorie der Verbindung des weiblichen und des männlichen Aspekts in Gott (Verbindung der beiden Sefiroth Tif'ereth und Malchuth, die in den Worten G. Scholems »nichts anderes ist als die Schechina und die mystische Ekklesia Israels«). Das kabbalistische Prinzip der Wiederherstellung einer ursprünglichen Harmonie ist von Nister in vielen verschiedenen Varianten angewendet worden. Nicht nur einzelne Bilder, sondern auch die Kernidee vieler Erzählungen zeugt von jenem kabbalistischen Erbe. So kann man zum Beispiel die *Geschichte von einem Einsiedler und von einer Ziege*, in der von einem verlorenen Kern die Rede ist, oder die Geschichte *Der Narr und der Waldgeist*, in der der Narr (ein Herr) aus seiner Knechtschaft erlöst wird, als eine Art Wiederherstellung eines primitiven harmonischen Zustands lesen. Solche Anspielungen sind auch in der Geschichte *Im Weinkeller* zu finden, in der die Hochzeit der Jungfrau mit dem Höheren Stern, begleitet von verschiedenen Gestalten aus der jüdischen Tradition, dieselbe mystische Hochzeit symbolisiert, die wir in der Geschichte *An der Grenze* bemerkt haben.

In der Erzählung *Zum Berg* werden eher Bilder aus der Tora in Erinnerung gerufen, wie zum Beispiel die Stimme, die aus der Höhe ertönt und am Ende der Geschichte den Geher ruft, oder die Schriftrolle und auch das Bild des Eis, das als »Geheimnis aller Dinge und der Anfang aller Dinge« beschrieben wird.

Neben diesem umfangreichen jüdischen Bildervorrat, den Der Nister wie ein unendliches Reservoir benutzt, stehen andere weniger offensichtliche Elemente, wie der christliche Symbolismus der Zahl drei (z. B. die drei Versuchungen, die bestanden werden sollen, das dreimalige Erscheinen des Palasts der Versuchung in der *Geschichte von einem Einsiedler und von einer Ziege).* Denselben symbolischen Wert der Zahl drei findet man auch in der Tradition der Volksmärchen, die sicherlich Dem Nister als Pädagogen und Übersetzer von Märchen bekannt war.

In Verbindung mit dem symbolistischen Werk Nisters wird oft der Name des deutschen Romantikers E. T. A. Hoffmann genannt. Dieser auf den ersten Blick etwas eigenartige Bezug ist in einer detaillierten Studie von Chone Schmeruk über die Herkunft des Namens und der Gestalt des Medardus in Nisters Geschichte *Unterm Zaun* zu finden. Das Verbindungsglied ist die Petrograder literarische Gruppe der *Serapion-Brüder* (1921/22); unter Berufung auf E. T. A. Hoffmann formulierten sie ein literarisches Prinzip, das die totale Freiheit der Phantasie forderte und der phantastischen Schöpfung einen höheren Wirklichkeitsgrad als der Realität beimaß. Nun sind sowohl Serapion als auch Medardus Eremitengestalten im Werk E. T. A. Hoffmanns, die dieses literarische Prinzip verkörpern. Es ist kaum bestreitbar, daß Nister das Werk Hoffmanns durch die Petrograder Serapions-Brüder oder durch jiddische Übersetzungen aufgenommen hat (Hoffmanns Geschichte *Nußknacker und Mäusekönig* wurde 1922 in jiddischer Sprache herausgebracht). Es ist auch nicht auszuschließen, daß Nister während seines vierjährigen Aufenthalts in Deutschland seine Kenntnisse des Werks von E. T. A. Hoffmann vertieft hat. Die langandauernden Einflüsse des deutschen Romantikers auf russische Literatur wurden von dem französischen Literaturwissenschaftler M. Golin von Puschkin, Gogol und Dostojewski bis zu den Werken der Symbolisten A. Blok und A. Belyj, die Der Nister vermutlich gelesen hat, verfolgt.

Wie immer Der Nister dem deutschen Romantizismus begegnet ist – es steht außer Zweifel, daß bestimmte Motive in seinem Werk als romantische Themen identifizierbar sind. Das Gespräch zwischen dem Teufel und dem Bekannten des Nachtvagabunden in der Erzählung *Im Weinkeller* ist ein überzeugendes Beispiel einer modernen Rekonstruktion vom romantischen Bild des Verkaufs der Seele. Aber auch die Farbenskala, die Der Nister verwendet, und die damit verbundene Deutung ähnelt der der Romantiker. Rot ist in *Im Weinkeller* eine bedrückende, stimmungsbeladene Farbe, die im Laufe der Erzählung als Blut – Symbol des Lebens und des Todes – andere, zweideutige Assoziationen weckt. Man erinnert sich an Medardus' Traum in Hoffmanns *Elixiere des Teufels,* der in dieselbe rote Farbe getaucht ist, die immer neue entgegengesetzte Bedeutungen annimmt.

Die ambivalente Mehrdeutigkeit der Symbole, die sich in Nisters Werk fortwährend ineinander verschachteln, ist mit dem steten Wechsel zwischen der Wirklichkeit und der Traumebene das komplexeste Ergebnis der romantischen Erfahrung in Nisters Werk.

Seine Gestalten, oft einsame, asketische ›*Geyers*‹, sind keine Wanderer, sie sind von einem inneren Drang gezwungen zu gehen. Diese Figuren, die keinen eigenen Namen besitzen und häufig in ihrer Askese starr und marionettenhaft wirken, sind Kafkas Gestalten sehr nah. Wie jene sind Nisters Figuren metaphysische Verwandlungen, Revisionen der Wirklichkeit, die metaphorische Gestalt annehmen und deshalb Objekte von endlosen Möglichkeiten der Interpretation.

Die Faszination von Nisters Erzählungen liegt wesentlich, wenn auch nicht ausschließlich, in jenem Freiraum, der es dem Leser ermöglicht, die Meditation des Autors fortzusetzen. Eine Meditation, das muß man hinzufügen, die die Transzendenz als Dekorationsstück setzt und sie als Kulisse eines Theaters verwendet, in dem die einzige Hauptfigur der Mensch und seine existentielle Suche ist; um Den Nister zu paraphrasieren: »Heilig ist der *geyer*, noch heiliger das Gehen …«

Die vorliegende Übersetzung ist das Ergebnis eines Projektes, das in einem Seminar für Jiddische Literatur am Germanistischen Seminar der Heidelberger Universität konzipiert wurde. Die Begeisterung und Tatkraft eines engen Kreises von Studenten aus diesem Seminar hat dieses Buch ermöglicht. Der Übersetzung liegt der Text der Kiewer Ausgabe von *Gedacht* von 1929 zugrunde, die während der Arbeit ständig mit der Berliner Ausgabe verglichen wurde.

Es wurde der Versuch gemacht, sich eng an den Text zu halten und gleichzeitig die zauberhafte, rhythmische Prosa Des Nister getreu wiederzugeben, auch wenn manchmal gereimte Abschnitte nicht zu übertragen waren. Das Jiddisch Des Nister bietet im Vergleich zur Sprache der klassischen Schriftsteller, wie Scholem Aleichem oder noch mehr Mendele Moicher Sforim, die gesättigt ist mit religiösen, traditionsbeladenen Begriffen, weit weniger Übersetzungsschwierigkeiten. Im vorliegenden Fall sehen wir uns einer Sprache (Südost-Jiddisch) gegenüber, die höchst stilisiert, einer literarischen Prosa, die sorgfältig bearbeitet ist, einer Prosa, die eine enge Bindung an Tonlagen und Tonfarben der gesprochenen Sprache beibehält und gleichzeitig wie destilliert und verfeinert wirkt. Die Schwierigkeiten beim Übersetzen eines solchen Jiddisch sind die Schwierigkeiten, auf die man beim Übersetzen eines großen Stilisten trifft – und Der Nister ist zweifelsohne *der* große Stilist der modernen jiddischen Prosa.

Die vorliegende Übersetzung ist das Ergebnis einer dreijährigen Arbeit an den Werken Des Nister und einer regen Diskussion über nahezu jedes Wort dieser Texte. Meinen Studenten, den Übersetzern dieses Buches – Martina Eicheldinger, Armin Schlechter, Sigrid Gaffal, Esther Kolar und Andreas Krause – gilt mein wärmster Dank.

Zu besonderem Dank bin ich Chone Schmeruk, Professor für Jiddische Literatur an der Universität Jerusalem, verpflichtet, der meine Arbeit über Den Nister angeregt hat und eine unschätzbare Hilfe war. Zu einigen schwer zu deutenden idiomatischen Wendungen verdanken wir Prof. Itche Goldberg, New York, wertvolle Hinweise. An die Mitarbeiter des YIVO Institute for Jewish Research in New York und insbesondere an die Leiterin seiner Bibliothek, Dina Abramowicz, geht mein herzlicher Dank für ihre stete Unterstützung.

Daniela Mantovan-Kromer

INHALT

Russische Literatur
im insel taschenbuch

Alexander N. Afanassew: Russische Volksmärchen. Übertragen von Werner von Grimm. Mit farbigen Illustrationen von Ivan Bilibin. it 1058

Ivan Bilibin / Alexander Puschkin / Elisabeth Borchers: Das Märchen vom herrlichen Falken und andere russische Märchen mit Illustrationen von Ivan Bilibin. Nacherzählt von Elisabeth Borchers. it 487

– Das Märchen vom Zaren Saltan. Das Märchen vom goldenen Hahn. Nacherzählt von Elisabeth Borchers. Mit Illustrationen von Ivan Bilibin. it 2002

– Wassilissa die Wunderschöne und andere russische Märchen. Das Märchen vom herrlichen Falken. Mit Illustrationen von Ivan Bilibin. Nacherzählt von Elisabeth Borchers. it 2020

Fjodor Michailowitsch Dostojewski: Sämtliche Romane und Erzählungen. 16 Bände in Kassette. Aus dem Russischen von Hermann Röhl und Karl Nötzel. it 961-976

– Band 1: Arme Leute. Roman. Aus dem Russischen von Hermann Röhl. it 961

– Band 2: Der Doppelgänger. Ein Petersburger Poem. Netotschka Neswanowa. Aus dem Russischen von Hermann Röhl. it 962

– Band 3: Onkelchens Traum. Aus der Chronik der Stadt Mordassow. Roman. Aus dem Russischen von Hermann Röhl. it 963

– Band 4: Das Gut Stepantschikowo und seine Bewohner. Aus den Aufzeichnungen eines Unbekannten. Roman. Aus dem Russischen von Hermann Röhl. it 964

– Band 5: Erniedrigte und Beleidigte. Ein Roman in vier Teilen. Mit einem Epilog. Aus dem Russischen von Hermann Röhl. it 965

– Band 6: Aufzeichnungen aus einem Totenhause. Aus dem Russischen von Hermann Röhl. it 966

– Band 7: Aus dem Dunkel der Großstadt. Aufzeichnungen. Aus dem Russischen von Hermann Röhl. it 967

– Band 8: Der Spieler. Aus den Aufzeichnungen eines jungen Mannes. Aus dem Russischen von Hermann Röhl. it 968

– Band 9: Schuld und Sühne. Roman. Aus dem Russischen von Hermann Röhl. it 969

– Band 10: Der Idiot. Roman. Aus dem Russischen von Hermann Röhl. it 970

– Band 11: Der lebenslängliche Ehemann. Erzählung. Aus dem Russischen von Hermann Röhl. it 971

– Band 12: Die Teufel. Roman. Aus dem Russischen von Hermann Röhl. it 972

– Band 13: Werdejahre. Roman. Aus dem Russischen von Hermann Röhl. it 973

154/1/6.89

Russische Literatur
im insel taschenbuch

Fjodor Michailowitsch Dostojewski: Band 14: Die Brüder Karamasow. Roman. Dritter und vierter Teil. 2 Bde. Aus dem Russischen von Hermann Röhl. it 974

– Band 15: Der ehrliche Dieb. Und andere Erzählungen. Aus dem Russischen von Hermann Röhl. it 975

– Band 16: Der Traum eines lächerlichen Menschen. Und andere Erzählungen. Aus dem Russischen von Hermann Röhl. it 976

– Die Sanfte. Eine phantastische Erzählung. Aus dem Russischen von Wolfgang Kasack. it 1138

Nikolai Wassiljewitsch Gogol: Der Mantel und andere Erzählungen. Aus dem Russischen übersetzt von Ruth Fritze-Hanschmann. Mit Illustrationen von András Karakas. Mit einem Nachwort von Eugen Häusler und Frank Häusler. it 241

– Die Nacht vor Weihnachten. Mit Illustrationen von Monika Wurmdobler. it 584

– Die toten Seelen. Erzählung. Aus dem Russischen von Hermann Röhl. it 987

Iwan Gontscharow: Oblomow. Mit Illustrationen von Theodor Eberle. Revidierte Übersetzung aus dem Russischen von Reinhold v. Walter. it 472

Maxim Gorki: Der Landstreicher und andere Erzählungen. Aus dem Russischen von Arthur Luther. Mit einer Einführung von Stefan Zweig und Illustrationen von András Karakas. it 749

Alexander Herzen: Die gescheiterte Revolution. Denkwürdigkeiten aus dem 19. Jahrhundert. Ausgewählt von Hans Magnus Enzensberger. it 1097

Nikolai Leskow: Weihnachtsgeschichten. Herausgegeben von Angela Martini-Wonde. it 1128

Julius Meier-Graefe: Dostojewski. Der Dichter. Mit zahlreichen Abbildungen. it 1099

Leo N. Tolstoj: Anna Karenina. 2 Bde. Nach der Moskauer Akademie-Ausgabe aus dem Russischen übersetzt von Gisela Drohla. Mit Illustrationen von Theodor Eberle. it 308

– Auferstehung. Roman. Aus dem Russischen von Adolf Hess. Mit Illustrationen von Theodor Eberle. it 791

– Familienglück. Mit Illustrationen von Theodor Eberle. Übertragung von Hermann Röhl, bearbeitet von Gisela Drohla. it 902

– Die großen Erzählungen. Mit einem Nachwort von Thomas Mann. Aus dem Russischen übersetzt von Arthur Luther und Rudolf Kassner. it 18

– Kindheit. Knabenalter. Jünglingsjahre. Aus dem Russischen von Hermann Röhl. Revidiert und herausgegeben von Gisela Drohla. it 203

154/2/6.89

Russische Literatur
im insel taschenbuch

Leo N. Tolstoj: Die Kreutzersonate. Erzählung. Aus dem Russischen von Arthur Luther. Mit Illustrationen von Hugo Steiner-Prag. it 763

– Die Kreutzersonate. Erzählung. Aus dem Russischen von Arthur Luther. Mit Illustrationen von Hugo Steiner-Prag. it 2303

– Krieg und Frieden. Ein Roman in vier Bänden. Aus dem Russischen von Hermann Röhl. Mit Illustrationen von Theodor Eberle. it 590

– Der Morgen eines Gutsbesitzers. Aus dem Russischen von Gisela Drohla. Mit Illustrationen von Theodor Eberle. it 1056

– Nach vierzig Jahren. Volkserzahlung. Aus dem Russischen von Rahel bin Gorion. Mit einem Nachwort von Emanuel bin Gorion und Illustrationen von Günter Knuhr. it 691

– Rede gegen den Krieg. Politische Flugschriften. Herausgegeben von Peter Urban. it 703

– Der Tod des Iwan Iljitsch. Aus dem Russischen von Gisela Drohla. Mit Illustrationen von Theodor Eberle. it 864

– Der Überfall und andere Erzählungen. Aus dem Russischen übersetzt von Gisela Drohla. Illustrationen von Theodor Eberle. it 367

– Vater Sergius. Mit Illustrationen von Theodor Eberle. it 1159

– Wieviel Erde braucht der Mensch? it 1198

Tolstojs letzte Jahre. Achtunddreißig Fotografien. Texte, ausgewählt und übersetzt von Gisela Drohla. it 1040

Anton P. Tschechow: Die Dame mit dem Hündchen. Und andere Erzählungen. Mit Zeichnungen von András Karakas. Ausgewählt und mit einem Nachwort versehen von Werner Berthel. Aus dem Russischen von Reinhold Trautmann. it 174

– Das Duell. Aus dem Russischen von Waldemar Jollos. Mit Illustrationen von Gabriele Kuhnke. it 597

– Der Fehltritt. Und andere Erzählungen. Mit Illustrationen von Lutz Siebert. Ausgewählt von Werner Berthel. Aus dem Russischen von Reinhold Trautmann. it 396

Iwan Turgenjew: Aufzeichnungen eines Jägers. Aus dem Russischen von Hermann Wotte. it 1179

– Erste Liebe und andere Novellen. Aus dem Russischen von Ena von Baer und Ekkehard Jäkel. Mit einem Nachwort von Friedrich Schwarz. it 257

– Väter und Söhne. it 64

Der versiegelte Engel. Erzählungen zu Ikonen. Mit farbigen Abbildungen. Ausgewählt und mit einem Nachwort versehen von Angela Martini-Wonde. it 1132

154/3/6.89

Literatur der Moderne
im insel taschenbuch

Hans Christian Andersen: Spaziergang in der Sylvesternacht. it 1130
Lou Andreas-Salomé: Lebensrückblick. Grundriß einiger Lebenserinnerungen. it 54
– Rainer Maria Rilke. Mit acht Bildtafeln im Text. it 1044
Emmy Ball-Hennings: Märchen am Kamin. it 945
Bertolt Brecht: Hauspostille. it 617
Hans Carossa: Erinnerungen an Padua und Ravenna. Zwei Kapitel aus ›Italienische Aufzeichnungen‹ von 1947. it 581
– Das Jahr der schönen Täuschungen. it 1091
– Eine Kindheit. it 295
– Die Schicksale Doktor Bürgers. it 830
– Der Tag des jungen Arztes. it 1137
– Verwandlungen einer Jugend. it 296
Tankred Dorst: Grindkopf. Libretto für Schauspieler. Mitarbeit Ursula Ehler. it 929
– Korbes. Ein Drama. it 1114
– Der nackte Mann. it 857
Federico García Lorca: Die dramatischen Dichtungen. it 3
Manfred Hausmann: Der Hüttenfuchs. Erzählung. it 730
Hermann Hesse: Bäume. Betrachtungen und Gedichte. Mit Fotografien von Imme Techentin. it 455
– Dank an Goethe. Betrachtungen, Rezensionen, Briefe. it 129
– Franz von Assisi. it 1069
– Gedichte des Malers. Zehn Gedichte mit farbigen Zeichnungen. it 893
– Hermann Lauscher. it 206
– Kindheit des Zauberers. Ein autobiographisches Märchen. it 67
– Knulp. Drei Geschichten aus dem Leben Knulps. Mit dem Fragment ›Knulps Ende‹. it 394
– Magie der Farben. Aquarelle aus dem Tessin. it 482
– Mit Hermann Hesse durch Italien. Ein Reisebegleiter durch Oberitalien. it 1120
– Piktors Verwandlungen. Ein Liebesmärchen, vom Autor handgeschrieben und illustriert, mit ausgewählten Gedichten und einem Nachwort versehen von Volker Michels. it 122
– Schmetterlinge. Betrachtungen, Erzählungen, Gedichte. it 385
– Die Stadt. Ein Märchen, ins Bild gebracht von Walter Schmögner. it 236
– Der verbannte Ehemann oder Anton Schievelbeyn's ohnfreywillige Reisse nacher Ost-Indien. Handgeschrieben und illustriert von Peter Weiss. Mit einem erstmals veröffentlichten Opernlibretto von Hermann Hesse. it 260
– Der Zwerg. Ein Märchen. it 636

155/1/6.89

Literatur der Moderne
im insel taschenbuch

Marie Hesse: Ein Lebensbild in Briefen und Tagebüchern. it 261
Monica Huchel: Fürst Myschkin und die anderen. Ein Katzen-Brevier. it 808
Henrik Ibsen: Ein Puppenheim. it 323
Jens Peter Jacobsen: Frau Marie Grubbe. Interieurs aus dem 17. Jahrhundert. it 841
– Niels Lyhne. it 44
– Die Pest in Bergamo und andere Novellen. it 265
Marie Luise Kaschnitz: Beschreibung eines Dorfes. Fotografien von Michael Grünwald. it 665
– Eisbären. Ausgewählte Erzählungen. it 4
Harry Graf Kessler: Tagebücher 1918-1937. it 659
Dieter Kühn: Bettinas letzte Liebschaften. it 894
– Flaschenpost für Goethe. it 854
Ferdinand Kürnberger: Der Amerikamüde. Amerikanisches Kulturbild. it 942
Lesebuch der Jahrhundertwende. Prosa aus den Jahren 1889 bis 1908. it 997
Malwida von Meysenbug: Memoiren einer Idealistin. it 824
Christian Morgenstern: Alle Galgenlieder. it 6
– Palmström. it 314
Marcel Proust / Eugène Atget: Ein Bild von Paris. Texte und Photographien. it 669
Rainer Maria Rilke: Sämtliche Werke. 6 Bände in Kassette. it 1101-1106
– Band I: Gedichte. Erster Teil. it 1101
– Band II: Gedichte. Zweiter Teil. it 1102
Band III: Jugendgedichte. it 1103
– Band IV: Frühe Erzählungen und Dramen. it 1104
– Band V: Kritische Schriften. Worpswede. Auguste Rodin. it 1105
– Band VI: Malte Laurids Brigge. Kleine Schriften. it 1106
– Am Leben hin. Novellen und Skizzen 1898. Mit Anmerkungen und einer Zeittafel. it 863
– Die Aufzeichnungen des Malte Laurids Brigge. it 630
– Auguste Rodin. it 766
– Ausgesetzt auf den Bergen des Herzens. Gedichte aus den Jahren 1906 bis 1926. it 98
– Briefe. 3 Bde. in Kassette. it 867
– Die Briefe an Gräfin Sizzo. 1921-1926. it 868
– Das Buch der Bilder. Des ersten Buches erster Teil. Des ersten Buches zweiter Teil. Des zweiten Buches erster Teil. Des zweiten Buches zweiter Teil. it 26

155/2/6.89

Literatur der Moderne
im insel taschenbuch

Rainer Maria Rilke: Die drei Liebenden. Die Liebe der Magdalena. Portugiesische Briefe. Die Briefe der Marianna Alcoforado. Die vierundzwanzig Sonette der Louïze Labé. it 355
– Duineser Elegien. Die Sonette an Orpheus. it 80
– Erste Gedichte. Larenopfer. Traumgekrönt. Advent. it 1090
– Ewald Tragy. it 1142
– Frühe Gedichte. it 878
– Gedichte. Aus den Jahren 1902 bis 1917. it 701
– Geschichten vom lieben Gott. it 43
– Die Letzten. Im Gespräch. Der Liebende. it 935
– Neue Gedichte. Der Neuen Gedichte anderer Teil. it 49
Rilkes Landschaft. In Bildern von Regina Richter zu Gedichten von Rainer-Maria Rilke. it 588
– Späte Gedichte. it 1178
– Das Stunden-Buch, enthaltend die drei Bücher: Vom Mönchischen Leben. Von der Pilgerschaft. Von der Armut und vom Tode. it 2
– Über den jungen Dichter und andere kleine Schriften aus den Jahren 1906 bis 1926 in zeitlicher Folge. it 340
– Wladimir, der Wolkenmaler und andere Erzählungen, Skizzen und Betrachtungen aus den Jahren 1893-1904. it 68
– Worpswede. Fritz Mackensen. Otto Modersohn. Fritz Overbeck. Hans am Ende. Heinrich Vogeler. it 1011
– Zwei Prager Geschichten und ›Ein Prager Künstler‹. it 235
Leopold von Sacher-Masoch: Venus im Pelz. Mit einer Studie über den Masochismus von Gilles Deleuze. it 469
August Strindberg: Ein Puppenheim und andere Erzählungen. it 282
Felix Timmermans: Dämmerungen des Todes. it 297
– Franziskus. Roman. it 753
– Das Jesuskind in Flandern. it 937
– St. Nikolaus in Not. it 2023
Georg Trakl: Die Dichtungen. it 1156
Robert Walser: Fritz Kochers Aufsätze. it 63
– Gedichte. it 761
– Liebesgeschichten. it 263
Frank Wedekind: Ich hab meine Tante geschlachtet. Lautenlieder und »Simplicissimus«-Gedichte. it 655

155/3/6.89

Kulturgeschichte im insel taschenbuch

Jost Amman: Frauentrachtenbuch. it 717

Egon Caesar Conte Corti: Geschichte des Rauchens. »Die trockene Trunkenheit«. Ursprung, Kampf und Triumph des Rauchens. Mit zahlreichen Abbildungen. it 904

Feiern und Feste. Ein Lesebuch. it 738

Christian Garve: Über die Moden. it 989

Detlef Hoffmann: Gemalte Spielkarten. Ihre Geschichte an handgemalten Beispielen von Detlef Hoffmann. it 912

Christoph Wilhelm Hufeland: Makrobiotik oder die Kunst, das menschliche Leben zu verlängern. Mit einem Brief Immanuel Kants an den Autor sowie einem Nachwort von Rolf Brück. it 770

Adolph von Knigge: Über den Umgang mit Menschen. it 273

Das Leben und Sterben der Kindsmörderin Susanna Margaretha Brandt. it 1190

Dagmar Müller-Staats: Klagen über Dienstboten. Eine Untersuchung über Dienstboten und ihre Herrschaften. it 683

George Ordish: Geschichte eines Gartens. Vom 16. Jahrhundert bis zur Gegenwart. it 1143

Ewald Gerhard Seeliger: Handbuch des Schwindels. it 919

Wie ein Mann ein fromm Weib soll machen. Mittelalterliche Lehren über Ehe und Haushalt. it 745

Dietmar Grieser: Wiener Adressen. it 1203

Gabriele Wittkop-Ménardeau: Unsere Kleidung. Aus der Geschichte der Moden bis zum Jahr 1939. it 774

166/1/6.89

Originaltitel der Titelerzählung: *Unter a ploit*
Aus dem Jiddischen übersetzt von Martina Eicheldinger, Sigrid Gaffal, Esther Kolar, Andreas Krause, Armin Schlechter
Nachweise der Erstdrucke im Nachwort
Umschlagmotiv: Anatoli L. Kaplan, Violettes Haus, 1980

insel taschenbuch 1310
Erste Auflage 1991
Insel Verlag Frankfurt am Main und Leipzig

Vertrieb durch den Suhrkamp Taschenbuch Verlag
Umschlag nach den Entwürfen von Willy Fleckhaus
Satz: Wilhelm Röck, Weinsberg
Druck: Nomos Verlagsgesellschaft, Baden-Baden
Printed in Germany

1 2 3 4 5 6 – 96 95 94 93 92 91

Unterm Zaun Jiddische Erzählungen

von Pinchas Kahanowitsch
genannt Der Nister
Ausgewählt und mit einem
Nachwort versehen von
Daniela Mantowan-Kromer

Insel Verlag

insel taschenbuch 1310
Unterm Zaun
Jiddische Erzählungen